개발자도 알아야 할
안드로이드 UI 디자인

개발자도 알아야 할
안드로이드 UI 디자인

효과적인 사용자 경험을 위한
안드로이드 앱 UI 디자인

제시카 쏜비 지음
양정열 · 이지은 옮김

| 지은이 소개 |

제시카 쏜비 Jessica Thornsby

오픈소스와 기술 작가의 세상을 발견하기 전에는 볼튼 대학에서 시와 산문, 시나리오를 공부했지만, 진로를 바꾼 지금 후회는 없다. 현재 영국 셰필드에 거주하고 있으며 안드로이드를 열정적으로 지지한다.

모바일 기기와 자바, 이클립스, 안드로이드, 그리고 구글에 대해 소개하는 글을 즐겨 쓴다. 또한 『iWork: The Missing Manual』(O'Reilly, 2014)의 공동 저자기도 하다.

최신 안드로이드 개발에 대해 고민하거나 기술적인 글을 쓰지 않을 때는 블로그에 지역 음식이나 이국적인 애완동물에 대해 글을 쓴다. 드물게는 야외 정원, 카레 하우스, 영국 해변, 공포 영화를 즐기고 집 토끼, 친칠라와 시간을 보낸다.

이 프로젝트를 지원하고 격려해준 Packt Publishing의 팀원 모두에 감사한다. 또한 글을 쓰는 동안 (그리고 평소에) 나를 지켜봐준 친구들과 가족들, 특히 부모님과 피터, 파울린, 약혼자 토비에게 고마움을 전한다. 마지막으로 마감 때문에 키보드에 묶여 있을 때조차도 동반자가 돼준 나의 친칠라 타코, 부카, 추로와 집 토끼 피넛과 스튜어트에게도 감사하고 싶다.

│ 기술 감수자 소개 │

레오나르도 리즐레오 Leonardo Risuleo

Small Screen Design의 대표이자 크리에이티브 디렉터다. 모바일과 새로운 미디어, 사용자 경험에 대한 수년간의 경험이 있는 디자이너며 개발자다. 대단히 헌신적이고 전문적이며 일에 아주 열정적이다. 2003년부터 커리어를 쌓아 왔고 지난 몇 년 동안 많은 유명 브랜드와 스튜디오의 모바일과 임베디드 플랫폼 작업을 했다. 모바일 애플리케이션과 게임, 위젯, 웹사이트를 디자인하고 프로토타입을 생성하며 개발하는 일을 한다.

2008년부터 3년 동안 세계 최고 모바일 개발자를 위한 인정 및 보상 프로그램인 노키아 개발 챔피언Nokia Developer Champion의 영광을 안았다. 2008년, Small Screen Design(www.smallscreendesign.com)을 설립했으며, 모바일 디자인과 사용자 경험에 초점을 맞춰 디자인 및 개발 스튜디오를 운영했다. 2015년 모든 유럽인들이 디지털화될 수 있도록 지원하는 디지털 어젠다를 위한 대사, Squillace의 디지털 챔피언이 됐다.

| 옮긴이 소개 |

양정열(yanggy@godev.kr)

국내 Telco SI/SM Software 개발자로 시작해 현재는 Project Manager로 일하고 있다. 독립 IT 기술자 저술 강연 상호부조 네트워크인 GoDev(www.godev.kr)의 멤버다.

이지은(wizand@godev.kr)

웹페이지 개발에 대한 관심으로 컴퓨터 공학을 전공하고, 피처폰용 모바일 브라우저 개발을 시작으로 개발자의 세계에 발을 내딛었다. 이후 안드로이드 앱 개발 프로젝트에 참여했으며, 모바일 앱 및 웹 기술에 관심이 많다. GoDev(www.godev.kr)의 멤버로 활동하고 있다.

6

UI의 중요성은 아무리 강조해도 지나침이 없다. 최초의 UI는 텍스트 위주의 환경을 GUI로 바꿔 사용자가 편리하게 사용할 수 있게 만들고자 하는 고민에서 시작됐다. 운영체제의 GUI를 거쳐 모바일 단말에 이르기까지 UI가 없는 기기는 찾아보기 힘들 정도로 많은 발전을 거듭해 왔고, UI는 모든 제품의 핵심 경쟁 요소로 부상됐다.

과거의 UI는 사용자의 편의성을 제공하는 데 관심이 집중됐으나, 현재의 UI는 프로젝트를 진행하는 과정의 각 단계마다 기획자와 디자이너를 연결해주고, 디자이너와 개발자, 개발자와 테스터 간의 소통을 원활하게 만들어주는 도구로써의 의미가 더욱 커졌다. 최종 인도물에서는 소비자가 생산자의 생각을 이해하고 교감할 수 있도록 하는 등 반드시 필요한 의사소통의 도구로 활용되고 있다.

이 책에서는 프로젝트의 각 과정을 진행하면서 좀 더 자연스럽고 정교한 안드로이드 UI 디자인을 만들어내는 데 활용할 수 있는 디자인 도구와 기법을 소개한다. 가장 핵심 부분인 구글 머티리얼 디자인을 준수해 사용자 인터페이스를 만드는 방법과 아이디어를 구체화하는 데 필요한 기법 소개 및 이를 활용하는 방법, 아이디어를 실체화하는 과정에서 발생하는 다양한 문제를 해결해 더 많은 사용자의 관심을 얻는 방법과 모범 사례를 소개하고 있다.

다루는 내용 대부분이 안드로이드 UI 설계와 구현에 초점을 두고 있지만 그 외의 기기나 UI 개발에서도 참고할 수 있는 부분이 많으므로, 반드시 안드로이드 UI와 관련이 있는 기획자나 개발자가 아니더라도 UI에 관심이 있는 독자라면 더 나은 아이디어를 얻기 위해 읽어보는 것도 좋겠다.

| 차례 |

UI는 사용자와 소통하는 가장 직접적인 매개체지만, 디자인은 앱 개발에서 너무 자주 뒷전으로 밀리거나 도중에 "그냥 생기는" 무언가로 여겨진다.

훌륭한 앱을 개발하기 위해서는 UI 디자인을 진지하게 받아들여야 한다. 앱의 기능이 훌륭하더라도 사용자 인터페이스가 투박하거나 반응이 느리고 이동하기 어려우며 눈에 거슬린다면 아무도 사용하고 싶지 않을 것이다.

안드로이드는 디자인하기 쉬운 플랫폼은 아니다. 다양한 하드웨어, 소프트웨어, 스크린의 조합으로 이루어진 많은 종류의 기기 모두에서 보기 좋은 앱을 생성하는 것은 상당한 노력이 필요하다. 하지만 디자인 과정을 주의 깊게 고려한다면 전체 안드로이드 생태계에서 훌륭한 사용자 경험을 제공하는 UI를 만들 수 있다.

이 책은 디자인을 고려하는 개발자가 되도록 도움을 줄 것이다. 10장에 걸쳐 사람들이 사용하고 싶어하고 기기의 특성과 상관없이 좋은 사용자 경험을 제공할 효과적이고 매력적인 UI를 디자인하고 개선하며, 테스트하고 개발하는 방법을 배울 것이다.

레이아웃과 뷰의 기본부터 반응형 멀티 팬 레이아웃 생성까지, 그리고 화면 스케치 방법부터 안드로이드 스튜디오의 도구를 사용해 뷰의 계층을 상세화하고 메모리 누수를 찾는 방법까지 완벽한 안드로이드 UI를 만들기 위해 필요한 모든 것을 다룰 것이다.

▌ 이 책의 구성

1장. 안드로이드 UI 소개 앱을 성공으로 이끄는 데 효과적인 UI 디자인과 개발이 중요한 이유를 설명한다.

2장. 효과적인 UI에는 무엇이 필요할까? 모든 안드로이드의 구성 요소인 레이아웃과 뷰 제작 방법을 알아본다. 텍스트와 이미지, 버튼 등 일반적인 UI 컴포넌트를 만들고 꾸미는 방법을 학습한다.

3장. UI 더 알아보기 – 프레그먼트, 리소스, 사용자 입력 배열과 크기, 상태 목록, 나인패치 이미지 등을 사용해 UI를 한 단계 끌어올린다. 프레그먼트를 사용해 사용자의 특정 화면 크기에 반응하는 유연한 UI를 만드는 방법을 배울 것이다.

4장. 머티리얼 디자인 시작하기 구글의 새 디자인 표준을 익히고 안드로이드 운영체제의 확장처럼 느껴지는 UI를 통해 사용자를 만족시키는 방법을 배운다.

5장. 번뜩이는 아이디어를 상세 스케치로 바꾸기 디자인을 고려하는 개발자가 될 수 있도록 안드로이드 앱 "To Do" 목록에 맞는 로드맵과 플로차트, 화면 목록, 화면 지도를 소개한다.

6장. 스케치를 와이어프레임으로 바꾸기 앞 장의 프로토타입과 와이어프레임을 사용해 높은 수준의 기획을 상세한 화면으로 설계하는 방법을 살펴본다.

7장. 프로토타입 만들기 기획안을 확인해보자! 마지막에는 완벽한 디지털 프로토타입을 만들 것이다.

8장. 다양한 기기 지원으로 더 많은 사용자에게 다가가기 다양한 종류의 하드웨어와 소프트웨어, 화면 크기, 화면 밀도, 방향, 안드로이드 플랫폼 버전, 다양한 언어를 지원해 폭넓은 앱 사용자를 끌어들이는 방법을 배운다.

9장. UI 최적화하기 사람들이 사용하기 좋게 부드럽고 반응성이 좋은 UI를 만드는 방법을 살펴본다. 앱이 눈에 거슬리거나 쉽게 다운되거나 또는 데이터와 메모리 낭비가 심하거나 배터리가 빨리 닳는다면 아무도 사용하지 않을 것이다.

10장. 모범 사례와 애플리케이션 보안 곧 나올 Android N에서의 알림의 사용과 UI의 마무리 작업에 대해 안내한다.

▍ 준비 사항

안드로이드 SDK와 안드로이드 스튜디오(선호) 또는 이클립스가 필요하다.

▍ 이 책의 대상 독자

사용자를 확보하고 그들에게 훌륭한 사용자 경험을 제공하고자 하며, 애플리케이션의 안드로이드 UI에 관심이 많은 자바 개발자를 위한 책이다. XML과 일부 안드로이드 개발 관련 기초 지식이 있다고 가정한다.

▍ 편집 규약

이 책에서는 독자의 이해를 돕고자 다루는 정보에 따라 글꼴 스타일을 다르게 적용했다. 이러한 스타일의 예제와 의미는 다음과 같다.

텍스트에서 코드 단어와 데이터베이스 테이블 이름, 폴더 이름, 파일 이름, 파일 확장자, 경로, 더미 URL, 사용자 입력, 트위터 핸들은 다음과 같이 표시한다.

"`include` 지시문을 사용해 다른 컨텍스트를 포함할 수 있다."

코드 블록은 다음과 같이 표기한다.

```
<LinearLayout
    xmlns:android="http://schemas.android.com/apk/res/android"
    android:orientation="vertical"
    android:layout_width="match_parent"
    android:layout_height="match_parent">
```

코드 블록에서 유의해야 할 부분이 있다면 다음과 같이 굵은 글꼴로 표기한다.

```
<LinearLayout
    xmlns:android="http://schemas.android.com/apk/res/android"
    android:orientation="vertical"
    android:layout_width="match_parent"
    android:layout_height="match_parent">
```

명령행 입력이나 출력은 다음과 같이 표기한다.

```
cd /Users/username/Downloads/android/sdk/platform-tools
```

화면상에 표시되는 새로운 단어와 중요한 단어는 볼드체로 표시한다. 예를 들어 메뉴나 다이얼로그 박스의 화면에 보이는 단어는 텍스트 내에서 다음과 같이 표시한다.

"**Next** 버튼을 클릭하면 다음 화면으로 이동합니다."

 경고와 중요한 노트는 이와 같이 나타낸다.

 팁과 요령은 이와 같이 나타낸다.

이 책에서는 Mac OX 플랫폼을 위한 단축키에 대해 설명하므로 윈도우 버전을 사용한다면 WebStore 도움말 페이지 https://www.jetbrains.com/webstorm/help/keyboard-shortcuts-by-category.html에서 해당 단축키를 찾을 수 있다.

▌독자 의견

독자로부터의 피드백은 항상 환영한다. 이 책에 대해 무엇이 좋았는지 또는 좋지 않았는지 소감을 알려주길 바란다. 독자 피드백은 독자에게 필요한 주제를 개발하는 데 매우 중요하다.

일반적인 피드백을 우리에게 보낼 때는 간단하게 feedback@packtpub.com으로 이메일을 보내면 되고, 메시지의 제목에 책 이름을 적으면 된다.

여러분이 전문 지식을 가진 주제가 있고, 책을 내거나 책을 만드는 데 기여하고 싶다면 www.packtpub.com/authors에서 저자 가이드를 참고하길 바란다.

▌고객 지원

팩트출판사의 구매자가 된 독자에게 도움이 되는 몇 가지를 제공하고자 한다.

예제 코드 다운로드

이 책에 사용된 예제 코드는 http://www.packtpub.com의 계정을 통해 다운로드할 수 있다. 다른 곳에서 구매한 경우에는 http://www.packtpub.com/support를 방문해 등록하면 파일을 이메일로 직접 받을 수 있다.

코드를 다운로드하려면 다음과 같이 한다.

1. 팩트출판사 웹사이트(http://www.packtpub.com)에서 이메일 주소와 암호를 이용해 로그인하거나 계정을 등록한다.
2. 맨 위에 있는 SUPPORT 탭으로 마우스 포인터를 이동한다.
3. Code Downloads & Errata 항목을 클릭한다.
4. Search 입력란에 책 이름을 입력한다.

5. 코드 파일을 다운로드하려는 책을 선택한다.

6. 드롭다운 메뉴에서 이 책을 구매한 위치를 선택한다.

7. Code Download 항목을 클릭한다.

파일을 다운로드한 후에는 다음과 같은 압축 프로그램을 이용해 파일의 압축을 해제한다.

- **윈도우**: WinRAR, 7-Zip
- **맥**: Zipeg, iZip, UnRarX
- **리눅스**: 7-Zip, PeaZip

코드는 다음 깃허브 저장소에서도 찾을 수 있다.

https://github.com/PacktPublishing/Android-UI-Design.

다음 주소에서 우리가 출간한 다양한 책들의 소스 코드와 비디오 자료들도 찾을 수 있다. 확인해보자!

https://github.com/PacktPublishing/

또한 에이콘출판사의 도서 정보 페이지인 http://www.acornpub.co.kr/book/design-android-ui에서도 예제 코드를 다운로드할 수 있다.

컬러 이미지 다운로드

이 책에서 사용된 그림과 다이어그램의 컬러 이미지를 PDF 파일로 제공한다. 컬러 이미지는 결과물의 변화를 이해하는 데 도움이 될 것이다. http://www.packtpub.com/sites/default/files/downloads/AndroidUIDesign_ColoredImages.pdf에서 PDF 파일을 다운로드할 수 있다. 또한 에이콘출판사의 도서정보 페이지인 http://www.acornpub.co.kr/book/design-android-ui에서도 컬러 이미지를 다운로드할 수 있다.

정오표

내용을 정확하게 전달하기 위해 최선을 다했지만, 실수가 있을 수 있다. 팩트출판사의 도서에서 문장이든 코드든 간에 문제를 발견해서 알려준다면 매우 감사하게 생각할 것이다. 그런 참여를 통해 그 밖의 독자에게 도움을 주고, 다음 버전의 도서를 더 완성도 높게 만들 수 있다. 오탈자를 발견한다면 http://www.packtpub.com/submit-errata를 방문해 책을 선택하고, 구체적인 내용을 입력해주길 바란다. 보내준 오류 내용이 확인되면 웹사이트에 그 내용이 올라가거나 해당 서적의 정오표 부분에 그 내용이 추가될 것이다. http://www.packtpub.com/support에서 해당 도서명을 선택하면 기존 정오표를 확인할 수 있다. 한국어판은 에이콘출판사 도서정보 페이지 http://www.acornpub.co.kr/book/design-android-ui에서 찾아볼 수 있다.

저작권 침해

인터넷에서의 저작권 침해는 모든 매체에서 벌어지고 있는 심각한 문제다. 팩트출판사에서는 저작권과 사용권 문제를 매우 심각하게 인식한다. 어떤 형태로든 팩트출판사 서적의 불법 복제물을 인터넷에서 발견한다면 적절한 조치를 취할 수 있도록 해당 주소나 사이트명을 알려주길 부탁한다.

의심되는 불법 복제물의 링크는 copyright@packtpub.com으로 보내주길 바란다. 저자와 더 좋은 책을 위한 팩트출판사의 노력을 배려하는 마음에 깊은 감사의 뜻을 전한다.

질문

이 책과 관련해 질문이 있다면 questions@packtpub.com으로 문의하길 바란다. 최선을 다해 질문에 답하겠다. 한국어판에 관한 질문은 이 책의 옮긴이나 에이콘출판사 편집 팀(editor@acornpub.co.kr)으로 문의해주길 바란다.

1

안드로이드 UI 소개

이 책을 선택한 이유는 사람들이 선호하는 사용자 인터페이스 user interface 를 개발하고 싶기 때문일 것이다.

안드로이드 플랫폼을 개발하는 것은 머리를 싸매는 고통을 주는 반면 흥미로운 기회를 준다. 앱의 UI를 디자인하고 개발하는 것 또한 이와 다를 바 없다.

UI를 개발하면서 맞닥뜨리게 되는(안드로이드 5.0과 5.1 모두에서 정확하게 출력되는 UI를 만드는 일과 같은) 몇몇 도전은 매우 명확하고 기술적인 성격을 갖는 반면, 어떤 도전은 UI에 더 특이하고 이상한 일을 벌이고 싶은 유혹을 견뎌내는 일처럼 좀 더 주관적이다.

이 책은 이런 의문에서 기인했다.

총 10장에 걸쳐 디자인 기술뿐 아니라 안드로이드 플랫폼용 UI 개발의 모든 어려움을 극복하고 기회를 잡기 위한 기술적인 노하우를 얻게 될 것이다.

UI의 개발, 테스트, 개선 작업에 대한 계획을 실행하기 전에 설계, 스케치, 와이어프레임 사용에서부터 이 초기의 영감을 완벽한 사용자 인터페이스 개발을 위한 단계별 청사진으로 바꾸기까지의 전반적인 디자인과 개발 과정을 다룰 것이다. 계속해서, 머티리얼 디자인 규칙과 안드로이드 N에서 소개될 새로운 UI 기능 등의 최신 모범 사례를 다룰 것이다.

사용자가 좋아하는 UI를 만드는 것만으로는 부족하기 때문에, 한 단계 더 나아가 사용자 인터페이스 전반을 분석하고 최적화하기 위해 다양한 도구와 기술을 사용할 것이다. 이 책을 마치면 사용자가 좋아하는 UI를 어떻게 개발하는지에 대한 이해가 깊어질 것이다.

기초부터 시작해보자.

▌ 사용자 인터페이스란?

뻔한 질문으로 보일 수 있다. 어쨌든 컴퓨터나 모바일, 태블릿, 다른 전자 기기를 사용하기 위해 매일 UI로 상호작용하기 때문이다. 하지만 때로는 가장 간단한 질문이 가장 답하기 어렵다.

사용자 인터페이스의 기술적인 정의는 사용자와 앱 또는 컴퓨터 프로그램 간의 연결 지점^{junction}이다. 사용자 인터페이스는 사용자가 보고 상호작용하기 위한 모든 것이고, 아주 특별한 (또는 아주 특이한) 종류의 안드로이드 앱이 아니라면 모든 앱은 일종의 사용자 인터페이스를 가질 것이다.

앱의 UI를 개발할 때, 안드로이드 플랫폼에서는 비전을 자유롭게 실현시킬 수 있다. 안드로이드 기기에 설치된 몇 가지 앱만 손가락으로 넘겨보더라도 서로 다른 많은 UI를 접할 수 있다.

이런 UI는 표면적으로는 다르게 보여도 동작하는 레이아웃이나 버튼과 메뉴, 액션 바 같은 시각적인 엘리먼트 등 꽤 많은 일반적인 엘리먼트를 공유한다.

다음은 다양한 안드로이드 앱의 UI다. 각각 고유하게 보이더라도 공통적으로 사용하는 UI 엘리먼트가 많다.

구글 포토는 단순한 갤러리가 아니고, 사진을 즐겨 찍는 안드로이드 사용자에게 위치와 날짜, 주제 같은 요소를 기반으로 사진과 비디오를 정리해줌으로써 안드로이드 사용자에게 미디어를 즐기는 새로운 방법을 제공하는 앱이다. 이 앱은 당신이 사진과 비디오 콘텐츠를 둘러보고 즐기기를 바라므로, 가장 눈에 띄는 UI 엘리먼트가 오른쪽 아래 모서리에 떠다니는 **검색** 버튼이라는 것이 놀랍지 않다. 사용자는 이 버튼을 이용해 위치나 주제 같은 요소를 기반으로 미디어를 검색할 수 있다.

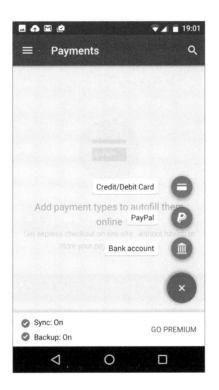

2014년 구글이 I/O 컨퍼런스에서 발표했고 이후 안드로이드 5.0에서 선보인 머티리얼 디자인Material Design은 안드로이드를 포함한 구글 제품에서 더욱 일관성 있는 사용자 인터페이스를 제공하기 위한 새로운 디자인 언어다. 머티리얼 디자인은 종이와 잉크에서 힌트를 얻어 눈에 띄면서도 최소한의 경험을 만들기 위해 그림자shadow와 모서리edge, 크기dimension, **머티리얼의 시트**sheet of material 개념을 사용한다.

많은 앱이 머티리얼 디자인을 사용한다. 이는 사용자가 다른 개발자의 앱으로 넘어갈 때도 한결 같은 UI 경험을 제공하는 데 도움이 된다. 앞의 그림은 머티리얼 디자인 테마를 사용한 대시레인^{Dashlane} 비밀번호 관리 앱의 화면이다.

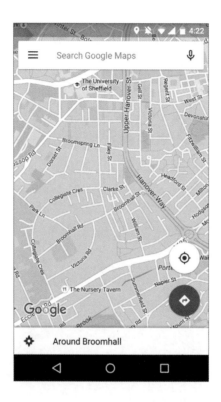

지도 앱에 넣을 UI 엘리먼트는 콘텐츠의 본문(지도 부분)이 선명하게 보이고 방해가 되지 않게 주의 깊게 디자인한다. 이는 지원하는 모든 UI 엘리먼트에 접근하기 쉬우면서 지나치게 눈에 띄지 않게 균형을 유지하는 UI의 좋은 예다. 이런 종류의 다른 UI 예제로는 유튜브 앱이 있다.

▌안드로이드용 UI 개발은 다른 플랫폼 개발과 정말 다를까?

안드로이드 이외의 다른 플랫폼을 개발한 경험이 있다면, 아이폰용 앱이든 최신 버전의 윈도우에서 실행되는 소프트웨어든 상관없이 상당히 좋은 UI를 만들 자신이 있을 것이다.

안드로이드용 UI 개발이 다른 플랫폼용 UI 개발과 다른 데는 두 가지 이유가 있다.

- 안드로이드는 오픈 플랫폼이다. 이미 언급했듯이, 안드로이드에서는 자신을 자유롭게 표현할 수 있으며 원하는 UI는 어떤 것이든 자유롭게 만들 수 있다. 최신 머티리얼 디자인 규칙은 (이 디자인 규칙을 따르도록 강하게 권했더라도) 단지 당신에게 권할 뿐이며, 그저 구글 플레이스토어에 앱을 올리기 위해 따라야 하는 엄격하지 않은 규칙이다.

  이는 사용자가 좋아할 만한 획기적인 UI를 마음대로 결정할 수 있다는 뜻이지만, 사용자가 싫어할 수도 있는 지나치게 혁신적인 디자인을 만들 수도 있다(때로는 어떤 아이디어가 기존에 없던 이유는 그것이 나쁜 아이디어기 때문일 수도 있다). 스스로 자제하는 것이 효과적인 안드로이드 플랫폼용 UI를 디자인하고 개발하는 과정 중 큰 부분이다.

- 안드로이드는 다양한 플랫폼이다. 안드로이드 앱을 배포할 때, 언제 끝날지 알 수 없다. 앱은 서로 다른 버전의 안드로이드 운영체제를 포함해 다양한 하드웨어와 소프트웨어, 화면으로 구성되는 모든 종류의 기기에서 사용될 수 있다.

이런 모든 변수에 충분히 대처하는 유연한 UI를 디자인하면 앱은 폭넓고 다양한 관중을 열광시킬 잠재력을 가질 것이다. 이 어려움을 극복하지 못한 UI를 디자인하면 앱은 일부 기기에서는 훌륭하게 보이고 완벽하게 동작하지만 그 외의 기기에서는 완벽하게 동작하지 않는 UI라는 모순된 사용자 경험을 제공할 것이다. 불완전하게 디자인된 UI로 인해 앱은 특정 기기에서 완전히 고장난 것처럼 보일 수도 있다.

▌효과적인 UI의 특징은 무엇일까?

이 책을 읽는 동안 효과적인 UI를 만드는 방법을 배우겠지만, 본격적으로 살펴보기 전에 눈에 띄는 최종 목표를 세우는 것이 도움이 될 것이다.

성공적인 안드로이드 UI는 다음과 같은 특징을 갖는다.

- 명확하다.
- UI는 앱이 사용자와 소통하는 방법이다. 앱이 말하려고 하는 것이 무엇인지 명확히 해야 한다.
- 사용자가 앱의 전체 화면을 훑어볼 수 없고 화면에서 요구하는 사항을 알 수 없다면, 알기 쉬운 UI가 아니다.
- … 하지만 지나치게 명확해서도 안 된다!
- 지나치게 명확한 사용자 인터페이스는 어떤 것일까?
- 모든 UI 엘리먼트 각각에 대한 설명이 있는 화면을 상상해본다. 물론, 이런 UI가 명확할 수 있지만, 누가 인내심을 가지고 이런 종류의 앱을 사용하려고 할까? 아니면 필요 이상으로 귀찮은 문구가 없는, 단지 **결과를 제출하기 위해 결과 제출 버튼만 누르면 되는** 앱을 찾겠는가?
- 효과적인 UI는 명확함과 간결함 사이의 균형을 유지한다. 훌륭한 UI 디자인이라면, 사용자는 추가 문구 없이도 음악 재생 앱의 + 아이콘이 새로운 음악을 재생 목록에 추가한다는 의미임을 바로 알 수 있다.
- 즉각적으로 반응한다.
- 앱의 콘텐츠가 얼마나 훌륭한지와 상관없이 UI가 느리게 반응하고 쉽게 멈춘다면 아무도 그 앱을 사용하고 싶지 않을 것이다.
- 효과적인 UI는 즉각적으로 반응하고 부드러우며 사용자와 애플리케이션이 대화하는 것처럼 동작한다. 예를 들어 새로운 앱을 다운로드 받은 후 처음으로 할 작업이 새 계정을 만드는 것이라고 가정하자. 사용자는 서식을 채우고 **제출**을 선택한다. 이후 무슨 일인지 아무 설명 없이 갑자기 앱의 완전히 새로운 화

면으로 이동됐다. 새 계정은 만들어진 것일까? 새 계정으로 이미 로그인된 걸까? 무슨 일이 일어나고 있는 것일까?

- 이 시나리오에서 효과적인 UI는 **제출** 버튼을 눌렀을 때 다만 **"정보를 입력해주셔서 감사합니다. 당신의 계정으로 로그인됐습니다."**라는 간단한 팝업이라도 떠야 한다.

- 보기 좋아야 한다.

- 이상적인 세계에서는 UI가 얼마나 매력적인지(또는 그렇지 않은지)는 문제가 안 된다. 어쨌든 콘텐츠가 좋다면 버튼이 완벽히 정렬돼 있지 않다고 한들 문제가 되겠는가? 또는 이미지가 최고화질이 아니라면 어떤가?

- 간단한 진실은 이게 문제가 된다는 점이다. 그것도 아주 많이.

- UI는 명확하고 일관되며 빠르게 반응하는 것만으로 충분하지 않다. 보기에도 좋아야만 한다.

또한 매력적이고 전문적으로 보이는 UI를 만드는 것은 취향을 포기하고 안전한 선택을 한다는 것을 의미할지도 모른다. 어쩌면 선명한 색상을 선호하고 주황색과 초록색이 과소평가된 색상 조합이라고 생각할지 모르지만 가능한 한 폭넓은 관중을 끌어모아야 한다는 점을 기억해야 한다. 이런 미적 특징이 정말 대중에게 매력적일까?

▌ 앱의 성공을 위해 왜 UI가 필수적일까?

효과적인 UI 기술에 능숙해야 하는 이유를 정확히 아는 것은 매우 중요하다. 제대로 이해한다면 앱이 성공하도록 도움을 주는 몇 가지 UI를 살펴보자.

직관적인 익숙함

모범 사례 best practices 와 머티리얼 디자인 가이드라인을 따른 앱이라면 사용자가 이전에 다른 안드로이드 앱에서 많이 접해본 UI 원칙을 반영할 것이다. 그러면 사용자가 앱을 처음 실행시킨 경우라고 하더라도 곧 편안함을 느낄 것이고 앱의 많은 엘리먼트와 어떻게 상호작용해야 하는지 곧바로 이해할 것이다. 예를 들어 사용자가 어떤 앱에서 떠다니는 액션 버튼을 접했을 때, 이 버튼을 선택하면 (장려하는 액션이라고도 알려진) 주요 액션에 접근할 수 있다는 것을 알 것이다.

쉽고 즐거운 사용

사용자가 원하는 동작을 앱이 얼마나 쉽게 하는가는 UI에 의해 결정된다. 사용자가 최소한의 노력으로 앱을 빠르게 활용할 수 있게 UI를 만들자. 그러면 구글 플레이 스토어 리뷰에서 5개의 별을 얻게 될 것이다.

가치 있는 콘텐츠를 제공하는 것이 효과적인 앱 개발의 중요한 부분이긴 하지만, 앱의 UI도 그 못지않게 중요하다는 점을 기억하자. 앱의 유용한 기능과 훌륭한 콘텐츠가 투박하고 불쾌한 UI 때문에 가려진다면, 실제로 앱이 제공하는 콘텐츠가 얼마나 다양한지 들여다봐줄 사람은 없을 것이다.

콘텐츠와 기능에 들이는 노력만큼 디자인과 개발에도 많은 노력을 들이기 바란다.

일관성

훌륭한 UI는 초기에 앱의 규칙을 세우고 계속해서 그 규칙을 따른다. 일단 사용자들이 앱의 한 화면에서 상호작용하기 편하다고 느끼면, 전체 앱에서도 원하는 곳을 찾을 수 있어야 한다.

사용자의 불만 예방

UI는 애플리케이션에서 무언가를 얻기 위해 사용자가 다음으로 해야 하는 작업으로 친절하게 안내해 사용자가 앱의 복잡함 때문에 혼란은 느끼거나 불만을 갖지 않도록 해야 한다.

UI가 조심스러운 접근 방법을 취하든(예를 들어 어떤 UI 엘리먼트를 눈에 띄게 하기 위해 크기나 색상을 이용) 또는 더 명백한 접근 방법을 취하든(예로, 사용자가 다음으로 완료해야 하는 텍스트 필드를 강조) 상관없이 사용자가 "다음으로 뭘 해야 하는 거지?"라고 고민할 필요가 없어야 한다.

사용자가 실수를 바로잡을 수 있도록 지원

훌륭한 UI는 어디서 잘못됐는지 알려주고 어떻게 바로 잡을지 조언해주는 유익하지만 일방적이지는 않은 친구와 같다.

제출 Submit 버튼을 선택하기 전에 채워 넣어야 할 서식이 있는 앱을 생각해보자. 사용자가 이 서식을 완성하고 **제출** 버튼을 선택하지만 아무 일도 일어나지 않았다. 여기서, 앱은 사용자가 **제출** 버튼에 문제가 있는 것은 아닌지 의심하며 서식을 처음부터 다시 채우게 하거나, 또는 채우지 않은 한 텍스트 필드를 강조하는 UI로 무엇이 문제인지 사용자에게 보여줄 수 있다.

전반적으로 더 좋은 안드로이드 사용자 경험 제공

사용자 경험이 앱에 대한 것만은 아니기 때문이다.

UI를 훌륭하게 디자인했고 머티리얼 디자인 원칙을 잘 따른 앱은 기존 안드로이드 플랫폼과 이미 기기에 설치돼 있는 다른 앱에서 확장된 것처럼 자연스럽게 느껴질 것이다.

UI 디자인에 노력을 기울이면 실제로 전반적인 안드로이드 사용자 경험을 향상시킬 수 있다. 그 이후에는 부담 갖지 말자.

▌ UI 사례 학습 – Google+

안드로이드 플랫폼은 UI에 간단하게 넣을 수 있도록 사전 제작된 다양한 UI 컴포넌트를 제공하므로, 안드로이드용 앱을 개발할 때 아무런 준비 없이 시작해서는 안 된다.

이는 모든 종류의 안드로이드 앱에서 같은 UI 엘리먼트가 반복적으로 나타난다는 의미다. 그러므로 다른 안드로이드 애플리케이션에서 배울 수 있는 것이 무엇이 있는지 살펴볼 필요가 있다. 특히 UI가 훌륭한 앱을 살펴보자.

이 절에서는 많은 안드로이드 기기에 이미 설치돼 있고 구글 플레이에서 무료로 다운받을 수 있는 Google+ 앱을 분석해본다. 구글이 이 앱에서 사용한 모든 핵심 UI 컴포넌트를 알아보고, 무엇이 이 컴포넌트들을 효과적이게 만들었는지 살펴본다.

액션 바

액션 바는 화면의 상단에서 실행되고 일반적으로 액션과 내비게이션 엘리먼트를 포함한다.

Google+ 액션 바에는 일반적으로 안드로이드 UI에 포함되는 세 개의 중요한 UI 엘리먼트가 있다.

내비게이션 컨트롤

액션 바는 앱이 실행되는 내내 유지되는 경향이 있고, 사용자가 쉽고 일관성 있게 UI를 둘러볼 수 있게 한다.

내비게이션 컨트롤은 표준 **뒤로 가기**back 버튼처럼 간단할 수 있지만, 화면 전환 컨트롤처럼 복잡할 수도 있다.

Google+ 액션 바는 업무용 Google+ 계정과 개인 계정을 따로 가진 경우처럼 여러 계정을 가진 사용자가 편리하게 다른 Google+ 계정으로 전환할 수 있도록 내비게이션 컨트롤을 포함한다.

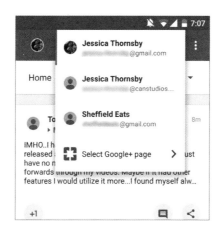

액션 버튼

액션 바는 사용자의 현재 환경에서 앱의 주요 액션에 접근하는 쉬운 방법을 제공하기에도 이상적이다. 액션 바에 보이는 액션은 **액션 버튼**action button으로 불린다.

다음의 화면에서 볼 수 있듯이 Google+ 액션 바에는 두 개의 액션 버튼이 있다.

일반적으로 액션 버튼은 아이콘이나 문자열 또는 둘 다로 표현된다. 안드로이드는 어디서든 사용할 수 있는 다양한 액션 버튼이 제공되므로, 일반적인 사용자는 적어도 여기서 사용하는 UI의 일부 액션 버튼과 이미 친숙할 것이다.

액션 오버플로우

앱과 사용 가능한 화면 크기에 따라 모든 액션 버튼이 항상 액션 바에 적합하지 않을 수 있다. 이런 경우에 안드로이드 시스템은 자동으로 Google+ 앱 실행 내내 일부 액션 버튼을 화면 오른쪽 상단 모서리에 표시되는 점 아이콘인 액션 오버플로우^{action overflow}로 이동시킨다.

액션 오버플로우에 숨겨지는 액션 버튼의 수는 사용자의 화면에 따라 다르다. 크기 측면에서 세로보기 모드의 스마트폰에 비해 가로보기 모드의 태블릿이 액션 바를 위한 공간이 더 넓다.

액션 바를 디자인할 때, 확실히 가장 중요한 액션 버튼을 화면의 왼쪽에 둬야 액션 오버플로로 이동될 가능성이 적다. 액션 오버플로우로 이동될 위험성이 큰 액션 바의 끝에는 사용자가 가장 드물게 사용할 것 같은 버튼을 위치시킬 수 있다.

액션 오버플로우가 액션 바가 어수선해지지 않도록 도움을 주더라도, 어떤 경우에는 작은 화면이더라도 많은 수의 액션이 액션 오버플로우로 이동되면 안 되는 경우도 있다. 이 경우에는 분리된 액션 바^{split action bar}를 사용할 수 있다.

위 화면의 Google+ 앱은 일부 액션을 액션 오버플로우로 이동시키지 않으면서 액션 바가 어수선하지 않도록 분리된 액션 바를 사용한다. 분리된 액션 바는 액션 오버플로우가 컨트롤을 벗어나 처리하기 힘들어지는 것을 막는 데도 유용하다.

떠다니는 액션 버튼

Google+의 메인 화면은 홈 화면으로, 구글의 머티리얼 디자인의 일부로 소개된 특별한 종류의 액션 버튼이 있다.

이는 **떠다니는 액션 버튼**^{FAB, Floating Action Button}이라고 하며, 눈에 띄도록 Google+ 홈페이지의 오른쪽 하단 모서리에 표시된다.

이름에서 알 수 있듯이 FAB는 주요 사용자 인터페이스 위에 떠 있는 동그란 버튼이다. 이 떠다니는 버튼은 현재 환경에서 기본적인 액션을 강조하는 유용한 방법이다.

Google+는 사용자가 상태를 업데이트해 대화에 참여하도록 격려하는 방법으로 떠다니는 액션 버튼을 사용한다.

메뉴

메뉴는 앱을 탐험하는 주요한 방법 중 하나며, 대부분의 안드로이드 UI의 필수 컴포넌트다.

메뉴는 사용자에게 대부분 한 단어나 한 줄의 문구로 표시되는 옵션 목록을 보여준다.

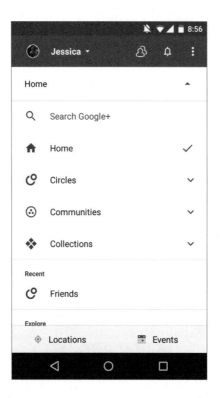

Google+는 다양한 메뉴가 특징이지만, 특히 언급할 만한 것은 컨텍스트^{context} 메뉴다.

컨텍스트 메뉴는 선택된 콘텐츠와 관련된 액션만 포함시키기 위해 동적으로 갱신되므로 특별하다. 화면의 엘리먼트를 길게 누르면 컨텍스트 메뉴가 나타난다. 아마도 가장 빈번하게 사용하는 컨텍스트 메뉴는 텍스트를 오래 눌렀을 때 나타나는 전체 선택/잘라내기/복사/붙여넣기 메뉴일 것이다.

설정

설정은 앱이 사용자에게 더 적합하게 동작하도록 수정하는 방법을 제공하므로 많은 안드로이드 애플리케이션에서 중요한 기능이 된다. 사용자가 앱을 변경할 수 있다면 일종의 설정 화면으로 사용자에게 그 방법이 제공될 것이다.

설정 화면을 만들 때 중요한 점은 사용자가 사용할 수 있는 모든 옵션과 현재 값을 한눈에 알 수 있어야 한다는 점이다. 이는 각 화면이 관리가 가능한 수(보통 10개 미만)의 옵션을 포함하도록 설정 화면을 디자인해야 한다는 의미다.

앱의 설정에 많은 옵션을 포함시키려면, 하나의 긴 목록으로 출력시키고 싶은 유혹을 견디고 옵션을 적절하게 그룹으로 나눠야 한다. 그리고 여러 설정을 관련 있는 항목들의 다중 목록 형식으로 한 화면에 보여주거나, Google+의 방법을 본떠 관련 있는 옵션 그룹에서 각 페이지로 이동하게 하는 방법이 있다.

후자를 선택했다면 메인 설정 화면은 사용자를 각 하위 페이지로 연결시키는 색인처럼 제공되는데, 이는 Google+가 메인 **설정** settings 화면으로 선택한 처리 방법이다.

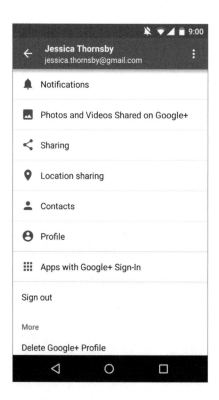

사용상의 편의를 위해 우선순위를 매겨 사용자가 가장 자주 사용하는 옵션을 보기 쉽게 설정 화면의 상단에 둬야 한다.

또한 Google+ 설정에서 **Google+ 프로필 삭제** 같이 잘 사용하지 않는 옵션을 설정 화면의 가장 하단에 넣어둔 것을 볼 수 있다.

다이얼로그

가끔 사용자의 시선을 사로잡아야 할 때가 있다. 다이얼로그는 그럴 때 유용한 UI 엘리먼트다.

다이얼로그는 텍스트와 버튼을 포함하는 작은 창이고, 일반적으로 다음과 같은 목적으로 사용된다.

- 사용자에게 기간이나 조건 같은 중요한 정보를 주거나 다음 작업으로 넘어가기 전에 읽어야 하는 고지 사항이 있는 경우
- 추가 정보를 요구하는 경우, 사용자가 비밀번호를 입력하도록 뜨는 다이얼로그를 예로 들 수 있다.
- 사용자가 결정을 내려야 하는 경우로 Google+ 업데이트를 작성한 후 게시하지 않고 페이지를 이동하려고 할 때 Google+는 게시물을 정말로 버리는 것인지 확인하기 위해 다이얼로그를 이용하는 예를 들 수 있다.

토스트

토스트^{toast}는 사용자에게 간단한 피드백을 제공하는 작은 팝업이다.

다이얼로그와 달리 토스트는 출력되는 동안에도 여전히 그 아래에서 앱이 실행된다. 사용자에게 짧고 단순한 메시지를 전달하기 위해, 그리고 결정적으로 사용자에게 어떤 입력을 요구하지 않는다면 다이얼로그보다 토스트를 선택한다. 토스트는 어떤 종류의 사용자 입력도 지원하지 않는다.

Google+에서 새로운 게시물을 볼 수 있게 되면 홈 화면에서 토스트를 볼 수 있다. 이 토스트는 사용자가 화면을 스와이프해 업데이트된 내용을 보도록 유도한다.

검색

안드로이드 사용자는 일반적으로 앱에 포함된 데이터를 검색할 수 있기를 기대하므로 대부분의 UI에는 일종의 검색 기능이 있다.

좋은 소식은 안드로이드 플랫폼에 가져다 쓸 수 있는 검색 프레임워크가 이미 만들어져 있다는 것이다. 이 표준 검색 프레임워크는 개발자뿐만 아니라, 근본적인 프레임워크를 이미 많이 접해봐서 (스스로는 모르고 있을지도 모르지만) 안드로이드의 표준 검색 기능을 어떻게 사용하는지 아는 안드로이드 사용자에게도 쉽다.

검색 기능을 구현하기 위해 다음의 방법으로 안드로이드의 표준 검색 프레임워크를
사용할 수 있다.

- **검색 다이얼로그**: 이 다이얼로그는 기본적으로 숨겨져 있다. 사용자가 활성화
  하면 떠다니는 검색 상자가 현재 액티비티의 상단에 표시된다. 검색 다이얼로
  그 컴포넌트는 안드로이드 시스템이 제어한다.
- **검색 위젯**: 앱 UI의 어디든 위치시킬 수 있는 SearchView의 인스턴스다. 검색
  위젯을 사용하면 위젯에서 발생하는 검색 이벤트를 안드로이드 시스템이 처
  리할 수 있도록 추가 작업을 해야 한다.

입력 컨트롤

입력 컨트롤은 사용자가 상호작용할 수 있도록 안드로이드 플랫폼이 제공하는 다양한 컴포넌트다. 기기에서 어떤 안드로이드 앱을 실행하면, 버튼이나 체크박스, 텍스트 필드 등 어떤 형식의 입력 컨트롤이 포함돼 있을 가능성이 높다.

일반적으로 안드로이드 사용자는 표준 입력 컨트롤을 이미 사용해본 경험이 있을 것이고, 이를 포함하는 UI라면 주요 사용자가 앱의 일부 핵심 UI 엘리먼트를 통해 상호작용하는 방법을 안다고 볼 수 있다.

 입력 컨트롤은 거의 모든 안드로이드 UI에서 중요한 부분이므로, 뒤에서 더 자세하게 다룬다.

스타일과 테마

지금까지 Google+ 앱에서 찾을 수 있는 다양한 UI 엘리먼트를 살펴봤지만, 여러 엘리먼트를 함께 묶어주고 전체적인 UI가 일관된 느낌을 주게 하는 것은 무엇일까?

바로 스타일과 테마다.

안드로이드는 UI의 모든 화면, 모든 부분을 원하는 대로 보여주거나 느낌을 주게 할 수 있으므로 사용자를 위해 일관성 있는 UI 사용자 경험을 제공하도록 균형을 맞춰야 한다. 스타일과 테마는 앱 전반에 일관성을 주기 위한 강력한 도구다.

스타일과 테마는 속성 그룹을 정의하고 이후에 앱 전체에서 사용할 수 있다. 그래서 글꼴을 파란색의 모노스페이스 폰트로 지정한 스타일을 생성하고 애플리케이션 전반에 적용할 수 있다. 곧, 모든 텍스트가 동일한 형식이 된다.

스타일과 테마는 이 텍스트 예처럼 간단할 수도 있고, 액션 바의 그림자부터 배경 이미지와 레이아웃의 패딩까지 UI의 모든 엘리먼트가 어떻게 보이고 어떤 느낌을 줄지를 기록한 긴 속성 목록을 가질 수도 있다.

함께 언급했지만 스타일과 테마에는 중요한 차이점이 하나 있다.

- **스타일**: 전체 액티비티나 애플리케이션, 또는 개별 뷰에 적용시킬 수 있는 속성의 모음이다.
- **테마**: 전체 액티비티나 애플리케이션에 적용할 수 있는 스타일이지만, 개별 뷰에는 적용할 수 없다.

안드로이드 플랫폼에는 (주요 머티리얼 테마를 포함해) 안드로이드 앱에서 사용할 수 있는 미리 정의된 많은 테마와 스타일이 있고, 직접 만들 수도 있다.

테마와 스타일을 처음부터 직접 만들 수 있지만 처음에는 이미 만들어진 안드로이드의 테마와 스타일을 사용하고 이후에 추가하거나 변경, 제거 하고 싶은 속성을 정의하는 것이 좋다. 이를 **상속**이라 부르며 친숙하고 전문적이지만 독특해 보이는 디자인의 UI를 만드는 가장 빠르고 쉬운 방법 중 하나다.

▌ 요약

이 장에서는 효과적이고 잘 디자인된 안드로이드 UI의 실제 예제를 자세히 살펴보기에 앞서, 다양한 사용자를 끌어들일 수 있는 앱을 만들기 위해 사용자 인터페이스가 중요한 이유를 살펴봤다.

2장에서는 뷰와 뷰 그룹, 레이아웃 등 모든 안드로이드 UI의 개발에 대해 자세히 살펴본다. 1장에서 입력 컨트롤을 간단히 다뤘지만, 2장에서는 사용자 인터페이스에서 가장 일반적으로 다룰 입력 컨트롤을 어떻게 구현하는지 더 자세히 살펴본다.

2

효과적인 UI에는
무엇이 필요할까?

이 장에서는 모든 안드로이드 사용자 인터페이스에서 핵심이 되는 컴포넌트인 레이아웃과 뷰에 대해 살펴본다. 안드로이드 프로젝트에 엘리먼트를 추가하고, 정확한 디자인 요구사항에 맞게 UI를 변경하는 방법을 배운다. 또한 문자열과 색상 리소스, 상태 목록을 사용해 UI를 향상시키는 방법을 살펴보고, 출력 화면에 상관없이 산뜻하고 명확한 사용자 인터페이스를 만든다.

이 장에서 뷰와 레이아웃에 대해 자세히 살펴보겠지만, 이 두 컴포넌트는 본질적으로 서로 관련돼 있다. 앱에 뷰를 추가하기 전에 레이아웃이 필요하고, 뷰가 없는 레이아웃은 환영받지 못한다.

그러므로 UI 디자인을 더 자세히 알아보기 전에 효과적인 안드로이드 UI를 만들기 위해 뷰와 레이아웃을 함께 사용하는 방법에 대해 대략적으로 살펴본다.

▌ 뷰란?

이미 알겠지만, 안드로이드 앱은 **액티비티**activity로 구성된다. 일반적으로 한 번에 하나의 액티비티를 출력하고 이 액티비티는 화면 전체를 차지한다.

액티비티는 사용자 인터페이스의 가장 기본적인 컴포넌트인 뷰로 구성된다. 어떤 형태의 콘텐츠를 출력하든 뷰는 항상 사각형의 영역을 차지한다.

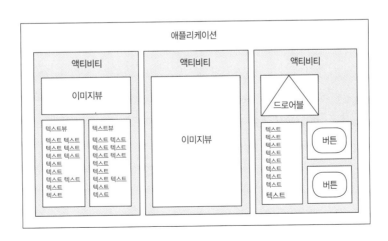

가장 널리 사용되는 뷰는 텍스트뷰, 에디트텍스트, 이미지뷰, 버튼, 이미지버튼이다.

▌ 레이아웃이란?

뷰그룹은 다른 자식 뷰와 뷰그룹 객체를 함께 모은 컨테이너다.

가장 일반적으로 사용되는 뷰그룹은 레이아웃으로, 이는 자식 엘리먼트의 위치를 정하는 역할을 하는 보이지 않는 컨테이너다. 예를 들어, **LinearLayout**(레이아웃 관리자라고도 불린다)은 자식 엘리먼트(뷰 또는 뷰그룹)을 가로 또는 세로 열로 정렬하는 뷰그룹이다.

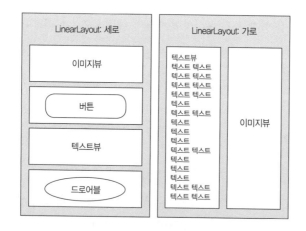

이 장에서는 일반적으로 가장 빈번하게 사용되는 뷰그룹인 레이아웃 관리자에 초점을 맞추겠지만, 다른 종류의 뷰그룹도 있다는 것을 기억하기 바란다.

▌ XML이나 Java로 UI 생성

사용자 인터페이스(그리고 뷰와 뷰그룹, 그리고 이를 포함하는 레이아웃 엘리먼트)를 정의하는 가장 쉬운 방법은 프로젝트의 XML파일을 사용하는 것이다.

52

XML로 UI 선언

안드로이드는 사람이 읽을 수 있는 사용자 인터페이스인 간단한 XML 용어를 제공하고, UI를 정의하는 코드와 앱의 동작을 제어하는 코드를 분리해서 만들 수 있다. 지정된 레이아웃 리소스 파일에 XML로 레이아웃을 정의한다. 이로써 두 코드의 집합을 깔끔하게 하고 앱의 중요한 코드에 접근하지 않으면서 UI를 수정하거나 재정의할 수 있다. 예를 들어, 이전에 테스트를 마친 코드에 손대지 않고 추가 언어를 지원하도록 레이아웃을 업데이트할 수 있다.

UI를 XML로 선언하는 것은 대체 레이아웃을 제공하기도 쉽다. 예를 들어, 적절한 시점에 가로보기 모드에 적합한 다른 버전의 레이아웃을 만들고 싶을 수 있다. 기본 레이아웃을 XML로 정의했다면 가로보기 레이아웃을 제공하기 위해 res/layout-land 폴더를 만들고 앱의 가로보기 모드의 레이아웃을 정의한 XML 파일을 이 폴더에 넣는다.

이클립스나 안드로이드 스튜디오에서 안드로이드 프로젝트를 만들 때는 IDE의 프로젝트 생성 마법사가 애플리케이션의 메인 액티비티를 위한 레이아웃 리소스 파일을 자동으로 생성한다.

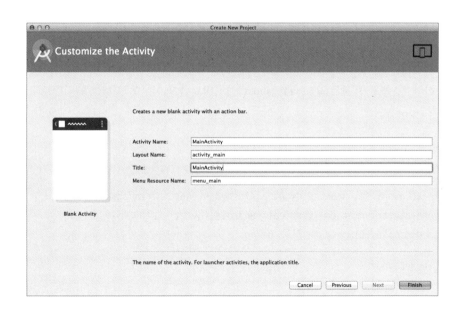

이 레이아웃 리소스 파일은 프로젝트의 res/layout 폴더에 위치한다.

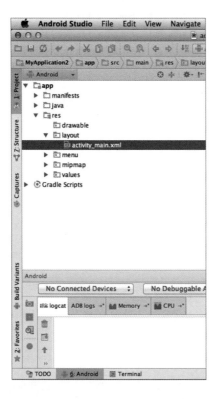

각 레이아웃 리소스 파일은 하나의 루트 엘리먼트로 뷰 또는 뷰그룹을 반드시 포함해
야 한다. 예를 들어 세로의 LinearLayout 엘리먼트를 레이아웃의 루트 엘리먼트로 사
용할 수 있다.

```
<?xml version="1.0" encoding="utf-8"?>

<LinearLayout xmlns:android="http://schemas.android.com/apk/res/android"
    android:orientation="vertical" android:layout_width="fill_parent"
    android:layout_height="fill_parent">

</LinearLayout>
```

〈merge〉 엘리먼트도 루트 엘리먼트로 사용할 수 있다. 이는 9장, 'UI 최적화'에서 살펴본다.

일단 레이아웃 리소스 파일의 루트 엘리먼트를 정의했다면 텍스트뷰와 버튼, 이미지뷰 같은 객체를 추가해 뷰 계층을 만들 준비가 된 것이다.

레이아웃 리소스 파일을 읽기 위해 애플리케이션의 onCreate( ) 콜백에서 이 파일을 참조하게 한다. 예를 들어 프로젝트의 MainActivity.java 파일을 열면 다음과 같은 코드를 볼 수 있다.

```
public void onCreate(Bundle savedInstanceState) {
  super.onCreate(savedInstanceState);
  setContentView(R.layout.main_layout);
}
```

여기서 프로젝트는 setContentView( )를 호출하고 자동으로 생성된 프로젝트의 리소스 파일, 이 경우에는 R.layout.main_layout을 전달한다. 사용자가 애플리케이션을 실행시키면 MainActivity가 참조되는 레이아웃 리소스 파일을 읽어 사용자에게 콘텐츠를 보여준다.

프로그램 코드로 UI 선언

두 번째 방법은 실행 중에 프로그램 코드로 UI를 생성하는 것이다. 이 방법은 앱의 주요 코드와 UI 코드가 섞이기 때문에 일반적으로 추천하지 않는다. 그래서 UI의 엘리먼트를 수정하기가 어렵다.

하지만 가끔 확실하게 결정된 일부 인터페이스를 프로그램으로 정의해야 하거나, 심지어는 전체를 자바로 정의해야 할 수도 있다.

이미 살펴봤듯이 레이아웃 리소스를 XML로 정의했을 때는 애플리케이션의 코드로부터 읽어왔다.

```
setContentView(R.layout.activity_main);
```

여기서는 main_activity.xml 레이아웃 리소스 파일을 읽도록 액티비티에게 알려주지만, 프로그램 코드로 레이아웃을 생성하면 이 코드를 제거해 액티비티가 레이아웃 리소스 파일을 찾지 않게 한다.

다음의 예를 살펴보자.

```
@Override
protected void onCreate(Bundle savedInstanceState) {
super.onCreate(savedInstanceState);

 // 이 액티비티의 모든 뷰를 포함할 LinearLayout 객체를 생성한다 //

    LinearLayout linearLayout = new LinearLayout(this);

// LinearLayout의 방향을 설정한다. 이 예에서는 가로다 //

  linearLayout.setOrientation(LinearLayout.HORIZONTAL);

  // LinearLayout에서 사용할 LayoutParams 객체를 생성한다 //

    LayoutParams linearLayoutParam = new
LayoutParams(LayoutParams.MATCH_PARENT, LayoutParams.MATCH_PARENT);

    // LinearLayout을 화면의 루트 엘리먼트로 설정한다 //
    setContentView(linearLayout, linearLayoutParam);
  }
```

프로그램 코드와 XML 레이아웃 혼용

때로는 프로그램 코드와 XML 레이아웃을 함께 사용하는 방법이 최선일 수 있다. 이 방법은 실행 중에 화면의 엘리먼트 상태를 수정함으로써 동적인 사용자 인터페이스를 만들면서 대부분의 UI를 XML로 정의해 UI와 애플리케이션 코드를 구분짓는 데 도움이 된다.

버튼으로 제어하는 슬라이드 쇼가 있는 앱을 예로 들어보자. 사용자가 버튼을 선택하면 새로운 이미지가 나타난다. 이런 효과를 위해서 버튼을 XML로 정의하고, 사용자가 버튼을 선택했을 때 프로그램 코드로 새로운 이미지를 추가하는 것이다.

XML이 UI를 정의하는 가장 쉽고 효과적인 방법이기 때문에 이 장에서는 뷰와 뷰그룹, 레이아웃을 XML로 생성하고 최적화하는 데 초점을 맞춘다. 하지만 UI의 일부분을 프로그램으로 정의해야 할 필요가 있으므로 여기서도 일부 자바를 포함한다.

▌ 레이아웃

사용자 인터페이스를 만들기 위해 뷰와 뷰그룹, 레이아웃을 함께 사용하는 방법, XML과 프로그램 코드로 사용자 인터페이스를 생성하는 방법을 알아봤다. 이제 가장 일반적인 UI 컴포넌트를 자세히 알아볼 것이다. 모든 사용자 인터페이스의 기초가 되는 컴포넌트인 레이아웃 컨테이너부터 시작한다.

안드로이드 플랫폼은 다양한 레이아웃을 지원하므로, 처음 할 일은 디자인 요구 사항에 가장 적합한 레이아웃을 결정하는 것이다. 결정하기 어렵다면, 완벽한 레이아웃 컨테이너를 만들기 위해 레이아웃을 다른 레이아웃 안에 넣어서 사용할 수도 있다는 점을 기억한다.

중첩 사용은 앱의 성능에 부정적인 영향을 줄 수 있으므로 과도하게 사용하지 않는다. 다중으로 중첩된 레이아웃을 사용한다면, 이는 레이아웃을 잘못 사용하고 있는 것일 수 있다.

레이아웃을 만들기 전에 몇 가지 규칙과 제약 사항, 속성을 파악해야 한다.

레이아웃 크기 정의

레이아웃을 만들 때마다 안드로이드 시스템에 레이아웃의 크기를 알려줘야 한다.

레이아웃의 크기를 정의하기 위해 사용하는 XML 속성은 android:layout_height과 android:layout_width다. 이름에서 알 수 있듯이 이 속성은 각각 레이아웃의 높이와 너비를 설정한다.

두 속성은 다음 값들을 가진다.

지정 키워드

안드로이드 화면은 크기가 다양하다. 사용자 인터페이스가 다양한 크기의 화면에서 유연하게 동작하게 하는 가장 쉬운 방법은 레이아웃의 너비와 높이를 다음의 지정 키워드로 설정하는 것이다.

- match_parent: 화면을 가득 채우도록 높이와 너비를 확장한다.
- wrap_content: 엘리먼트 콘텐츠에 필요한 최소한의 크기로 높이와 너비를 설정한다.

 뷰와 뷰그룹과 같은 화면의 다른 엘리먼트의 크기에 맞추기 위해 match_parent와 wrap_content를 사용할 수도 있다.

크기 값

다른 방법으로 안드로이드 시스템이 지원하는 측정 단위를 사용해 레이아웃의 크기를 설정할 수 있다.

- Density-independent pixels (dp): 물리적인 화면 밀도를 기반으로 한 추상적인 단위다. dp는 인치당 160 도트인 화면의 물리적인 1픽셀과 비례한다. 안드로이드는 실행 중에 현재 화면의 dp에 맞는 적절한 계수로 1 dp를 그리기 위해 사용하는 픽셀 수를 조절한다. 밀도에 독립적인 치수를 사용하는 것은 다양한 화면 크기에서 자동으로 조절되는 UI를 생성하는 간단한 방법이다.
- **절대적인 단위**: 안드로이드는 여러 절대적인 측정 단위(구체적으로는 픽셀과 밀리미터, 인치)를 제공하지만, 절대적인 크기를 사용하는 것을 피해야 한다. 이는 UI를 융통성 없게 만들고 화면에 맞춰 크기를 변경하는 것을 방해하기 때문이다.

프로그램 코드로 레이아웃 크기 설정

프로그램 코드로 LayoutParams 객체를 생성해 레이아웃의 크기를 설정할 수도 있다.

```
LayoutParams linearLayoutParam = new LayoutParams
```

다음과 같이 너비와 높이를 설정한다.

```
LayoutParams linearLayoutParam = new LayoutParams
(LayoutParams.MATCH_PARENT, LayoutParams.MATCH_PARENT);
```

다양한 레이아웃

이제 자바와 XML로 레이아웃을 생성하고 높이와 너비를 설정하는 방법을 알았으니, 가장 일반적으로 사용되는 두 레이아웃에 대해 더 살펴보자. 간단하면서도 사용하기 쉬운 LinearLayout과 놀랍도록 유연한 RelativeLayout이다.

LinearLayout의 모든 것

LinearLayout은 모든 자식을 하나씩 쌓아서 가로 또는 세로의 한 줄로 정렬한다.

다음 방법으로 LinearLayout 레이아웃의 방향을 설정한다.

- android:orientation="horizontal": 뷰는 다른 뷰 바로 옆에 가로로 위치한다. 가로 LinearLayout 레이아웃에는 오직 하나의 줄이 길게 있다.
- android:orientation="vertical": 뷰는 다른 뷰 아래에 세로로 위치한다. 세로 LinearLayout 레이아웃은 한 줄에 오직 하나의 자식이 있다.

다음은 간단한 가로 LinearLayout 레이아웃이다.

```
<LinearLayout
  xmlns:android="http://schemas.android.com/apk/res/android"
  android:orientation="horizontal"
  android:layout_width="match_parent"
  android:layout_height="match_parent">
    <Button
      android:id="@+id/okButton"
      android:text="Ok"
      android:layout_width="wrap_content"
      android:layout_height="wrap_content" />
    <Button
      android:id="@+id/cancelButton"
      android:text="Cancel"
```

```
        android:layout_width="wrap_content"
        android:layout_height="wrap_content" />

</LinearLayout>
```

안드로이드 기기에서 가로 LinearLayout 레이아웃은 다음과 같이 보인다.

다음은 방향을 android:orientation="vertical"로 설정한 동일한 LinearLayout
이다.

RelativeLayout의 모든 것

RelativeLayout는 모든 자식 엘리먼트의 위치를 다른 자식 엘리먼트와 부모 엘리먼트를 기반으로 처리하는 가장 유연한 레이아웃 중 하나다.

예를 들면, 텍스트뷰의 위치를 유연하게 정하기 위해 RelativeLayout 컨테이너의 모서리에 정렬하고 그 100dp 위에 버튼을 위치시킬 수 있다.

 UI 최적화를 위한 RelativeLayout 사용

RelativeLayout는 화면에 보이는 각 엘리먼트에 대한 통제 권한을 가질 수 있을 뿐만 아니라, 중첩 사용을 줄여 앱의 전반적인 성능을 향상시킬 수 있다. LinearLayout을 중첩해 사용하고 있다면 RelativeLayout로 대체해 레이아웃을 단일 계층으로 만들 수 있다.

RelativeLayout은 원하는 어떤 UI 엘리먼트든 위치를 유연하게 지정할 수 있기 때문에, 부모 컨테이너와 다른 엘리먼트에 따라 상대적으로 UI 엘리먼트 위치를 지정할 수 있도록 많은 속성을 지원하는 것이 당연하다.

부모 컨테이너에 따른 상대적인 위치

다음의 속성들은 모두 true 값을 가질 수 있다. 예를 들어,

android:layout_alignParentTop="true"와

android:layout_alignParentStart="true."

- android:layout_alignParentTop: 뷰의 위쪽 가장자리를 부모의 위쪽 가장자리와 일직선으로 맞춘다.
- android:layout_alignParentBottom: 뷰의 아래쪽 가장자리를 부모의 아래쪽 가장자리와 일직선으로 맞춘다.
- android:layout_centerInParent: 뷰를 부모의 가로와 세로의 중간에 위치시킨다.
- android:layout_alignParentRight: 뷰의 오른쪽 가장자리를 부모의 오른쪽 가장자리와 일직선으로 맞춘다.
- android:layout_alignParentLeft: 뷰의 왼쪽 가장자리를 부모의 왼쪽 가장자리와 일직선으로 맞춘다.
- android:layout_centerHorizontal: 뷰를 부모의 가로로 중간에 위치시킨다.
- android:layout_centerVertical: 뷰를 부모의 세로로 중간에 위치시킨다.
- android:layout_alignParentStart: 뷰의 시작 가장자리를 부모의 시작 가장자리와 일직선으로 맞춘다.
- android:layout_alignParentEnd: 뷰의 끝 가장자리를 부모의 끝 가장자리와 일직선으로 맞춘다.

- android:layout_alignWithParentIfMissing: 뷰가 없어진 엘리먼트를 참조한다면, 그 속성은 없어진 엘리먼트 대신 부모와 일직선으로 맞춘다.

다른 엘리먼트에 상대적인 위치

UI 엘리먼트를 화면의 다른 엘리먼트에 상대적으로 위치시킬 수 있다. 예를 들어, back_button 뷰를 forward_button의 왼쪽에 위치시키고, titleTextBox를 subheading TextBox 위에 두고 싶을 수 있다.

다음의 모든 속성은 기준으로 사용하는 엘리먼트 아이디를 참조한다(곧 아이디에 대해 자세히 살펴보겠지만, 뷰의 아이디는 레이아웃 리소스 파일에서 android:id 엘리먼트의 값이다. 예로, android:id ="@+id/viewName"의 아이디는 viewName이다).

- `android:layout_above`: 뷰를 특정 엘리먼트 위에 둔다. `android:layout_above="@+id/subheadingTextBox"`를 예로 들면, UI 엘리먼트를 subheading TextBox 위에 둔다.

- `android:layout_below`: 뷰를 특정 엘리먼트 아래에 둔다.

- `android:layout_toLeftOf`: 뷰를 특정 엘리먼트의 왼쪽에 둔다.

- `android:layout_toRightOf`: 뷰를 특정 엘리먼트의 오른쪽에 둔다.

- `android:layout_toStartOf`: 뷰의 끝 가장자리를 특정 엘리먼트의 시작 가장자리와 일직선으로 맞춘다.

- `android:layout_toEndOf`: 뷰의 시작 가장자리를 특정 엘리먼트의 끝 가장자리와 일직선으로 맞춘다.

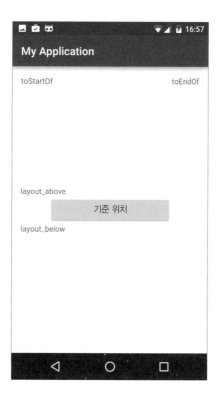

다른 엘리먼트에 맞춰 정렬하기

또한 화면의 다른 엘리먼트에 맞춰 명시적으로 UI 엘리먼트의 위치를 지정할 수 있다. 다시 말해, 다음에 열거한 모든 속성의 값은 참조하려는 엘리먼트의 아이디다.

- `android:layout_alignBottom`: 뷰 엘리먼트의 아래쪽 가장자리를 화면의 특정 엘리먼트의 아래쪽 가장자리와 일직선으로 맞춘다. `android:layout_alignBottom="@+id/back_button"`의 경우에는 UI 엘리먼트의 아래쪽 가장자리를 `back_button`의 아래쪽 가장자리와 일직선으로 맞춘다.

- `android:layout_alignLeft`: 뷰의 왼쪽 가장자리를 특정 엘리먼트의 왼쪽 가장자리와 일직선으로 맞춘다.

- `android:layout_alignRight`: 뷰의 오른쪽 가장자리를 특정 엘리먼트의 오른쪽 가장자리와 일직선으로 맞춘다.

- `android:layout_alignTop`: 뷰의 위쪽 가장자리를 특정 엘리먼트의 위쪽 가장자리와 일직선으로 맞춘다.

- `android:layout_alignStart`: 뷰의 시작 가장자리를 특정 엘리먼트의 시작 가장자리와 일직선으로 맞춘다.

- `android:layout_alignBaseline`: 이 속성은 약간 다르다. **기준선**[Baseline]은 문자가 놓일 보이지 않는 선을 의미한다. 즉, 이 속성은 뷰의 기준선을 특정 엘리먼트의 기준선과 일직선으로 맞춘다. 예를 들어 두 개의 텍스트뷰가 있고 각 뷰의 두 텍스트가 같은 줄에 쓰인 것 같은 느낌을 주기 위해 `alignBaseline`을 사용한다.

▌ 뷰 생성

뷰는 사용자 인터페이스의 기본적인 구성 요소다.

대부분의 경우 액티비티와 대응되는 레이아웃 리소스 파일에 추가하는 방법으로 뷰 객체를 생성할 것이다. XML 코드를 직접 수정할 수 있고, 또는 IDE의 팔레트에서 UI 엘리먼트를 끌어다가 UI 미리 보기에 놓아서 변경할 수도 있다.

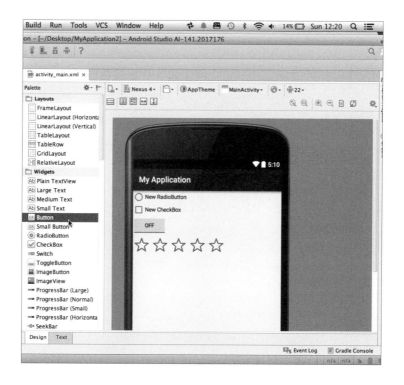

프로그램 코드로 뷰를 생성하는 것도 가능하다. 예를 들어 텍스트뷰를 프로그램으로 인스턴스화하려면, 액티비티의 onCreate( ) 메서드에 텍스트뷰를 추가한다.

```
@Override
protected void onCreate(Bundle savedInstanceState) {
        super.onCreate(savedInstanceState);
        setContentView(R.layout.activity_main);

        LinearLayout linearlayoutLayout = (LinearLayout)findViewById(R.
        id.rootlayout);
```

```
// 텍스트뷰를 생성하고 ID를 txView로 할당한다 //
      TextView txView = new TextView(this);

// 프로그램 코드로 텍스트를 설정한다 //

      txView.setText("Hello World");

// txView 텍스트뷰 객체를 레이아웃에 추가한다 //

      linearLayout.addView(txView);
}
```

아이디 속성 할당

아이디로 레이아웃 내의 뷰를 구별한다. 예를 들어 두 개의 버튼을 생성했다면, 이 둘을 yesButton과 noButton으로 아이디를 할당해 구별할 수 있다.

android:id attribute를 사용해 뷰에 아이디를 할당한다.

```
<Button android:id="@+id/backButton"
```

이후 이 아이디를 사용해 특정 뷰를 참조할 수 있다.

```
android:layout_below="@id/backButton"
```

또한 findViewById(id)를 사용해 프로그램 코드로 뷰의 위치를 지정할 때 아이디를 사용할 수 있다.

```
findViewById(R.id.myButton)
```

이 메서드가 원하는 뷰를 반환하면, 프로그램으로 이 뷰와 상호작용할 수 있다.

뷰 크기 설정

같은 방법으로 레이아웃 컨테이너의 크기를 설정하고, 레이아웃 리소스 파일에 추가한 모든 뷰의 크기를 설정해야 한다.

아이디 속성 할당과 같은 방법으로 크기 설정을 위한 속성과 값을 지정할 수 있다. 이는 곧 레이아웃 리소스 파일에 android:layout_width와 android:layout_height를 추가하고 다음의 값을 선택할 수 있다는 뜻이다.

- wrap_content: 뷰의 콘텐츠를 수용하기 위해 필요한 최소한의 높이 또는 너비로 설정한다. 예를 들어, 텍스트가 포함된 버튼에 wrap_content를 설정하면 시스템은 버튼의 크기를 텍스트를 포함시키기에 충분한 크기로 변경할 것이다.
- match_parent: 사용할 수 있는 모든 공간을 채우도록 뷰의 높이 또는 너비를 확장한다.
- Density-independent pixels (dp): dp 측정 단위로 할당했을 때, 안드로이드 시스템은 사용자 화면의 밀도에 기반을 두고 뷰를 확대 또는 축소한다.
- **절대값**: 추천하지는 않지만, 픽셀이나 밀리미터, 인치 같은 절대적인 측정 단위를 사용할 수 있다.

안드로이드 그라비티와 레이아웃 그라비티

그라비티 속성은 X와 Y축을 따라 객체가 자신을 둘러싼 객체 내에서 어디에 위치해야 하는지 명시한다. 이는 간단할 수 있지만, 안드로이드에는 두 개의 서로 다른 그라비티가 있어 어려움이 있다. 두 그라비티는 서로 비슷해 보이지만 상당히 다른 결과를 가져온다.

- android:gravity: 콘텐츠를 뷰 내부에 위치시킨다. 텍스트뷰 내부의 텍스트를 예로 들 수 있다.

- android:layout_gravity: 자식 뷰를 부모 컨테이너 내에 위치시킨다. LinearLayout 내의 텍스트뷰를 예로 들 수 있다.

두 그라비티 모두 다양한 값을 허용하고, 그라비티 속성을 적용한 객체의 크기를 변경할 수 없는 값도 일부 존재한다.

- top: 객체를 부모 컨테이너의 위쪽 가장자리에 위치시킨다. 예를 들어 android:gravity="top"은 텍스트뷰의 위쪽에 텍스트를 위치시키고, android:layout_gravity="top"은 LinearLayout의 위쪽에 텍스트뷰를 위치시킨다.
- Left: 객체를 부모 컨테이너의 왼쪽에 위치시킨다.
- center_vertical: 객체를 부모 컨테이너의 세로로 가운데에 위치시킨다.
- Start: 객체를 부모 컨테이너의 시작 지점에 위치시킨다.

두 그라비티 속성 모두 객체의 크기 변경을 위해 다음의 값을 지원한다.

- fill_vertical: 객체를 세로로 확장해 부모 컨테이너를 채운다. 예를 들어, android:gravity="fill_vertical"은 이미지뷰 컨테이너가 가득 차도록 이미지를 세로로 확장하고, android:layout_gravity="fill_vertical"는 RelativeLayout 컨테이너가 가득 차도록 이미지뷰를 세로로 확장한다.
- fill_horizontal: 객체를 가로와 세로로 확장해 부모 컨테이너를 완전히 채운다.

지원하는 모든 값을 보려면 http://developer.android.com/reference/android/widget/LinearLayout.html#attr_android:gravity를 참고한다.

setGravity를 사용해 프로그램 코드로 Gravity.CENTER_HORIZONTAL 같은 그라비티를 설정할 수 있다. 또한 setHorizontalGravity와 setVerticalGravity도 사용할 수 있다.

색상과 배경 설정

배경을 살펴보면 텍스트뷰 같은 일부 뷰는 완전히 투명하며, 그 외의 뷰는 기본값이 회색인 버튼처럼 일반적인 색상의 배경을 가진다.

뷰의 기본 색상이 마음에 들지 않는다면 언제든지 바꿀 수 있다. 안드로이드는 UI에 색상을 추가할 수 있는 몇 가지 옵션이 있다.

안드로이드 시스템은 다양한 독창적인 색상을 지원하는데, 다음의 색조를 사용한다면 안드로이드 시스템이 어려운 작업을 모두 대신 처리한다.

- black
- white
- holo_blue_bright
- holo_blue_dark
- holo_blue_light
- holo_green_dark
- holo_green_light
- holo_orange_light
- holo_orange_dark
- holo_purple
- holo_red_dark
- holo_red_light
- darker_gray

뷰에 이미 만들어진 색상을 적용하려면 android:background 속성에 값을 추가한다. 아니면 "@android:/color" 뒤에 선택한 색상을 입력해 속성값으로 설정한다.

```
android:background="@android:color/holo_red_light"
```

또 안드로이드는 특정 UI 엘리먼트를 위해 primary_text_dark와 widget_edittext_dark 같은 값을 지원한다. http://developer.android.com/reference/android/R.color.html의 공식 안드로이드 문서에서 미리 정의된 모든 색상 목록을 확인할 수 있다.

하지만, 이 목록은 상당히 제한적이다. 머지않아 안드로이드의 미리 정의된 색상이 예상만큼 마음에 들지 않을 수도 있어, 헥사 코드를 사용해 스스로 색상을 만들게 될 수도 있다.

마음에 두고 있는 분명한 색상이 있다면, 청록색이나 밝은 핑크색 등의 헥사 코드를 찾는다든지 구글에서 검색해 헥사 코드를 찾을 수 있다. 다른 방법으로 안드로이드 스타일 가이드에서 다양한 색상과 그에 대응하는 헥사 코드를 찾아볼 수 있고, 이 가이드는 https://www.google.com/design/spec/style/color.html#color-color-palette 에서 제공된다.

헥사 코드를 얻었다면, 코드를 빠르고 쉽게 레이아웃 리소스 파일에 삽입할 수 있다.

```
android:background="#0000ff"
```

이는 빨라 보이지만, 결국에는 더 많은 시간을 소비하게 될 수도 있다. 일관성이 훌륭한 사용자 경험을 제공하는 데 큰 영향을 주기 때문에 아마도 애플리케이션에서 같은 색상을 여러 번 사용할 가능성이 높고, 필요할 때마다 매번 색상의 헥사 코드를 입력하는 것은 시간이 걸린다.

초기에는 시간이 조금 더 걸리더라도 대부분의 경우 색상을 프로젝트의 res/values/colors.xml 파일의 색상 리소스로 정의하는 것이 좋다. 그러면 헥사 코드를 입력하지 않고도 원할 때마다 언제든지 이 색상 리소스를 사용할 수 있다.

프로젝트에 포함된 colors.xml 파일이 없다면, 프로젝트의 values 폴더에서 마우스 오른쪽 버튼을 클릭하고 New와 Values resource file을 잇달아 선택해 생성할 수 있다.
파일명은 colors.xml로 한다.

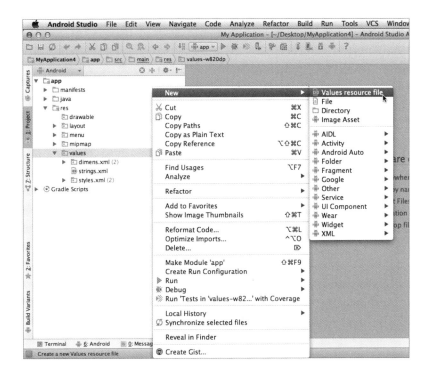

colors.xml 파일을 열고 다음 형식으로 앱에서 사용하려는 모든 색상을 정의하자.

```xml
<?xml version="1.0" encoding="utf-8"?>
<resources>
  <color name="cyan">#00FFFF</color>
</resources>
```

그러면 뷰의 배경뿐 아니라 앱의 어디서든 이 색상 리소스를 사용할 수 있다.

```
android:background="@color/cyan"
```

다음과 같이 레이아웃 컨테이너에도 android:background 속성을 추가해 전체 UI의 배경을 바꿀 수 있다.

```
<LinearLayout xmlns:android="http://schemas.android.com/apk/res/android"
  android:orientation="vertical"
  android:layout_width="match_parent"
  android:layout_height="match_parent"
  android:background="@color/cyan" />
```

뷰의 배경으로 색상 대신 질감이 있는 배경 이미지나 고화질 사진 같은 이미지를 사용할 수 있다. 이미지뷰를 다룰 때 더 자세히 살펴보겠지만, 간단히 말하자면 프로젝트의 res/drawable 폴더에 이미지를 추가하고 레이아웃 파일에서 이 이미지를 참조하게 하면 된다.

```
android:background="@drawable/imagename"
```

앱의 배경을 프로그램 코드로 설정하려면, setBackgroundResource 메서드를 사용한다.

가중치 설정

뷰를 LinearLayout 안에 위치시킬 때, 가중치 값을 부여해 각 뷰가 화면의 얼마나 넓은 공간을 차지할 지 설정할 수 있다.

뷰에 가중치를 설정할 때, 레이아웃의 남은 공간은 선언된 가중치의 비율로 뷰에 할당된다. 각각 다른 가중치를 갖는 세 개의 버튼이 있는 레이아웃을 예로 들어 보자.

```
<LinearLayout xmlns:android="http://schemas.android.com/apk/res/android"
  xmlns:tools="http://schemas.android.com/tools"
  android:layout_width="match_parent"
```

```
        android:layout_height="match_parent"
        tools:context=".MainActivity">

    <Button
            android:layout_width="wrap_content"
            android:layout_height="wrap_content"
            android:text="A"
            android:id="@+id/button1"
            android:layout_weight="1"/>

    <Button
            android:layout_width="wrap_content"
            android:layout_height="wrap_content"
            android:text="B"
            android:id="@+id/button2"
            android:layout_weight="1"/>

    <Button
            android:layout_width="wrap_content"
            android:layout_height="wrap_content"
            android:text="C"
            android:id="@+id/button3"
            android:layout_weight="2"/>

</LinearLayout>
```

Button3은 Button1과 Button2보다 더 중요하다고 선언됐으므로, Button3은 남아있는 공간의 반을 할당받고 Button1과 Button2는 남은 공간을 동일하게 나눠 가진다.

다른 속성들이 layout_weight 값과 상호작용할 수 있다는 사실을 알아야 한다. 예를 들어 레이아웃이 세 개의 텍스트뷰를 가지고, 모두 android:layout_width="wrap content"로 설정돼 있다고 하자. 이 시나리오에서, 안드로이드 시스템은 각 텍스트뷰가 텍스트를 수용하기 위해 공간이 얼마나 필요한지 계산하고 남아있는 공간을 나눈다. 그러므로, 한 텍스트뷰의 텍스트가 다른 둘보다 길면, 이 점이 가중치 결과에 영향을 미칠 것이다.

 별도로 명시하지 않는 한 모든 뷰는 기본적으로 0의 가중치를 가진다.

▎뷰 객체 추가 및 커스터마이징

레이아웃에 뷰 객체를 추가할 때 프로젝트의 res/layout 폴더에 있는 레이아웃 리소스 파일을 사용하는 방법이 가장 쉽지만, 필요하다면 프로그램 코드로 뷰를 추가할 수도 있다.

다음 절에서는 안드로이드에서 가장 일반적으로 사용하는 뷰, 특히 텍스트뷰와 에디트 텍스트, 이미지뷰, 버튼, 이미지버튼을 생성하는 방법을 살펴본다. 각 뷰를 생성한 후에는 원하는 대로 출력되고 동작하도록 뷰를 설정하는 방법을 살펴본다.

텍스트뷰

사용자 인터페이스에서 가장 흥미로운 부분은 아니겠지만, 대부분의 안드로이드 앱은 일종의 텍스트를 포함하고 텍스트뷰를 통해 사용자에게 텍스트를 보여준다.

텍스트뷰를 생성하기 위해 <TextView> 태그를 프로젝트의 레이아웃 리소스 파일에 추가하고, 그 텍스트뷰가 어떤 텍스트를 출력해야 하는지 다음 중 한 방법으로 알려준다.

- **레이아웃이 직접 텍스트 추가**: 상당히 간단한 방법이다. 텍스트뷰의 XML 코드에 android:text 속성을 추가한다. android:text="Hello world!"를 예로 들 수 있다.
- **문자열 리소스 참조**: 텍스트를 출력하는 대부분의 앱은 프로젝트의 리소스에 텍스트를 포함하고 실제 애플리케이션 코드에는 포함하지 않는다. 이렇게 분리해 앱의 코드를 깔끔하고 읽기 쉽게 유지하고, 언제든지 앱의 중요 코드를 건드리지 않고 텍스트를 수정하거나 변경할 수 있다. 문자열 리소스를 생성하려면 프로젝트의 res/values/strings.xml 파일을 열고 다음의 형식으로 텍스트를 추가한다.

```
<resources>
    <string name="helloWorld">Hello world!</string>
</resources>
```

이후에는 레이아웃 파일에서 이 문자열 리소스를 참조할 수 있다.

```
<TextView
    android:layout_width="wrap_content"
    android:layout_height="wrap_content"
    android:text="@string/helloWorld"
    android:id="@+id/textView" />
```

여기까지가 기본적인 텍스트 출력을 위해 알아야 하는 모든 것이고, 때로는 이 정도로 충분할 수 있다. 하지만, 텍스트는 무미건조해 보일 수 있다! 텍스트를 눈에 띄게 만들기 위한 몇 가지 옵션이 있다.

텍스트 색상

텍스트뷰 내의 텍스트 색상을 변경하기 위해 android:textColor 속성을 사용할 수 있다. 안드로이드 시스템이 지원하는 기본 색상을 참조한다면, 다음과 같이 사용한다.

```
android:textColor="@android:color/"holo_green_dark"
```

프로젝트의 res/values/colors.xml file에 직접 정의한 색상을 참조하려면 값을 조금 다르게 준다.

```
android:textColor="@color/mycustomcolor"
```

프로그램 코드로 텍스트뷰의 색상을 설정하려면 setTextColor( ) 메서드를 사용한다.

텍스트 크기 설정

텍스트를 더 크게 혹은 더 작게 만들 때는 `android:textSize`를 사용한다.

안드로이드 화면은 다양한 크기를 가진다는 것을 알아야 한다. 텍스트는 보는 화면 크기에 상관없이 읽기 쉬워야 한다.

더 나아가 안드로이드 사용자는 기기의 **설정**에서 **디스플레이**를 선택하고 **서체와 글자 크기**를 선택해 기기에서 출력되는 글자 크기를 변경할 수 있다. 이는 시력에 문제가 있는 사람들에게 아주 유용하다.

텍스트가 충분히 유연해서 사용자의 서체와 화면 크기 맞게 조정될 수 있도록 하는 가장 쉬운 방법은 scale-independent pixels(sp) 단위를 사용하는 것이다.

```
android:textSize="30sp"
```

또한 안드로이드는 애플리케이션에서 사용하기 좋은 세 가지 상대적인 텍스트 크기를 지원한다.

- `TextAppearance.Small`, 예를 들어
  `style="@android:style/TextAppearance.Small."`
- `TextAppearance.Medium`
- `TextAppearance.Large`

텍스트 강조

`android:textStyle` 속성을 사용해 볼드체나 이탤릭체로 텍스트를 강조할 수 있다. 사용 가능한 값은 normal과 bold, italic이 있고, 파이프라인 문자로 분리된 두 값(`android:textStyle="bold|italic"`)으로 볼드와 이탤릭체를 함께 적용시킬 수 있다.

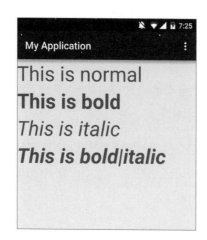

서체 설정

기본적으로 안드로이드는 텍스트에 기본 서체를 적용하지만, 시스템에서 sans와 monospace, serif 서체를 지원하며, android:typeface로 설정할 수 있다.

```
android:typeface="monospace"
```

서체를 프로그램 코드로 지정하기 위해 setTypeFace 메서드를 사용한다.

여러 줄의 텍스트

기본적으로 텍스트뷰의 콘텐츠는 얼마나 많은 텍스트를 출력해야 하는지에 따라 여러 줄이 될 수 있다. 텍스트뷰의 길이를 제어하고 싶다면, 다음의 몇 가지 옵션이 있다.

- android:lines: 텍스트뷰를 정확하게 X줄로 만든다. android:lines="2"처럼 사용한다.
- android:minLines. 텍스트뷰의 최소 줄 수를 지정한다.
- android:maxLines: 텍스트뷰의 최대 줄 수를 제한한다.

▌에디트텍스트

텍스트뷰가 텍스트를 출력하는 데 적합한 데 반해, 사용자가 텍스트를 입력할 수 있도록 하려면 에디트텍스트를 사용한다.

활성화된 에디트텍스트의 가장 일반적인 예는 사용자의 입력을 요청하는 폼이다. 이 예제에서 각 입력 영역은 EditText 엘리먼트로 분리된다.

```xml
<LinearLayout xmlns:android="http://schemas.android.com/apk/res/android"
  xmlns:tools="http://schemas.android.com/tools"
  android:layout_width="match_parent"
  android:layout_height="match_parent"
  android:orientation="vertical"
  tools:context=".MainActivity">

  <TextView
      android:layout_width="match_parent"
      android:layout_height="wrap_content"
      android:text="Please complete this form:"
      android:textSize="20sp"
      android:id="@+id/TextView" />
```

```
<EditText
    android:layout_width="match_parent"
    android:layout_height="wrap_content"
    android:inputType="textPersonName"
    android:hint="Name"
    android:id="@+id/editText" />

<EditText
    android:layout_width="match_parent"
    android:layout_height="wrap_content"
    android:inputType="textEmailAddress"
    android:hint="Email address"
    android:id="@+id/editText2" />

<EditText
    android:layout_width="match_parent"
    android:layout_height="wrap_content"
    android:inputType="textPostalAddress"
    android:hint="Postal address"
    android:id="@+id/editText3" />

<EditText
    android:layout_width="match_parent"
    android:layout_height="wrap_content"
    android:inputType="textPassword"
    android:hint="Password"
    android:id="@+id/editText4"
    android:layout_gravity="center_horizontal" />

<Button
    android:layout_width="wrap_content"
    android:layout_height="wrap_content"
    android:text="Sign up"
    android:id="@+id/button" />
</LinearLayout>
```

이 예제 폼은 사용자의 기기에서 다음과 같이 보인다.

EditText 클래스는 TextView 클래스에서 파생됐기 때문에 textColor, textSize, textStyle, typeface 같은 많은 텍스트뷰 속성을 에디트텍스트에도 적용할 수 있다. 하지만 EditText 클래스만을 위한 다양한 XML 속성도 지원한다.

키보드 동작 제어-inputType 설정

기본적으로 사용자가 에디트텍스트 영역을 선택하면 표준 키보드가 나타나고 원하는 문자를 입력할 수 있다. 하지만 android:inputType 속성을 사용해 사용자가 EdixText 영역에 입력하는 문자를 제한할 수 있다.

이 제한은 사용자가 부적합한 데이터를 입력하는 것을 예방하지만, 일부 inputType 값은 안드로이드 시스템이 가상 키보드를 특정 콘텐츠에 맞게 최적화한다. 예를 들어, EditTextinputType 값을 전화번호로 명시하면 (android:inputType="phone") 안드로이드 시스템은 사용자가 필요한 데이터를 입력하기 쉽게 숫자 키보드를 보여줄 것이다.

몇몇 inputType 값은 키보드가 다른 유용한 동작을 하게 만든다. 예를 들어 inputType을 textCapWord로 지정하면, 모든 새로운 단어를 자동으로 대문자로 변경할 것이다. 이는 이름이나 주소 같이 사용자가 항상 대문자로 입력해야 하는 데이터를 요청할 때 편리하다.

다음은 사용 가능한 다양한 inputType 값이다.

- text: 표준 텍스트 키보드를 출력한다.
- textEmailAddress: 표준 텍스트 키보드에 @ 문자를 추가로 출력한다.
- textUri: 표준 키보드 텍스트에 / 문자를 추가로 출력한다.
- number: 기본적인 숫자 키보드를 출력한다.
- phone: 폰 스타일의 키보드를 출력한다.

다음 값들은 표준 텍스트 키보드를 출력하지만, 키보드의 동작을 변경한다.

- textCapSentences: 모든 문장의 첫 글자를 자동으로 대문자로 바꾼다.
- textCapWords: 모든 단어를 대문자로 바꾼다.
- textAutoCorrect: 일반적으로 철자가 틀린 단어를 자동으로 교정한다.
- textPassword: 입력되는 모든 문자를 점으로 변경해 사용자의 비밀번호를 감춘다. 안드로이드 기기에서 비밀번호를 입력할 때 일반적으로 볼 수 있는 동작이다. 이처럼 감추는 효과를 내는 다른 방법으로는 XML의 android:password="true" 속성이 있다.
- textMultiLine: 에디트텍스트 영역은 기본적으로 한 줄로 만들어지지만, 이 속성으로 사용자가 여러 줄의 텍스트를 입력할 수 있다.

파이프라인 문자를 사용해 여러 값을 결합시킬 수 있다. 예를 들어 사용자에게 비밀번호를 생성할 것을 요구할 때 사용자의 입력 값을 감추면서 자동으로 모든 단어를 대문자로 만들 수 있다.

```
android:inputType="textCapWords| textPassword"
```

키보드의 동작을 프로그램 코드로 명시하려면 setRawInputType 메서드를 사용한다.

 사용자의 입력을 제어할 때 android:digits를 사용해 사용자가 에디트텍스트에 입력하는 숫자도 제한할 수 있다(android:digits="12345.").

android:imeOptions

사용자는 에디트텍스트 영역에 정보를 입력한 후, 보통 키보드의 리턴키 대신 나타나는 액션키를 선택해 입력 내용을 확정한다.

시스템이 보여줄 액션키를 구체적으로 명시하지 않으면 안드로이드 시스템은 기본적으로 다음과 같이 설정된다.

- actionNext: 이동하기 위한 포커스를 줄 수 있는 영역이 하나 이상 존재하면 시스템은 Next 액션 키를 출력한다.
- actionDone: 다음으로 포커스를 줄 영역이 없다면, 시스템은 Done 키를 출력한다. 폼 예제에서, Done 키는 사용자가 마지막 에디트텍스트 영역을 입력 완료했을 때 한 번만 나타난다.

때로는 이 기본 동작을 무시하고 키보드가 보여주는 액션키를 지정하고 싶을 수 있다. 이 때 android:imeOptions 속성과 다음의 값을 사용할 수 있다.

- actionGo: Go 키를 출력한다(android:imeOptions="actionGo").
- actionNext: Next 키를 출력한다.
- actionDone: Done 키를 출력한다.
- actionSearch: Search 키를 출력한다.
- actionSend: Send 키를 출력한다.

사용자 힌트

에디트텍스트가 사용자의 입력 값을 얻기 위해 디자인됐더라도, 에디트텍스트 영역 내에 일시적으로 회색 텍스트를 출력해 사용자에게 특정한 입력 값을 유도하는 것이 좋을 때가 있다. 이런 힌트는 사용자가 입력해야 하는 정보가 직접적으로 분명하지 않을 때 유용하다.

android:hint 속성을 사용해 힌트를 보여준다.

- 레이아웃 리소스 파일에 직접적으로 힌트를 입력(android:hint="비밀번호를 입력하세요")
- 문자열 리소스를 생성 및 참조(android:hint="@string/messageHint.")

▌ 이미지뷰

이미지는 사용자에게 화면의 많은 글을 읽을 것을 강요하지 않으면서 정보를 전달하는 편리한 방법이다. 앱의 여러 영역(레이아웃의 배경이나, 버튼 같이 화면에 출력되는 엘리먼트의 배경 등)에 이미지를 추가할 수 있지만, 안드로이드 SDK는 이미지를 보여주는 전용 뷰인 이미지뷰를 제공한다.

이미 다양한 화면 크기에서 정확하게 출력되는 사용자 인터페이스를 만들기 위해 density-independent와 다른 상대적인 측정 단위의 사용 방법에 대해 살펴봤다. 하지만, 다양한 크기의 화면에서 모두 이미지가 산뜻하고 선명하게 보이게 하는 것은 그리 간단하지 않다.

이로 인해 이미지뷰는 조금 복잡하지만 대부분의 안드로이드 UI에서는 이미지가 필수기 때문에 안드로이드의 이미지뷰를 완전히 익히기 위해서 시간을 투자할 가치가 있다.

이 절에서는 UI에 **드로어블**drawable을 추가하는 방법과 가능한 모든 화면 크기에서 이미지를 적절하게 출력하도록 보장하는 단계에 대해 살펴본다.

 드로어블은 "화면에 그려질 수 있는 것"을 의미하고, 종종 앱의 그래픽 콘텐츠를 일컫는다.

멀티스크린 지원

먼저 조금 까다로운 부분부터 살펴보자. 다양한 종류의 화면에서 정확하게 출력되는 이미지를 생성하는 방법이다.

안드로이드 시스템은 현재의 화면 설정에 맞게 콘텐츠를 자동으로 확대하거나 축소하지만, 시스템이 대신 처리해주는 작업에 의존해서는 안 된다. 특히 이미지뷰는 흐리거나 픽셀 처리된 이미지 결과를 얻을 수 있다.

최고의 사용자 경험을 제공하기 위해 앱에서 사용하는 모든 이미지의 대체 버전을 제공해야 한다. 이 버전은 서로 다른 화면 밀도에 최적화돼야 한다.

안드로이드 시스템은 가능한 모든 화면 밀도를 일반화된 밀도 범위로 통합 정리하기 때문에, 모든 화면 밀도 각각을 위한 이미지를 제공하지 않아도 된다. 각 밀도 범위에 대한 버전만 제공하면 안드로이드 시스템이 현재의 화면 설정에 가장 적합한 버전을 선택한다.

안드로이드는 5개의 일반화된 화면 밀도 범위를 지원한다.

- Low: ldpi 120dpi
- Medium: mdpi 60dpi
- High: hdpi 240dpi
- Extra-high: xhdpi 320dpi
- Extra-extra-high: xxhdpi 480dpi

 실제 안드로이드는 6개의 밀도 범위를 지원하는데, 마지막은 xxxhdpi로 알려진 extra-extra-extra-high다. 이 640dpi는 다른 밀도 범위와 달리 애플리케이션의 실행 아이콘에만 적용된다. 태블릿 같은 일부 기기의 론처(launcher)에서는 아주 큰 앱 아이콘을 보여줘야 할 수 있다. Xxxhdpi를 사용하는 큰 화면에서 앱의 아이콘이 확실하고 분명하게 보이려면 앱 아이콘의 extra-extra-extra high 밀도 범위 버전을 제공해야 한다. 다른 UI 엘리먼트에 대해서는 xxxhdpi를 제공할 필요가 없다.

다양한 화면 밀도 지원

그러면, 어떤 이미지가 hdpi 화면에 적합한지 아니면 xhdpi 화면에 적합한지 안드로이드가 알 수 있을까? ldpi와 mdpi, hdpi, xhdpi, xxhdpi, xxxhdpi 식별자로 태그를 붙인 디렉토리를 만드는 것이 답이다. 안드로이드는 각 디렉토리에 특정 화면 밀도를 대상으로 하는 리소스가 포함돼 있다는 것을 알고, 현재 화면 설정에 적합한 디렉토리에서 이미지를 선택할 것이다.

이클립스나 안드로이드 스튜디오에서 안드로이드 프로젝트를 만들 때, 프로젝트에는 기본적으로 res/drawable 디렉토리만 있으므로 다음의 디렉토리를 직접 만들어줘야 한다.

- drawable-ldpi
- drawable-mdpi

- drawable-hdpi
- drawable-xhdpi
- drawable- xxhdp
- drawable-xxxhdpi

앱의 실행 아이콘만을 위한 extra-extra-extra-high 밀도 버전의 디렉토리를 포함한다는 것을 기억하기 바란다.

이런 특정 밀도 디렉토리를 만들기 위해 다음의 단계를 수행한다.

1. 프로젝트의 res 폴더에서 마우스 오른쪽 버튼을 클릭하고 New와 Android resource directory를 연달아 선택한다.
2. 새로 나타나는 창에서 **리소스 종류** 드롭다운 메뉴를 열어 Drawable을 선택한다.
3. Available qualifiers 영역에서 Chosen qualifier로 Density를 추가한다.
4. Density 드롭다운 메뉴를 열고 리스트에서 원하는 밀도를 선택한다. 예를 들어 drawable-ldpi 디렉토리를 원하면 Low Density를, drawable-xxxhdpi 디렉토리를 원하면 XXXHigh Density를 선택한다. 밀도를 선택했을 때, 디렉토리의 이름이 자동으로 변경되는 것을 알 수 있다.

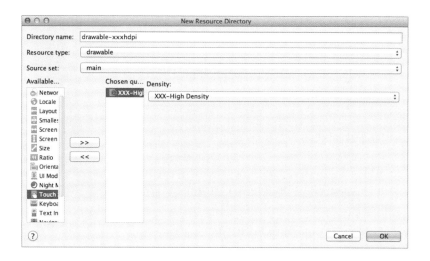

5. 정보 입력을 완료했다면 **OK**를 선택한다. 그러면 IDE가 새로운 디렉토리를 만들 것이다.

6. 이 과정을 반복해서 일반화된 화면 밀도 각각에 대한 디렉토리를 만든다.

만약 안드로이드 스튜디오로 작업을 하고 있다면, 가끔 모든 밀도 별로 디렉토리를 만들었는데도 안드로이드 스튜디오의 **프로젝트** 뷰에는 보이지 않는 경우가 발생한다. 이런 경우, **프로젝트** 뷰가 아닌 **안드로이드** 뷰를 보고 있다는 것이 문제일 수 있다. 뷰를 변경하기 위해 안드로이드 스튜디오의 **프로젝트** 뷰에서 **안드로이드** 라벨을 선택하고, 드롭다운 메뉴에서 **프로젝트**를 선택한다.

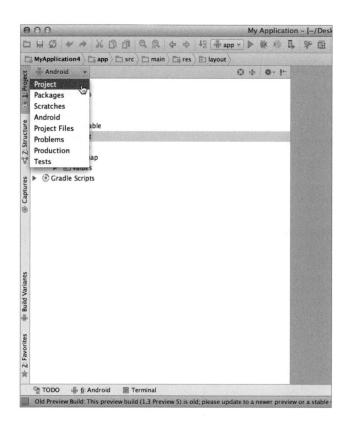

프로젝트의 구조가 바뀐 것을 알 수 있다. app/src/main/res 폴더를 열면, 앞에서 만든 모든 밀도별 디렉토리를 볼 수 있다.

밀도별 이미지 생성

프로젝트 구조를 업데이트했으므로 이제 적합한 이미지를 생성하고 이를 프로젝트에 추가할 차례다.

안드로이드는 다양한 이미지 유형을 지원하지만, 일반적으로 다음 중 하나를 사용한다.

- **비트맵**: 안드로이드는 세 가지 형식의 비트맵 파일을 지원한다. 가장 선호하는 .png와 일반적으로 용인되는 .jpg, 그리고 반드시 필요하다면 .gif를 허용한다.
- **나인패치 파일**: .png 파일과는 다르다! 나인패치 파일은 확장할 수 있는 부분을 정의할 수 있고 이로써 이미지 크기를 더 부드럽게 조절할 수 있다. 나인패치 이미지에 대해서는 다음 3장에서 더 자세히 살펴본다.

비트맵과 나인패치 파일의 대체 버전을 만들기 위한 핵심은 3:4:6:8:12:16 크기 비율을 지키는 것이다. 예를 들어, 68×68 픽셀의 이미지가 있고 화면은 medium-density라면, 다음과 같이 대체 버전을 만들어야 한다.

- LDPI: 51×51 픽셀(원본 크기의 0.75%)
- MDPI: 68×68 픽셀 (원본 크기)
- HDPI: 102×102 픽셀 (원본 크기의 150%)
- XHDPI: 136×136 (원본 크기의 200%)
- XXHDPI: 204×204 (원본 크기의 300%)
- XXXHDPI: 272×272 (원본 크기의 400%)

대체 이미지를 만들 때, 각 버전 이미지의 파일명은 동일하게 사용한다. 안드로이드 시스템이 이 파일들이 대체 가능한 동일한 이미지임을 인식하게 하기 위해서는 필수적이다.

마지막 단계는 각 파일을 적절한 디렉토리에 넣어주는 것이다.

이미지뷰 추가

Drawable 디렉토리 구조를 제대로 만들고 같은 이미지의 다양한 버전을 제공하는 것
은 꽤나 많은 일을 해야 하는 것처럼 느껴지지만, 이 기초 작업을 해두면 이미지뷰 내
의 드로어블 콘텐츠를 출력하는 일이 상당히 간단해진다.

대부분 액티비티의 레이아웃 리소스 파일에 `<ImageView>` 엘리먼트를 추가해 이미지
뷰를 생성한다.

```
<ImageView
     android:id="@+id/imageView1"
     android:layout_width="wrap_content"
     android:layout_height="wrap_content"
     android:src="@drawable/myImage"
/ >
```

`android:src` 속성에 주목해보자. 이는 이미지뷰가 어떤 드로어블을 출력해야 하는지
알려주는 방법이다. 여러 버전의 `myImage` 파일을 제공하면, 안드로이드 시스템이 가장
적합한 버전의 각 drawable 디렉토리를 확인하고 그 이미지를 출력한다.

이미지뷰의 콘텐츠를 프로그램 코드로 설정하고 싶다면, `setImageResource()` 메서
드를 사용한다.

▌버튼과 이미지버튼

버튼(더 나아가 이미지버튼)은 사용자가 화면에서 선택하면 반응하는 UI 컴포넌트다. UI
에 버튼을 추가할 때마다, 사용자가 이 버튼을 누를 때 어떻게 동작할지 즉각적으로
알 수 있도록 해야 한다.

사용자에게 (다음 화면으로 이동하기 위해 아래의 버튼을 선택하라는) 텍스트뷰를 동원해 버튼의 목적에 대해 알리는 것은 매우 장황하고 비효율적이다. 대부분의 경우 버튼에 라벨을 추가해 버튼의 목적을 알리는 것이 좋다.

안드로이드에서는 다음과 같은 방법으로 라벨을 붙일 수 있다.

- Next나 Submit, Cancel 같은 텍스트 라벨.
- 체크 표시나 크로스 아이콘 같은 이미지 아이콘
- 둘 다! 버튼이 일반적이지 않고 예상하기 어렵거나 복잡하게 동작한다면, 잠재적인 혼란을 없애기 위해 버튼에 텍스트와 이미지를 모두 붙일 수 있다.

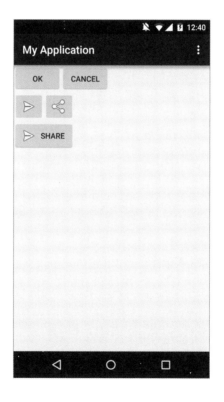

버튼에 텍스트나 아이콘 또는 둘 다 중 어느 것을 출력하기를 원하는지에 따라서 다음의 세 가지 방법 중 하나로 레이아웃 리소스 파일에 추가할 수 있다.

텍스트 라벨 버튼 생성

텍스트 라벨이 있는 기본적인 버튼을 만들기 위해 레이아웃 리소스 파일에 <Button> 엘리먼트를 추가한다.

```
<Button
    android:layout_width="wrap_content"
    android:layout_height="wrap_content"
    android:text="@string/button_text" />
```

버튼의 텍스트 라벨은 android:text 속성을 사용해 설정한다. 텍스트뷰에서 했던 것처럼 레이아웃에 직접 텍스트를 입력하거나(android:text="Submit"), 또는 프로젝트의 res/values/strings.xml 파일에 문자열 리소스를 생성하고 이를 참조할 수 있다(android:text="@string/submitText").

버튼의 텍스트를 프로그램 코드로 설정하고 싶다면 **setText**를 사용한다.

```
    button.setText("Submit!");
```

이미지 라벨 버튼 생성

이름에서 알 수 있듯이 이미지버튼은 이미지 라벨이 있는 버튼이다.

UI에 이미지버튼을 추가하기 위해 레이아웃 리소스 파일에 **<ImageButton>** 태그를 추가한다.

```
<ImageButton
    android:layout_width="wrap_content"
    android:layout_height="wrap_content"
    android:id="@+id/imageButton"
    android:src="@android:drawable/send" />
```

android:src 속성에 대해 알겠는가? 이미지뷰가 드로어블 리소스를 참조하는 것과 정확히 같은 방법으로 드로어블 리소스를 참조한다.

텍스트와 이미지 라벨 버튼 생성

사용자가 버튼을 눌렀을 때 어떤 일이 일어날지 확실히 알리고 싶다면, 버튼에 이미지와 텍스트 라벨을 함께 붙일 수 있다. 이는 Button 클래스에 android:drawableLeft를 추가해 사용한다.

```
<Button
  android:layout_width="wrap_content"
  android:layout_height="wrap_content"
  android:id="@+id/imageButton3"
  android:text="Send"
  android:drawableLeft="@android:drawable/send" />
```

버튼의 배경 변경
이 내용으로 만족하지 못했다면, android:background로 색상 값이나 이미지를 참조해 버튼의 배경을 바꿀 수 있다.

▌ 상태 목록 리소스

일반적으로 버튼은 세 가지 상태를 가진다.

- Default: 버튼이 눌리거나 포커스되지 않은 상태
- Pressed: 버튼이 눌린 상태
- Focused: 버튼이 포커스된 상태

지금까지 살펴본 모든 버튼 속성(텍스트 라벨과 이미지 라벨, 배경)은 버튼의 현재 상태와 관계없이 버튼 엘리먼트에 적용된다. 하지만 가끔 사용자에게 현재 상태에 대한 시각적인 정보를 주고 싶을 수 있다. 예를 들어 사용자가 버튼을 선택했을 때, 버튼이 눌린 상태일 동안 잠시 어두운 색상을 보여주고 싶을 수 있고, 이로써 사용자는 기기가 터치 이벤트를 정상적으로 등록했다는 것을 알 수 있다.

버튼이 현재 상태에 반응하길 바란다면, 각 버튼의 상태에서 사용하기 위한 서로 다른 세 개의 이미지나 색상을 XML 파일에 정의해 상태 목록 리소스를 생성해야 한다.

상태 목록 리스트를 만들기 위해 다음을 수행한다.

1. 버튼의 배경으로 사용할 세 개의 드로어블을 만든다. 각 드로어블은 각 버튼의 상태를 표시한다.
2. 각 드로어블에 button_pressed나 button_default 같이 상태를 표현하는 이름을 부여한다.
3. 각 드로어블을 적절한 res/drawable 디렉토리에 추가한다.
4. drawable 디렉토리에서 마우스 오른쪽을 클릭하고, New와 Drawable resource file을 선택해 프로젝트의 res/drawable 디렉토리에 새로운 XML 파일을 생성한다. XML 파일에 button_states 같은 적당한 이름을 붙이고, OK를 선택한다.

새로운 드로어블 리소스 파일을 열고, 각 상태에서 사용할 모든 드로어블을 하나의 <selector> 엘리먼트 내에 별도의 엘리먼트를 추가해 정의한다.

```xml
<?xml version="1.0" encoding="utf-8"?>
<selector xmlns:android="http://schemas.android.com/apk/res/android">
<item android:drawable="@drawable/button_pressed"
        android:state_pressed="true" />
    <item android:drawable="@drawable/button_focused"
        android:state_focused="true" />
```

```
        <item android:drawable="@drawable/button_default" />
</selector>
```

위의 코드는 버튼이 각 상태에서 어떤 드로어블을 사용할지 정의한다.

- pressed = true일 때, 버튼은 button_pressed 드로어블을 사용한다.
- focused = true일 때, 버튼은 button_focused 드로어블을 사용한다.
- 버튼이 눌리지 않았고 포커스도 없다면, button_default 드로어블을 사용한다.

상태 목록 리스트를 참조할 때 시스템은 <item> 엘리먼트 순서대로 이동하고 버튼의 현재 상태에 해당하는 첫 번째 <item> 엘리먼트를 사용하기 때문에 상태 목록 리소스의 <item> 엘리먼트 순서가 중요하다. 기본 상태는 항상 해당되기 때문에, 시스템이 android:state_pressed와 android:state_focused을 먼저 확인하고 해당되지 않을 때 기본 드로어블을 사용하기를 원한다면 기본 드로어블을 목록의 마지막에 둬야 한다.

상태 목록 리소스를 버튼에 적용하기 위해 액티비티 레이아웃 리소스 파일의 드로어블에서 참조해야 한다.

```
<Button
    android:id="@+id/button_send"
    android:layout_width="wrap_content"
    android:layout_height="wrap_content"
    android:text="@string/button_send"
    android:background="@drawable/button_custom" />
```

또한 이미지 대신에 색상을 사용하도록 상태 목록 리소스를 생성할 수 있다 이런 종류의 상태 목록은 **색상 상태 목록 리소스**^{color state list resources}로 불린다. <selector>와 <item> 엘리먼트를 동일하게 사용한다. 단 한 가지 차이점은 각 <item> 엘리먼트가 드로어블이 아닌 색상을 참조한다는 점이다.

```
<item android:drawable="@android:color/holo_red_light"
        android:state_pressed="true" />
```

또는

```
<item android:drawable=""#0000ff"
        android:state_pressed="true" />
```

▌요약

이 장에서는 가장 일반적으로 사용되는 뷰와 레이아웃을 다뤘고, 특정 디자인 요구사항에 맞게 최적화하는 다양한 방법을 살펴봤다.

아직 다루지 못한 뷰와 레이아웃이 있지만, layout_width, android:src, android:id, 그리고 상대적인 측정 단위 같이 이 장에서 다뤘던 대부분의 속성들이 뒷부분에서 살펴볼 뷰와 레이아웃에도 적용된다.

3장에서는 문자열과 나인패치 이미지, 색상, 상태 목록과 같은 리소스 사용에 대해 더 상세히 알아보고, 또한 배열과 크기를 포함하여 일부 새로운 리소스도 살펴본다.

마지막으로, 지금까지 언급하지 않았던 UI 디자인의 중요한 측면인 프레그먼트에 대해 배워본다.

3

UI 더 알아보기-
프레그먼트, 리소스,
사용자 입력

2장에서는 앱의 사용자 인터페이스를 위한 튼튼한 기초를 만드는 데 집중했다. 3장에서는 이 기초 위에 배열과 크기, 나인패치 이미지 같은 추가 리소스를 사용해 개발을 시작한다.

UI의 외형을 완벽하게 만들었다면 기기의 큰 화면을 최대한으로 활용할 수 있는 프레그먼트 UI 컴포넌트를 살펴보겠지만, 그에 앞서 사용자의 입력에 UI가 어떻게 반응해야 하는지를 살펴본다. 그리고 화면의 여분 공간에서 이점을 갖는 것이 프레그먼트뿐만은 아니므로, 안드로이드 N의 멀티윈도우와 픽처인픽처 picture-in-picture 모드에 대해서도 살펴본다.

그 밖의 리소스 종류

앱에 텍스트를 포함하면 일반적인 규칙에 따라 그 텍스트는 프로젝트의 res/strings.xml 파일에 문자열 리소스로 포함되고 애플리케이션 코드에는 포함되지 않는다. 2장에서 문자열 리소스를 잠깐 살펴봤지만, 이는 대부분의 안드로이드 애플리케이션에서 아주 중요한 부분이므로 더 자세히 살펴본다. 특히 문자열 배열 생성 등 문자열 리소스를 사용해 수행할 수 있는 복잡한 작업에 대해 알아본다.

문자열 리소스 생성 및 스타일 적용

문자열은 프로젝트의 res/values/strings.xml 파일에 한 번 정의하면 프로젝트 전반에서 반복적으로 사용할 수 있는 간단한 리소스다.

다음 문법으로 문자열 리소스를 정의한다.

```
<resources>

<string name="string_name">This is the text that'll appear whenever you
reference this string resource.</string>
```

```
</resources>
```

또 문자열 리소스에 스타일 속성을 추가해, 애플리케이션에서 항상 같은 스타일로 문자열 리소스를 사용할 수 있다. 안드로이드는 다음 HTML 마크업을 지원한다.

- <b>: 볼드체
- <i>: 이탤릭체
- <u>: 밑줄

선택한 HTML 마크업으로 스타일을 적용할 텍스트를 감싸보자.

```
<?xml version="1.0" encoding="utf-8"?>
<resources>

<string name="Hello World">Hello world, <b>welcome</b> to my app!</string>

<string name="click">Please click the <i>button</i> to continue</string>

</resources>
```

일반적으로 애플리케이션의 레이아웃 리소스 파일에서 문자열 리소스를 참조하지만 자바 코드를 통해도 문자열을 참조할 수 있다.

```
String string = getString(R.string.string_name);
```

문자열 배열 생성

문자열 배열은 말 그대로 문자열 리소스의 배열이다.

문자열 배열은 항상 함께 출력되는 연관된 여러 개의 문자열을 사용할 때 유용하다. 서로 연관된 문자열의 예로는 반복적으로 사용하는 메뉴의 옵션 목록 등이 있다.

모든 항목을 별도의 문자열 리소스로 정의하고 각 문자열을 개별적으로 참조하려면 상당한 시간이 소요되고, 또 많은 문자열의 ID 목록을 기억해야 한다. 이 경우 모든 문자열 리소스를 하나의 배열에 추가하고, 모든 문자열을 한 번의 문자열 배열로 참조할 수 있다.

일반적으로 전용 res/values/arrays.xml 파일에 문자열 배열을 생성한다. 예를 들어, 다음의 XML은 다섯 개의 문자열 리소스로 구성된 **ingredients**라는 이름의 문자열 배열을 정의한다.

```xml
<?xml version="1.0" encoding="utf-8"?>
<resources>

    <string-array

// 문자열 배열 생성 //

        name="ingredients">

// 배열에 이름 속성 부여 //

            <item>Self-raising flour</item>

// 배열에 각 문자열 추가 //

        <item>Butter</item>
        <item>Caster sugar</item>
        <item>Eggs</item>
        <item>Baking powder</item>
    </string-array>

</resources>
```

이 문자열 배열을 불러오기 위해 Resources 클래스의 getStringArray() 메서드를 사용한다.

```
Resources res = getResources();
String[] ingredients = res.getStringArray (R.array.ingredients);
```

문자열 배열은 단기간에 인기를 얻은 스피너 컨트롤에서도 유용하다. 스피너 컨트롤의 옵션이 변하지 않고 미리 정해져 있다면 모든 옵션을 문자열 배열로 정의하고 스피너 컨트롤에서 이 배열을 가져다 쓸 수 있다.

 스피너(spinner)는 사용자가 옵션 목록에서 하나의 값을 선택하는 UI 엘리먼트다. 사용자가 스피너 컨트롤을 선택했을 때, 드롭다운 메뉴가 선택 가능한 모든 옵션을 보여준다. 그러면 사용자는 목록에서 하나의 옵션을 고를 수 있고, 이후에는 스피너 컨트롤은 선택된 옵션을 기본값으로 갖고 열리지 않은 상태로 출력한다.

스피너에서 문자열 배열을 사용하려면 액티비티의 레이아웃 리소스 파일에 스피너 컨트롤을 추가하고 android:entries을 사용해 배열을 참조한다.

```
<Spinner
    android:layout_height="wrap_content"
    android:layout_width="match_parent"
    android:id="@+id/spinnerOfIngredients"
    android:entries="@array/ingredients">
</Spinner>
```

dimens.xml에 크기 정의

안드로이드는 android:textSize="20sp"처럼 XML이나 자바를 사용해 하드코딩할 수 있는 다양한 측정 단위를 지원한다. 그렇지만 사용하려는 크기를 미리 프로젝트의 res/values/dimens.xml 파일에 정의할 수도 있다.

```xml
<?xml version="1.0" encoding="utf-8"?>
<resources>
    <dimen name="textview_width">26dp</dimen>
    <dimen name="textview_height">35dp</dimen>
    <dimen name="headline_size">41sp</dimen>
    <dimen name="bodytext_size">20sp</dimen>
</resources>
```

게다가 `dimens.xml` 파일에서 해당하는 값을 참조해 UI 컴포넌트의 크기를 설정할 수도 있다.

```xml
<TextView
    android:layout_height="@dimen/textview_height"
    android:layout_width="@dimen/textview_width"
    android:textSize="@dimen/headline_size"/>
```

자바를 사용해 `dimens.xml` 파일로부터 값을 적용할 수도 있다.

```java
textElement.setWidth(getResources().getDimensionPixelSize(R.dimen.headline_size));
```

하지만 레이아웃에 바로 크기 정보를 추가할 수 있는데 `dimens.xml`를 사용해 작업을 추가로 더 하는 이유는 뭘까?

이는 단순히 선택의 문제로 볼 수 있지만, 크기 정보를 레이아웃과 애플리케이션 코드에 섞어 쓰는 것은 좋은 습관이 아니다. 문자열 리소스와 유사하게, `dimens.xml` 파일은 다른 코드에 손대지 않고 프로젝트의 크기를 변경할 수 있는 특정 위치를 제공한다. 또한 값의 집합을 정의하고 앱 전반에서 동일한 값을 사용할 수 있으므로 일관성 있는 사용자 인터페이스를 만드는 데 도움이 된다.

두 번째로, 좀 더 유연한 사용자 인터페이스를 만들기 위해 여러 dimens.xml 파일을 사용할 수 있다. 안드로이드의 서로 다른 밀도를 대상으로 여러 res/values 폴더를 만들어야 하므로 이렇게 Dimens.xml 파일을 사용하기 위한 약간의 준비 작업이 필요하다. 프로젝트의 이미지를 관리하기 위해 여러 드로어블 폴더를 만드는 것과 같은 방법이다.

프로젝트의 res 폴더를 열고 다음의 폴더를 만든다.

- values-ldpi: 120dpi 기기 대상
- values-mdpi: 60dpi 기기 대상
- values-hdpi: 240dpi 기기 대상
- values-xhdpi: 320dpi 기기 대상
- values-xxhdpi: 480dpi 기기 대상

다음으로 각 폴더 안에 dimens.xml 파일을 생성한다.

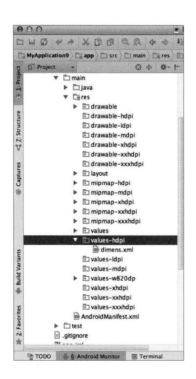

작업이 많아 보이지만, 이 구조를 준비하면 dimens.xml 파일을 사용해 각 화면의 밀도 범위에 따라 최적화된 값들을 정의할 수 있다. 그러면 안드로이드 시스템이 레이아웃을 로드할 때 현재 화면 설정에 가장 적합한 dimens.xml 파일을 선택해 그 파일의 크기 값을 레이아웃에 적용할 것이다.

예제 코드 다운로드

http://www.packtpub.com의 여러분의 계정에서 이 책의 예제 코드 파일을 다운로드할 수 있다. 이 책을 다른 곳에서 구매했다면 http://www.packtpub.com/support를 방문해 등록하면 이메일로 파일을 받을 수 있다.

다음과 같은 단계로 코드 파일을 다운로드할 수 있다.

1. 이메일 주소와 비밀번호로 웹사이트에 로그인하거나 가입한다.
2. 상단의 **SUPPORT**에 마우스를 가져간다.
3. **Code Downloads & Errata**를 클릭한다.
4. 검색란에 책 제목을 입력한다.
5. 코드 파일을 다운로드하려는 책을 선택한다.
6. 드롭다운 메뉴에서 책을 어디서 구매했는지 선택한다.
7. **Code Download**를 클릭한다.

Packt Publishing 사이트의 책 웹페이지에서 **Code Files** 버튼을 클릭해 코드 파일을 다운로드할 수도 있다. 이 페이지는 검색란에서 책 이름을 입력해 접근할 수 있다. Packt 계정으로 로그인해야 한다는 점을 기억하자.

파일을 다운로드 받았다면, 적어도 다음 중 하나를 사용해 압축을 풀거나 추출하기 바란다.

- 윈도우용 WinRAR / 7-Zip
- 맥용 Zipeg / iZip / UnRarX
- 리눅스용 7-Zip / PeaZip

색상 상태 목록

사용자가 UI 엘리먼트를 사용해 상호작용할 때마다 앱은 이 상호작용이 등록됐다는 신호를 보낸다. 때때로 새로운 화면을 불러오거나 팝업을 열고 체크박스에 선택 표시가 나타나는 등의 신호가 내장돼 있기도 하다. 하지만 UI 엘리먼트에서 바로 사용자의 입력을 등록했다는 표시가 나지 않는다면, 사용자에게 시각적으로 알려줘야 한다. **색상 상태 목록**을 사용하는 방법이 있다.

색상 상태 목록은 일련의 상태를 정의하고 각 상태에 색상을 할당한다. 색상 상태 목록을 뷰에 적용하면 뷰는 현재 상태에 따라 목록에 있는 다양한 색상을 출력한다.

색상 상태 목록은 가장 일반적으로 버튼에 적용된다. 예를 들어 회색 버튼은 눌렸을 때 일시적으로 조금 더 어두운 회색으로 변하고, 사용자는 버튼이 상호작용에 등록됐는지 의심하지 않는다.

 색상 상태 목록은 2장에서 살펴본 상태 목록 리소스와 유사하다. 이미지 대신 색상을 사용해 상태의 변화에 대한 신호를 보낸다.

색상 상태 목록을 생성하기 위해 프로젝트의 res/drawable 폴더를 열고 새로운 XML 파일을 생성한다. res/drawable/button_background.xml처럼 목적에 맞게 이름을 정한다. 다음으로 색상을 변경하고 싶은 여러 상태와 사용할 색상으로 이 파일을 채운다.

가능한 상태는 다음과 같다.

- `android:state_pressed="true/false."`
- `android:state_focused="true/false."`
- `android:state_selected="true/false."`
- `android:state_checkable="true/false."`
- `android:state_checked="true/false."`

- android:state_enabled="true/false."

- android:state_window_focused= "true/false."

이 예제에서 색상 상태 목록에 두 가지 상태를 추가해본다.

```
<selector xmlns:android="http://schemas.android.com/apk/res/android" >
```

// 색상 상태 목록은 반드시 하나의 selector 엘리먼트 내에 있어야 한다 //

```
    <item
```

// 각 상태와 색상을 별도의 <item>으로 추가한다 //

```
        android:state_pressed="true"
```

// 현재 상태가 눌린 상태라면... //

```
        android:color="@color/green" />
```

// .. 뷰에 초록색을 적용한다 //

```
    <item android:color="@color/blue/>
```

// 뷰가 기본 상태라면, 파란색을 적용한다. 위의 명시된 어떤 상태도 적절하지 않을 때 적용하게 될 기본값으로 파란색을 사용한다 //

 시스템은 색상 상태 목록을 순서대로 확인하고 뷰의 현재 상태에 맞는 첫 번째 항목을 선택하기 때문에 Selector 엘리먼트 내 〈item〉 엘리먼트의 순서가 중요하다. 앞의 예제에서 볼 수 있듯이 다른 상태에 적합하지 않을 때 뷰에 적용할 색상을 기본 색상으로 생성할 수 있다. 기본 상태를 생성했다면, 이를 마지막으로 선택하도록 반드시 색상 상태 목록의 끝에 둬야 한다.

마지막으로 색상 상태 목록 리소스를 뷰에 적용한다.

```
<Button
    android:layout_width="match_parent"
    android:layout_height="wrap_content"
    android:text="@string/button_text"
    android:background:="@drawable/button_background" />
```

R.drawable.button_text을 사용해 자바로 색상 상태 목록 리소스를 적용할 수 있다.

▍ 나인패치 이미지 작업

나인패치 그래픽은 늘릴 수 있는 비트맵으로, 현재 화면에 맞게 이미지를 조절할 때 시스템이 어떤 부분을 늘릴 수 있고 어떤 부분을 늘릴 수 없는지 정의한다.

일반적인 이미지를 나인패치 이미지로 전환할 때, 이미지의 위쪽과 왼쪽에 추가로 1픽셀의 테두리를 추가한다. 이 1픽셀 테두리는 늘리는 효과를 낼 때 단순히 전체 이미지의 크기를 조정하는 것이 아니라 시스템이 정확히 어떤 픽셀을 복사해야 하는지 알려준다.

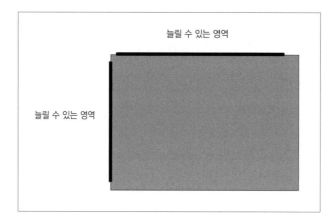

테두리가 연속적인 줄일 필요는 없다. 시스템이 늘리지 않았으면 하는 부분이 있다면, 그 테두리 부분을 공백으로 둔다. 앞의 예제에서 시스템은 검은 줄로 표시된 픽셀을 복사해 드로어블을 가로와 세로로 늘릴 수 있다. 하지만, 모서리 부분은 표시가 되지 않았으며, 이 부분은 동일한 크기로 유지돼 더 날카롭고 분명한 모서리를 만든다.

 나인패치 형식으로의 이미지 변환할 때 이미지 주변에 픽셀이 추가된다. 나인패치로 변환할 의도로 이미지를 생성할 때 이 점을 기억하기 바란다.

이미지가 늘릴 수 있는 여러 영역을 포함하더라도, 안드로이드 시스템이 정확하게 이 줄을 인식하기 위해 줄은 반드시 1픽셀이어야 한다. 이미지를 정확하게 늘리고, 작업이 완료되면 이미지에서 이 줄을 제거한다. 만약 1픽셀보다 두꺼운 줄을 추가했다면, 시스템은 이 줄을 이미지의 일부로 여길 것이다.

나인패치를 사용하더라도 여전히 안드로이드의 화면 밀도(ldpi와 mdpi, hdpi, xhdpi, xxhdpi)별 대체 버전의 이미지를 제공해야 한다. 시스템이 앱을 로드할 때, 현재 화면 밀도에 가장 좋은 나인패치 이미지를 선택하고 그 이후에 필요하다면 이미지의 늘릴 수 있는 부분을 처리할 것이다.

 나인패치 이미지는 늘릴 수 있지만, 줄일 수는 없다. 다양한 밀도 폴더 별로 나인패치 이미지를 생성할 때 최선의 결과를 얻기 위해 각 밀도 범주에서 가장 작은 해상도로 만들어야 한다.

나인패치 이미지를 어떻게 만들까?

다양한 PNG 편집기가 있지만, 여기서는 Draw 9-patch를 사용할 것이다. 이는 안드로이드 SDK에 포함돼 있으므로 이미 컴퓨터에 설치돼 있을 것이다.

컴퓨터의 sdk/tools 폴더에서 Draw9patch.bat 프로그램을 찾는다. 편집기를 실행하고 Draw 9-patch 창으로 끌어다 놓는 방법으로 이미지를 불러온다.

나인패치의 작업 공간은 다음으로 구성된다.

- **왼쪽 팬**left pane : 이미지의 늘릴 수 있는 부분을 그리는 영역
- **오른쪽 팬**right pane : 그래픽이 늘어났을 때 어떻게 보이는지를 미리 보여주는 영역. 왼쪽 팬에서 이미지를 편집하면서 이 미리 보기를 계속 지켜봐야 한다.

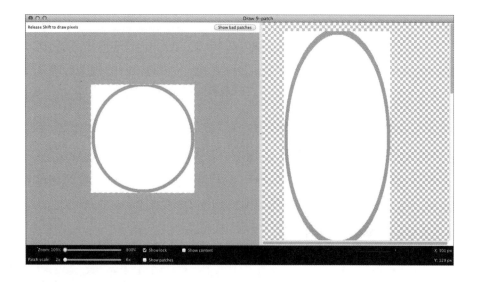

가로로 늘어날 수 있는 영역을 정의하기 위해, 클릭해 이미지의 위를 따라 줄을 그린다. 클릭할 때마다 새로운 픽셀이 줄 위에 추가된다.

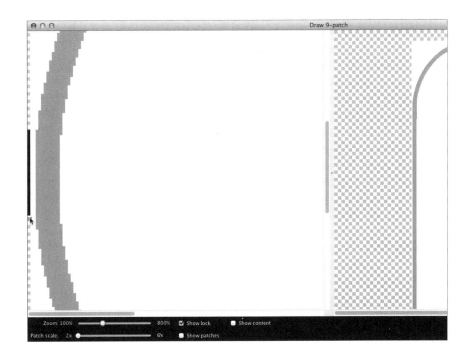

실수를 했다면 시프트키를 누르고 지우려는 픽셀을 클릭해 픽셀을 없앨 수 있다.

세로로 늘릴 수 있는 영역을 정의하기 위해 이미지의 왼쪽 가장자리를 따라 클릭해 줄을 그린다.

결과가 만족스럽다면, File ▶ Save 9-patch를 선택해 나인패치 이미지를 저장한다. 이미지는 .9.png 확장자로 저장된다. 그러면 평소와 같이 그림 리소스를 프로젝트에 추가할 수 있다.

 Draw 9-patch를 사용하고 싶지 않거나 다른 프로그램을 사용하고 싶다면, 나인패치 이미지를 만들기 위해 사용할 수 있는 http://draw9patch.com/ 같은 무료 온라인 툴이 있다.

▌ 사용자 입력 등록

버튼이나 에디트텍스트, 체크박스 같은 입력 컨트롤은 상호작용을 위한 UI 컴포넌트다.

입력 컨트롤을 UI에 넣는 방법은 이미 살펴봤지만, 입력 컨트롤이 직접 사용자의 입력을 등록시키지는 않는다.

버튼이나 에디트텍스트 영역 같은 UI 컴포넌트가 상호작용하는 완전한 컴포넌트가 되려면 추가로 코드가 필요하다.

클릭 이벤트 처리

클릭 이벤트는 UI가 처리하는 가장 일반적인 입력 이벤트 중 하나다. 클릭 이벤트는 버튼이나 체크박스를 탭하는 것처럼 화면의 엘리먼트를 터치하는 것이다.

버튼은 스스로 클릭을 처리하지 못하므로 리스너를 생성하고 이를 버튼에 할당해야 한다. 사용자가 버튼을 탭했을 때, 리스너는 탭을 등록하고 onClick 메서드의 코드를 실행한다.

클릭 이벤트를 등록하는 버튼이 하나 있는 레이아웃을 생각해보자. 안드로이드의 다른 것들도 XML이나 애플리케이션 코드를 통해 동일한 효과를 만들 수 있다.

자바를 사용한 onClick 처리

자바를 사용해 이벤트를 처리할 수 있는 방법이 있다.

```
Button button = (Button) findViewById(R.id.button1

// 리스너를 할당하고 싶은 뷰의 참조자를 가져온다 //

   button.setOnClickListener(new View.OnClickListener() {

// setOnClickListener 리스너를 뷰에 할당한다 //
```

```
        @Override
        public void onClick(View view) {

// onClick 메서드를 다시 작성한다 //

                ....
                ....

// 여기에 클릭 이벤트가 등록될 때마다 어떤 동작을 수행해야 하는지 앱에게 알려주는 코드를 구현한다. 예를
들어, 새로운 액티비티를 시작하거나, 메뉴를 열거나, 비디오를 실행하기를 원할 수 있다 //

        }
});
```

XML을 사용한 onClick 처리

레이아웃 리소스 파일의 뷰에 android:onClick 속성을 추가해 동일한 기능을 만들 수
있고, 해당 자바 파일에 onClick 메서드를 추가한다.

```
<Button
    android:id="@+id/button1"
    android:layout_width="wrap_content"
    android:layout_height="wrap_content"
    android:onClick="buttonClicked"
    android:text="Click me" />
```

이 버튼을 클릭할 때마다 buttonClicked 메서드가 실행되므로, 다음으로 자바 파일에
이 메서드를 추가한다.

```
public void buttonClicked(View v) {
    Toast.makeText(this, "The button has been clicked!", Toast.LENGTH_
    LONG).show();
```

```
// buttonClickec 메서드가 정확하게 동작하는지 테스트할 수 있고, buttonClicked가 실행될 때마다 앱
이 "The button has been clicked!" 메시지를 출력하도록 한다 //

    }
```

에디트텍스트 입력 등록

UI에 에디트텍스트를 넣으면 사용자는 이 영역에 텍스트를 입력할 수 있지만, 기본적으로 에디트텍스트는 이 정보를 읽거나 사용할 수 없다.

에디트텍스트가 사용자의 입력 값을 얻으려면 다음을 따라야 한다.

1. findViewById를 사용해 에디트텍스트 영역의 참조자를 가져온다.
2. getText( )를 사용해 에디트텍스트 영역의 텍스트를 가져온다.

다음으로 setText( )를 사용해 UI의 다른 곳에 이 텍스트를 출력할 수 있다.

이제 클릭 이벤트를 등록하고 에디트텍스트에서 사용자의 입력 값을 얻어오는 방법을 알았으므로, 이 기능을 결합한 예제 앱을 살펴보자.

예제 앱

사용자에게 에디트텍스트에 이름을 입력하고 **제출** 버튼을 선택하도록 요구하는 간단한 앱을 만든다. 그러면 앱은 에디트텍스트 영역에서 사용자의 이름을 가져오고, 이를 환영 메시지의 일부분으로 텍스트뷰에 출력할 것이다.

화면에 세 개의 엘리먼트가 있는 간단한 레이아웃을 만든다.

```
<LinearLayout
  xmlns:android="http://schemas.android.com/apk/res/android"
  xmlns:tools="http://schemas.android.com/tools"
  android:orientation="vertical"
```

```
    android:layout_width="match_parent"
    android:layout_height="match_parent" >

        <TextView
            android:id="@+id/textView1"
            android:layout_width="wrap_content"
            android:layout_height="wrap_content"
            android:text="@string/form"
            android:textColor="@color/blue" />
```

// 텍스트뷰를 추가한다. 이 뷰는 기본적으로 설명을 출력하지만, 사용자가 이름을 입력하고 제출한 후에는 환영 메시지를 출력하도록 업데이트한다 //

```
        <EditText
            android:id="@+id/editText1"
            android:layout_width="wrap_content"
            android:layout_height="wrap_content"
```

// 에디트텍스트를 추가한다 //

```
            android:background="@color/grey"
```

// 앱의 색상에 따라 빈 에디트텍스트와 배경이 구별하기 어려울 수 있으므로, 에디트텍스트에 배경색을 줄 수 있다. //

```
            android:hint="@string/yourName"
            android:ems="10" >
```

// 사용자가 입력해야 하는 정보가 명확해지도록 android:hint를 사용한다 //

```
            <requestFocus />
        </EditText>

        <Button
            android:id="@+id/button1"
            android:layout_width="wrap_content"
            android:layout_height="wrap_content"
            android:background="@color/blue"
            android:text="@string/submit"
```

```
        android:textColor="@color/white" />

// 제출 버튼을 추가한다 //

</LinearLayout>
```

다음으로 res/values/strings.xml를 열고 문자열 리소스를 생성한다.

```
<resources>
      <string name="app_name">Form</string>
      <string name="form">Please complete the form below</string>
      <string name="yourName">Enter your name</string>
      <string name="submit">Submit</string>
</resources>
```

UI를 만들었으므로, 화면의 엘리먼트가 사용자의 입력을 등록하고 처리하게 할 차례다.

예제에서 이벤트 리스너를 만들고 submitButton에 할당한다. 사용자가 제출 버튼을 선택하면, 앱은 이 상호작용을 등록하고 현재 에디트텍스트 영역에 있는 텍스트를 가져온다. 다음으로 기본으로 있던 Please complete the form below 텍스트 대신 에디트텍스트 값에 다른 텍스트를 추가해 만든 환영 메시지를 텍스트뷰에 적용한다.

```
package com.example.jessica.myapplication;

import android.os.Bundle;
import android.app.Activity;
import android.view.View;
import android.widget.Button;
import android.widget.EditText;
import android.widget.TextView;

public class MainActivity extends Activity {
        Button submitButton;
        EditText nameEdit;
        TextView welcomeText;

        @Override
        public void onCreate(Bundle savedInstanceState) {
                super.onCreate(savedInstanceState);
                setContentView(R.layout.activity_main);

                submitButton = (Button)findViewById(R.id.button1);
                submitButton.setOnClickListener(new View.
                OnClickListener() {
                        public void onClick(View view) {

// submitButton에 setOnClickListener을 할당한다 //

                                nameEdit = (EditText) findViewById(R.
                                id.editText1);

// 에디트텍스트 참조자를 가져온다 //
```

```
                     welcomeText = (TextView) findViewById(R.
                     id.textView1);
```

// nameText의 텍스트를 가져와서 welcomeText 텍스트뷰에 설정한다. 여기서, 텍스트(Welcome과 !)
를 추가해 인사말을 만든다 //

```
                     welcomeText.setText("Welcome " + nameEdit.
                     getText().toString() + "!");
                }
            });
        }

    }
```

이제 다 됐으니, 앱을 실행하고 다양한 UI 엘리먼트로 상호작용을 시도해보자.

프레그먼트 작업

안드로이드 N 기기를 위한 UI를 개발 중이라면 맞닥뜨리게 될 가장 큰 제약 사항은 한 번에 하나의 액티비티만 화면에 출력할 수 있다는 것이다. 프레그먼트는 이 제약을 극복할 수 있는 방법이다. 기술적으로는 여전히 하나의 액티비티만 출력할 수 있지만, 각 액티비티는 여러 개의 프레그먼트로 구성될 수 있기 때문이다.

 안드로이드 N은 비록 다른 애플리케이션일지라도 사용자가 한 번에 하나 이상의 앱을 볼 수 있고 한 번에 여러 액티비티를 볼 수 있는 멀티윈도우 모드를 소개했다. 이 장의 뒷부분에서 멀티윈도우 모드에 대해 더 자세히 살펴본다.

프레그먼트는 액티비티에 포함되는 사용자 인터페이스의 독립적인 모듈 영역이다. 프레그먼트를 독립된 애플리케이션 엘리먼트로 인스턴스화할 수는 없다. 프레그먼트는 자체적인 생명주기와 동작, 사용자 인터페이스가 있는 하위 액티비티 정도로 생각하자.

왜 프레그먼트가 필요할까?

안드로이드 팀은 **허니콤**으로 알려진 안드로이드 버전 3.0에서 태블릿처럼 큰 기기에서 화면의 여분 공간을 더 잘 사용할 수 있도록 프레그먼트를 소개했다. 프레그먼트를 사용해 각 액티비티를 별개의 컴포넌트로 나누고 각 부분을 독립적으로 제어할 수 있다.

또 현재 화면 설정에 따라 서로 다른 방법으로 프로젝트의 프레그먼트를 결합해 여러 레이아웃을 만들 수 있다. 예를 들어, 여러 프레그먼트를 결합해 하나의 액티비티에 넣은 멀티 팬 레이아웃을 만들 수 있고, 작은 화면에 적합하도록 각 프레그먼트를 별도로 출력하는 싱글 팬 레이아웃을 만들 수 있다. 그러면 앱은 현재 기기에 맞게 가장 적절한 레이아웃(멀티 팬 또는 싱글 팬)을 선택할 수 있다.

이 방법으로 프레그먼트는 큰 기기의 화면을 최대한 활용하고, 동시에 작은 화면에서 앱을 보는 사용자에게도 훌륭한 사용자 경험을 제공하는 데 유용하다.

 가로보기와 세로보기 모드가 있는 기기에 최적화된 레이아웃을 생성하기 위해서도 프레그먼트를 사용할 수 있다. 예를 들어, 여러 프레그먼트를 나란히 배열해 보여주는 가로보기 모드용 레이아웃을 만들 수 있고, 기기가 세로보기 모드일 때 한 번에 하나의 프레그먼트를 보여주는 싱글 팬 레이아웃을 만들 수 있다.

프레그먼트를 사용함으로써 얻을 수 있는 마지막 이점은 프레그먼트의 호스트 액티비티가 실행 중일 때 각 프레그먼트를 독립적으로 추가하고 제거, 교체해 동적 사용자 인터페이스를 만들 수 있다는 점이다.

싱글 팬과 멀티 팬 레이아웃을 제공하는 앱이 어떻게 동작하는지 보여주는 예를 살펴보자.

프레그먼트 A와 **프레그먼트 B**가 있는 **액티비티 1**을 생각해보자. **프레그먼트 A**는 항목의 목록을 보여준다. 사용자가 **프레그먼트 A**에서 한 항목을 선택했을 때, **프레그먼트 B**는 선택된 항목과 관련된 정보를 보여주기 위해 업데이트된다.

이 앱은 두 개의 서로 다른 레이아웃을 포함하고, 기기의 화면 크기에 따라 어떤 레이아웃을 출력할지 선택한다. 화면이 **프레그먼트 A**와 **프레그먼트 B** 모두를 수용할 수 있을 만큼 크다면, 앱은 멀티 팬 레이아웃으로 나란히 놓인 프레그먼트인 **액티비티 1**을 보여준다.

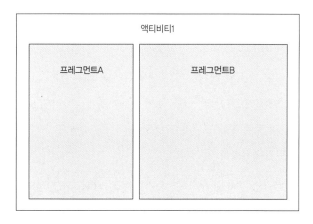

두 프레그먼트를 수용할 충분한 공간이 없다면, 앱은 싱글 팬 레이아웃의 서로 다른 스크린처럼 각 프레그먼트를 분리해서 다른 화면으로 보여준다.

이 시나리오에서 **액티비티 1**은 **프레그먼트 A**만 보여준다. 사용자가 **프레그먼트 A**에서 한 항목을 선택했을 때, 화면은 **프레그먼트 B**를 보여주기 위해 업데이트한다. 이는 앱이 **프레그먼트 B**를 관리하는 새로운 액티비티(액티비티 2)를 생성한다는 의미이다.

 프레그먼트는 더 유연한 레이아웃을 만들 수 있도록 도움을 주는 중요한 도구지만, 만능 해결책은 아니다. 사용자 인터페이스에 프레그먼트를 포함하더라도 프레그먼트 사용과 더불어 모든 일반적인 가이드라인과 모범 사례를 따라야 한다.

프레그먼트 생명주기

프레그먼트가 자신만의 생명주기를 갖더라도 호스트 액티비티의 생명주기로부터 직접적인 영향을 받는다. 호스트 액티비티의 생명주기 콜백은 결과적으로 액티비티의 모든 프레그먼트의 콜백을 호출한다. 예를 들어, 호스트 액티비티의 onStop( ) 메서드가 호출되면 액티비티의 모든 프레그먼트도 onStop( )를 호출하고, 액티비티가 없어지면 액티비티의 모든 프레그먼트도 없어진다.

호스트 액티비티가 실행 중Resumed인 동안에만 프레그먼트의 생명주기를 독립적으로 다룰 수 있는데, 이 때 프레그먼트를 추가, 삭제, 교체할 수 있다. 하지만 호스트 액티비티가 실행 중인 상태가 아니라면, 액티비티의 모든 프레그먼트는 독립성을 잃고 다시 호스트 액티비티의 생명주기에 종속된다.

액티비티처럼 프레그먼트도 세 가지 상태를 가진다.

- **실행** Resumed: 액티비티가 실행 중이고 프레그먼트가 보인다.
- **일시 정지** Paused: 다른 액티비티가 앞에 있고 포커스를 갖지만, 프레그먼트의 호스트 액티비티도 여전히 보인다.
- **정지** Stopped: 호스트 액티비티가 멈췄거나 프레그먼트가 액티비티에서 없어지고 백스택에 추가된다. 정지된 프레그먼트는 여전히 살아있지만, 사용자에게는 더 이상 보이지 않는다.

액티비티의 생명주기와 프레그먼트의 생명주기는 상태를 다시 회복시키는 방법에 큰 차이가 있다.

- **액티비티**: 액티비티가 멈출 때, 시스템이 관리하는 액티비티 백스택에 들어간다.
- **프레그먼트**: 프레그먼트가 멈출 때, 인스턴스가 저장돼야 한다고 분명하게 요청하면 호스트 액티비티가 관리하는 백스택에 들어간다. 이 요청을 하려면, 프레그먼트를 제거하는 트랜잭션 중에 addToBackStack( )을 호출한다.

백스택이란? 그리고 왜 중요할까?

백스택은 물리적인 back 키나 안드로이드의 소프트 키든 상관없이 사용자가 기기의 **Back** 버튼을 선택해 되돌아갈 수 있도록 모든 동작을 기록한다. 프레그먼트를 백스택에 추가하면, 사용자는 그 프레그먼트로 되돌아갈 수 있다. 프레그먼트를 백스택에 추가하지 않으면, 사용자는 그 프레그먼트로 되돌아갈 수 없다.

프레그먼트 생성

이 절에서는 간단한 프레그먼트를 생성하는 방법을 알아본다. 먼저 프레그먼트의 UI 컴포넌트를 정의한다.

1. 프로젝트의 res 폴더를 연다.
2. Layout 폴더에서 마우스 오른쪽을 클릭하고, New와 Layout resource file을 잇달아 선택한다.
3. 레이아웃 리소스 파일에 list_fragment 같은 이름은 붙인다.
4. 사용하고 싶은 Root Element를 선택한다.
5. **디렉토리 이름**이 레이아웃에 설정됐는지 다시 확인한다.
6. OK를 클릭한다.

새 레이아웃 리소스 파일을 열고 프레그먼트의 UI를 정의한다.

```xml
<?xml version="1.0" encoding="utf-8"?>
<LinearLayout xmlns:android="http://schemas.android.com/apk/res/android"
  android:orientation="vertical"
  android:layout_width="match_parent"
  android:layout_height="match_parent">
  <TextView
      android:layout_width="wrap_content"
```

```
            android:layout_height="wrap_content"
            android:text="This is a fragment"
            android:id="@+id/textView" />
</LinearLayout>
```

실제로 프레그먼트를 생성하기 전에, 잠시 백워드 호환성 문제를 잠시 살펴보자. 특히, 안드로이드의 허니콤 이전 버전을 사용하는 기기에서 어떻게 프레그먼트의 이점을 활용할 수 있는지 알아보자.

프레그먼트와 백워드 호환성

앱을 개발할 때, 최대한 많은 안드로이드의 버전을 지원하는 것을 목표로 해야 더 많은 잠재적인 사용자를 가질 수 있다. 안드로이드 버전 3.0까지는 프레그먼트가 없었기 때문에, 안드로이드 허니콤 이전 버전을 사용하는 기기와 호환되길 원한다면, **안드로이드 지원 라이브러리** v4를 프로젝트에 추가해야만 한다.

 안드로이드 지원 라이브러리는 안드로이드 플랫폼의 초기 버전에서 사용하지 못하는 기능과 API를 사용할 수 있게 하는 편리한 코드 라이브러리의 집합이다.

일단 프로젝트에 v4 라이브러리를 추가하면, 최소 안드로이드 1.6 버전을 사용하는 기기까지 백워드 호환성을 유지해 프레그먼트를 사용할 수 있다.

프로젝트에 이 라이브러리를 추가하기 위해 안드로이드 SDK 매니저를 실행하고, **Extras** 폴더를 열고 **안드로이드 지원 라이브러리**Android Support Library(이클립스를 사용한다면) 또는 **안드로이드 지원 리파지토리**Android Support Repository(안드로이드 스튜디오를 사용한다면)를 다운로드한다.

안드로이드 스튜디오를 사용한다면, 다음과 같이 모듈 레벨의 build.gradle 파일을 열고 dependencies 부분에 지원 라이브러리를 추가하는 방법으로 라이브러리를 프로젝트에 추가한다.

```
dependencies {
....
....
....
    compile 'com.android.support:support-v4:23.1.0'
}
```

이클립스로 개발 중이라면 다음을 수행한다.

1. 프로젝트의 루트에서 libs 디렉토리를 생성한다.
2. JAR 파일로 불리는 지원 라이브러리를 안드로이드 SDK 디렉토리에 위치시킨다(예를 들어, <sdk>/extras/android/support/v4/android-support-v4.jar). JAR 파일을 앞서 만들었던 libs 디렉토리로 복사한다.
3. JAR 파일에서 마우스 오른쪽을 클릭해 Build Path를 선택하고, Add to Build Path를 선택한다.

v4 지원 라이브러리에서 프레그먼트 클래스를 불러오고(import android.support.v4.app. Fragment), 기본 액티비티 클래스 대신 FragmentActivity를 상속한다(public class ListFragm ent extends FragmentActivity).

 일반적으로 최대한 많은 버전에서 앱의 기능에 제한 없이 지원하고 싶겠지만, 지원해야 하는 안드로이드 시스템의 버전에 대해 정해진 규칙이 있는 것은 아니다. 만약 안드로이드 초기 버전에서 지원하지 않기로 했다면 지원 라이브러리를 사용하지 않아도 된다. 확실치 않다면, http://developer.android.com/abou t/dashboards/index.html에서 사용되고 있는 안드로이드 버전의 비율에 대한 구글의 통계를 살펴보는 것이 도움이 될 것이다.

프레그먼트 클래스 생성

레이아웃을 만드는 것뿐 아니라 프레그먼트와 관련된 클래스도 필요하다. 이 클래스는 Fragment 또는 FragmentActivity를 상속받는다.

프로젝트에 새 클래스를 추가하려면 다음을 수행한다.

1. Java 폴더를 열고 프로젝트의 패키지 이름에서 마우스 오른쪽 버튼을 클릭한다.
2. 먼저 New를 선택하고 Java Class를 선택한다.
3. 클래스에 ListFragment 같은 적당한 이름을 붙인다.

ListFragment 클래스를 열면 다음과 비슷한 내용을 볼 수 있다.

```
package com.example.jessica.myapplication;

public class ListFragment {
}
```

이를 다음과 같이 변경한다.

```
package com.example.jessica.myapplication;

import android.os.Bundle;
import android.support.v4.app.Fragment;
import android.view.LayoutInflater;
import android.view.View;
import android.view.ViewGroup;

public class ListFragment extends Fragment {

// 허니콤 이전 버전이 사용되는 기기에서 앱이 동작하길 바란다면, Fragment 클래스보다는
FragmentActivity를 상속받아야 한다는 것을 기억하자 //
```

```
        @Override
```

// 현재 액티비티 내에 프레그먼트 레이아웃을 넣으려면 onCreatView( ) 메서드를 오버라이딩한다 //

```
        public View onCreateView(LayoutInflater inflater, ViewGroup container,
```

// onCreateView( ) 구현 시 반드시 프레그먼트 레이아웃의 루트 뷰를 반환해야 한다 //

```
            Bundle savedInstanceState) {
```

// savedInstanceState는 프레그먼트가 다시 실행(resumed)되는 경우를 대비해 프레그먼트의 이전 인스턴스에 대한 데이터를 전달하는 묶음이다 //

```
            View view = inflater.inflate(R.layout.list_fragment, container,
            false);
            return view;
```

// 특정 레이아웃 리소스 파일에서 새로운 뷰 계층 구조를 인플레이트한다.
이 예제에서는 list_fragment.xml이다 //

```
        }
}
```

(위의 코드에서) inflate( ) 메서드는 다음의 인수를 가진다.

- 인플레이트할 레이아웃 파일(R.layout.list_fragment).
- 인플레이트된 프레그먼트 레이아웃을 삽입할 뷰 그룹(container).
- 인플레이트된 레이아웃이 인플레이트되는 동안 뷰그룹에 포함되는지를 가리키는 false 값

다음은 액티비티에 프레그먼트를 추가하는 단계다. 두 가지 방법이 있다.

- 액티비티의 해당 XML 레이아웃 파일에 프레그먼트를 끼워 넣는다.
- 애플리케이션 코드를 통해 실행 중에 프레그먼트를 추가한다.

가장 간단한 방법은 프레그먼트를 레이아웃 파일에 끼워 넣는 것이지만, 큰 단점이 있다. 프레그먼트를 선언형으로 추가할 때, 프레그먼트는 정적이고 호스트 액티비티가 없어질 때까지 남아 있게 된다. 호스트 액티비티의 생명주기 동안 프레그먼트를 추가 또는 제거할 수 없다.

애플리케이션을 통해 액티비티에 프레그먼트를 추가하는 것이 더 자유롭고 유연하지만, 프로그램으로 프레그먼트를 구현하는 것은 더 어렵다.

레이아웃 리소스 파일을 통한 프레그먼트 추가하는 방법이 가장 간단하므로 먼저 살펴보자.

액티비티에 선언형으로 프레그먼트 추가

뷰를 선언하는 방법과 마찬가지로 <fragment>를 사용해 액티비티에 프레그먼트를 추가할 수 있다.

```xml
<?xml version="1.0" encoding="utf-8"?>
<LinearLayout xmlns:android="http://schemas.android.com/apk/res/android"
    android:orientation="vertical"
    android:layout_width="match_parent"
    android:layout_height="match_parent">

    <fragment
        android:id="@+id/listFragment"
        android:layout_width="match_parent"
        android:layout_height="match_parent"

// 프레그먼트 추가 //

        class="com.example.jessica.myapplication.ListFragment" />

// 클래스 속성을 사용해 인스턴스화하려는 프레그먼트를 확인 //

</LinearLayout>
```

android:name를 사용해 프레그먼트를 확인할 수도 있다.

```
<fragment android:name="com.example.jessica.myapplication.ListFragment"
    android:id="@+id/listFragment"
    android:layout_width="match_parent"
    android:layout_height="match_parent" />
```

액티비티 레이아웃을 생성할 때, 시스템은 명시한 프레그먼트를 인스턴스화하고 레이아웃을 회수한 후 그것을 원래의 <fragment> 태그 대신 출력할 것이다.

▌ 실시간으로 액티비티에 프레그먼트 추가

호스트 액티비티의 생명주기 동안 프레그먼트를 추가하거나 제거, 교체하는 것은 좀 더 복잡하다. 액티비티가 실행되는 중에 프레그먼트를 배치해야 하는데, 이는 애플리케이션 코드를 뒤져야 한다는 의미다.

이 예제에서도 앞서 만들었던 list_fragment.xml 파일과 ListFragment.java 클래스를 사용할 것이다. 하지만 <fragment> 대신 레이아웃 파일에서 프레그먼트가 최종적으로 어디에 보여야 할지 가리키는 특별한 컨테이너 뷰인 FrameLayout을 사용할 것이다.

```
<?xml version="1.0" encoding="utf-8"?>
<LinearLayout xmlns:android="http://schemas.android.com/apk/res/android"
    android:orientation="vertical"
    android:layout_width="match_parent"
    android:layout_height="match_parent">

    <FrameLayout
        xmlns:android="http://schemas.android.com/apk/res/android"
        android:id="@+id/fragment_container"
```

```
        android:layout_width="match_parent"
        android:layout_height="match_parent" />

</LinearLayout>
```

다음으로 실행 중에 FrameLayout 컨테이너를 프레그먼트와 교체하기 위해 액티비티에 알려줘야 한다.

```
public class MainActivity extends FragmentActivity   {

        @Override
        public void onCreate(Bundle savedInstanceState)   {
                super.onCreate(savedInstanceState);
                setContentView(R.layout.activity_main);

                if (findViewById(R.id.list_fragment) != null)   {

                        if (savedInstanceState != null)   {
                                return;
                        }

                        // 새 프레그먼트 생성 //
                        ListFragment firstFragment = new ListFragment();
                        firstFragment.setArguments(getIntent().getExtras());
```

// 액티비티가 인텐트의 특정 명령문에서 시작됐다면, 인텐트의 엑스트라를 인자로 프레그먼트에 전달한다 //

```
                        getSupportFragmentManager().beginTransaction()
```

// 프레그먼트 매니저 인스턴스의 beginTransaction() 메소드 호출 //

```
                                .add(R.id.list_fragment,
```

// 프레그먼트 트랜잭션 인스턴스의 add() 메서드를 호출하고 프레그먼트(R.id.list_fragment) 포함하는 뷰의 리소스 ID와 프레그먼트 클래스의 인스턴스(firstFragment)를 전달 //

```
                                firstFragment).commit();
```

```
// 코드의 마지막 부분에서 프레그먼트 트랜잭션의 commit( ) 메서드 호출 //

                    }
          }
}
```

실행 중에 프레그먼트를 추가하면 필요할 때마다 이 프레그먼트를 추가 및 삭제, 교체
하는 것이 자유롭다. 이 수정은 프레그먼트 트랜잭션^{fragment transactions}으로 알려져 있다.

프레그먼트 트랜잭션과 백스택

프레그먼트 트랜잭션은 사용자 상호작용에 대한 응답으로 액티비티에 할당하는 전환
이다.

프레그먼트 트랜잭션을 수행할 때마다, 이 트랜잭션을 백스택에 저장할지 여부를 선택
할 수 있다. 트랜잭션을 백스택에 추가하면, 사용자는 기기의 물리적인 back 버튼이나
소프트키를 눌러 이 프레그먼트 상태로 되돌아갈 수 있다.

프레그먼트를 제거하거나 교체하는 트랜잭션을 수행한 후 트랜잭션을 백스택에 추가
하지 않으면, 트랜잭션을 적용할 때 프레그먼트는 없어지고 사용자는 이 프레그먼트
로 다시 돌아갈 수 없다.

프레그먼트 트랜잭션을 백스택에 추가하려면, 호스트 액티비티의 onCreate( )에서 반
드시 액티비티에 프레그먼트를 추가한다. 다음으로 프레그먼트를 제거하는 트랜잭션
은 적용하기 전에 transaction.addToBackStack를 호출해 백스택에 프레그먼트를 추
가한다.

다음 절에서는 프레그먼트를 추가, 제거, 교체하는 방법을 배워본다. 처리하는 프레그
먼트 트랜잭션의 종류와 관계없이 FragmentManager 클래스의 FragmentTransaction
인스턴스를 가져와야 한다.

```
import android.support.v4.app.FragmentTransaction;
import android.support.v4.app.FragmentManager;

// import를 통해 FragmentTransaction와 FragmentManager를 추가한다 //

FragmentManager fragmentManager = getSupportFragmentManager();
FragmentTransaction fragmentTransaction =
fragmentManager.beginTransaction();

// FragmentTransaction 인스턴스를 가져온다 //
```

그리고 다음의 프레그먼트 트랜잭션을 수행할 수 있다.

프레그먼트 추가

add( ) 메서드를 사용해 액티비티에 프레그먼트를 추가할 수 있다.

add( ) 메서드로 프레그먼트를 위치시킬 뷰그룹과 추가하려는 프레그먼트를 전달하고 트랜잭션을 적용한다. 다음의 예를 보자.

```
fragmentTransaction.add(R.id.fragment_container, firstFragment).commit();
```

프레그먼트 제거

액티비티에서 프레그먼트를 제거하려면 remove( ) 메서드를 사용한다. 이 메서드는 제거하려는 프레그먼트 인스턴스를 참조하고, 앞서 언급한 commit( ) 메서드로 적용한다.

이 예제에서는 previousFragment라는 프레그먼트를 제거한다.

```
fragmentTransaction.remove(previousFragment).commit();
```

프레그먼트 교체

실행 중에 다른 프레그먼트로 교체하려면 fragmenttransaction 인스턴스의 replace() 메서드를 호출해야 한다.

다음의 예제는 한 프레그먼트를 다른 프레그먼트newFragment로 교체하고 사용자가 이전 프레그먼트로 돌아갈 수 있다. 또한 교체된 프레그먼트를 백스택에 추가한다.

```
Fragment newFragment = new Fragment();

// 프레그먼트 생성 //

FragmentTransaction transaction =
getSupportFragmentManager().beginTransaction();

// 트랜잭션 생성 //

transaction.replace(R.id.list_fragment, newFragment);

// replace() 메서드는 두 개의 인자를 갖는다. 교체될 프레그먼트를 포함하는 뷰의 ID와 새로운 프레그먼
트 인스턴스다. //

transaction.addToBackStack(null);

// 교체된 프레그먼트를 백스택에 추가해 사용자가 트랜잭션을 되돌릴 방법을 제공한다. addToBackStack()
는 선택적으로 백스택에서 프레그먼트 상태를 확인할 수 있는 문자열 매개변수를 가질 수 있다는 점에 주목한다.
이 매개변수가 필요 없다면 이 예제처럼 null을 전달한다 //

transaction.commit();

// 트랜잭션을 적용한다 //
```

 트랜잭션에 여러 번의 변경 내용을 추가한 후 addToBackStack()을 호출하면, commit()을 호출하기 전에 적용된 모든 변경 사항은 백스택에 하나의 트랜잭션으로 추가된다.

▍안드로이드 N의 멀티윈도우 지원

안드로이드 N을 시작으로 안드로이드 운영체제는 태블릿과 스마트폰 모두에서 기본적으로 멀티윈도우를 지원한다.

멀티윈도우 모드에서 사용자는 옆으로 또는 위아래로 정렬된 분할 화면 환경으로 한 번에 하나 이상의 앱을 볼 수 있다. 하나의 앱을 크게 만들고 다른 앱을 작게 만들기 위해 사용자는 화면을 구분하는 줄 부분을 드래그함으로써 분할된 화면의 크기를 조절할 수 있다.

구글 크롬에서 식당의 주소를 가져와서 구글 맵에 바로 입력하거나 유튜브에서 비디오를 보던 것을 멈추지 않고도 SMS에 답장을 하는 것처럼, 사용자가 여러 앱을 동시에 볼 수 있게 하는 것은 생산성을 향상시키고 여러 앱을 통한 멀티태스킹을 용이하게 한다.

멀티 윈도우를 지원할 때 중요한 또 다른 이점은 두 액티비티가 한 화면에 있을 때 사용자가 직접 하나의 액티비티에서 다른 액티비티로 데이터를 끌어 놓을 수 있다는 점이다. 직접 끌어다 놓는 것은 매일 사용하는 모든 종류의 작업에 도움이 되기 때문에, 앱이 끌어다 놓는 동작을 지원하지 않는다면 안드로이드 N을 위해 이를 가능하게 해야 한다.

멀티윈도우 모드는 어떻게 동작하나?

안드로이드 스마트폰과 태블릿 사용자는 다음의 방법으로 멀티윈도우 모드로 전환할 수 있다.

- (최근 앱 화면이나 **작업 목록**이라고도 불리는) 개요 화면을 열고, 액티비티 제목을 길게 누른다. 다음으로 사용자는 그 액티비티를 멀티윈도우 모드로 열기 위해 화면의 강조된 부분으로 액티비티를 끌어다 놓을 수 있다.

- 멀티윈도우 모드로 보고 싶은 액티비티를 열고 **개요**^{Overview} 버튼을 누른다. 그러면 기기는 현재의 액티비티를 멀티윈도우 모드에 두고 사용자가 화면에 띄울 다른 액티비티를 선택할 수 있도록 준비된 개요 화면을 연다.

멀티윈도우 모드의 한 시점에는 사용자가 가장 최신에 상호작용한 오직 하나의 액티비티인 가장 상위 액티비티만 활성화된 상태다. 다른 액티비티는 사용자에게 보이더라도 일시 정지 상태에 놓인다. 이는 특정 액티비티는 일시 정지 상태에서도 계속 실행돼야 한다는 의미다. 예를 들어, 비디오를 재생하는 액티비티는 가장 상위 액티비티가 아니더라도 계속 비디오 콘텐츠를 재생해야 한다.

 비디오 재생 앱을 개발한다면, 앱의 **onPause**로 제어하기보다 **onStop**에서 일시 정지하고 **onStart**에서 다시 재생하는 것이 해결책이다.

사용자가 일시 정지된 액티비티와 상호작용하면, 그 액티비티가 재개되고 다른 앱의 액티비티는 일시 정지 상태가 된다.

멀티윈도우 모드를 위한 앱 준비

안드로이드 N이나 상위 버전에서는 앱의 멀티윈도우 모드 지원 여부를 명시하지 않으면 안드로이드 시스템은 기본적으로 그 앱이 멀티윈도우를 지원한다고 여긴다.

하지만 프로젝트의 매니패스트 파일의 <activity>나 <application>에 새 android:resizeableActivity 속성을 추가해 앱이나 액티비티의 멀티윈도우 지원 여부를 명확하게 밝히는 것이 좋다.

- android:resizeableActivity="true": 이 앱이나 액티비티는 폰과 태블릿의 멀티윈도우 모드에서 실행될 수 있다.

- `android:resizeableActivity="false"`: 이 앱이나 액티비티는 멀티윈도우 모드에서 실행될 수 없다. 사용자가 이 액티비티를 멀티윈도우 모드에서 실행시킨다면, 앱은 이 액은 전체 화면을 차지할 것이다. 확실히 전체 화면 모드에서만 실행시키게 하려면, 멀티윈도우를 지원하지 않도록 `android:resizeableActivity="false"`를 사용해야 한다.

`android:minimalSize` 속성을 사용해 허용되는 최소 크기를 설정할 수 있어, 사용자가 UI를 특정 크기 이하로 줄이지 못하게 할 수 있다. 사용자가 액티비티를 `android:minimalSize`보다 작게 변경하려 하면, 시스템은 콘텐츠를 줄이는 대신 사용자가 요구한 크기로 액티비티를 잘라낸다.

멀티윈도우 모드에서는 앱이 다르게 동작해야 하기 때문에 안드로이드 N은 Activity 클래스를 확장해 액티비티가 멀티윈도우 모드인지 여부를 질의할 수 있다.

- `Activity.inMultiWindow`: 현재 액티비티가 멀티윈도우 모드인지 알기 위해 호출한다. 프레그먼트에서는 `Fragment.inMultiWindow` 메서드를 사용한다.
- `Activity.onMultiWindowChanged`: 액티비티가 멀티윈도우 모드로 들어가거나 나올 때마다 호출된다. 이 메서드의 프레그먼트 버전은 `Fragment.onMultiWindowChanged`다.

앱의 멀티윈도우 지원 테스트

안드로이드 N이나 상위 버전을 대상으로 하고 멀티윈도우 미지원을 명시하지 않은 앱이라면 멀티윈도우 모드에서 최선의 사용자 경험을 제공하는지 확인하기 위한 테스트가 필요하다.

특히, 다음의 내용을 확인해야 한다.

- 앱이 전체 화면과 멀티윈도우 모드로 부드럽게 전환된다. 전체 화면 모드로 앱을 실행한 후 멀티윈도우 모드로 전환해보자. 이 동작이 빠르고 부드러운지

또는 앱이 버벅거리는지 확인한다.

- 멀티윈도우 모드에서 크기가 정상적으로 변경된다. 멀티윈도우 모드로 앱을 실행한 후, 다양한 크기로 바뀌도록 화면의 분할선을 끌어본다. 특히 모든 UI 엘리먼트가 보이고 사용 가능한지, 터치해야 하는 대상이 상호작용하기 어려울 만큼 작아지지는 않았는지, 그리고 앱의 텍스트를 읽을 수 있는지 확인한다. 다른 앱과 위아래로 위치할 때와 나란히 위치할 때 크기 변경을 어떻게 처리하는지 테스트한다. 또한 여러 번의 크기 변경을 빠르게 연속적으로 수행해 버벅거리거나 고장의 원인이 되지 않는지 확인한다.
- 시스템은 앱의 최소한의 크기를 준수한다. 최소 크기를 명시했다면, 분할선을 끌어 시스템이 사용자가 앱을 `android:minimalSize` 값 이하로 줄이지 못하도록 막는지 확인한다.
- 앱이 보이지만 활성 상태는 아닐 때 의도대로 동작한다. 예를 들어 비디오 재생 앱을 개발했다면 가장 상위 액티비티가 아닐 때도 예상대로 비디오를 계속 재생하는지 확인해야 한다.

(매니패스트에 `android:resizableActivity="false"`를 포함해) 명시적으로 멀티윈도우를 지원하지 않는다면, 안드로이드 N 기기에 앱을 설치해 멀티윈도우 모드로 앱을 볼 수 없음을 확인해야 한다.

픽처 바이 픽처 모드

안드로이드 N은 스마트폰과 태블릿에서 멀티태스킹으로 얻을 수 있는 재미를 제한하지 않는다. 안드로이드 7.0 또한 특별히 안드로이드 TV 사용자를 위해 멀티태스킹 기능을 포함한다.

새로운 **화면 속 화면**picture-in-picture, PIP 모드에서 안드로이드 TV 사용자는 다른 액티비티가 백그라운드로 실행 중인 동안에도 화면 모서리에 고정된 창을 볼 수 있다. 사용자는

PIP 창과 전체 화면 모드를 전환할 수 있고, 사용자가 메인 화면에 다른 비디오를 재생하면 PIP 창은 자동으로 닫힌다.

안드로이드 TV 앱에서 이 기능을 사용하려면, 매니패스트에 android:resizeableActivity="true"와 android:supportsPictureInPictur="true"를 추가해 앱의 비디오 액티비티를 등록해야 한다. 그리고 getActivity().enterPictureInPicture를 호출해 앱에서 어떤 이벤트로 PIP 모드를 작동시킬지 결정해야 한다.

액티비티가 PIP로 전환되면 시스템은 액티비티가 일시 정지 상태로 인식하고 액티비티의 onPause 메서드를 호출한다. 하지만 PIP의 중요한 점은 앱이 화면의 모서리에서 계속 비디오를 재생한다는 점이다. 그러므로 액티비티가 일시 정지되는 이유가 앱이 PIP 모드 때문인지 확인하는 것이 중요하다. PIP 모드기 때문이라면, 앱은 비디오 콘텐츠를 계속 재생시켜야 한다.

```
@Override
public void onPause() {

        // PIP 모드로 인해 onPause가 호출되면, 재생을 중지하지 않는다 //
        if (inPictureInPicture()) {
                // 계속 재생 //
                ...
        }
        // PIP 모드로 인한 일시 정지가 아니면, 필요에 따라 재생을 중지시킨다 //
        ...
}
```

PIP 모드에서 비디오 콘텐츠는 작은 오버레이 창에서 재생된다는 점을 명심한다. 이는 사용자가 작은 세부 내용을 볼 수 없거나 UI 엘리먼트를 사용해 상호작용할 수 없다는 의미이다. 그러므로 비디오 액티비티에 이런 특징이 있다면, 액티비티가 PIP 모드일 때 그것들을 제거해야 한다. 그리고 액티비티가 다시 전체화면 모드로 전환될 때 이 UI 엘리먼트를 복구할 수 있다.

다음의 예를 살펴보자.

```java
@Override
public void onPictureInPictureChanged(boolean inPictureInPicture) {
        if (inPictureInPicture) {

                // 여기에서 PIP 모드에서 컨트롤을 숨긴다 //

                ...

        } else {

                // 여기에서 액티비티가 PIP 모드로 들어갈 때 숨겼던 컨트롤을 복구한다 //

                ...

        }
}
```

▌ 요약

이 장에서는 배열, 크기, 나인패치 이미지, 색상 상태 목록을 사용해 다음 단계를 위한 기본적인 UI를 살펴봤다. 또 프레그먼트와 멀티윈도우 모드를 디자인에 포함해 더 유연한 사용자 인터페이스를 만드는 방법도 살펴봤다.

몇 장에 걸쳐 효과적인 UI를 만드는 기술을 살펴봤으므로, 이제 방향을 바꿔 훌륭한 안드로이드 사용자 인터페이스를 만드는 배경이 되는 이론을 살펴보자.

다양한 버전의 안드로이드 플랫폼용으로 나왔다가 사라지는 모범 사례와 가이드라인이 아주 많지만, 안드로이드 팀은 버전 5.0에서 안드로이드 UI를 위한 새로운 방향을 발표했다.

이는 머티리얼 디자인이라고 하며, 다음 4장에서 다룰 것이다.

4

머티리얼 디자인
시작하기

구글의 새로운 디자인 언어인 머티리얼 디자인은 2014년 구글 I/O 컨퍼런스에서 발표됐고, 안드로이드 롤리팝에서 처음 등장했다.

오픈 플랫폼인 안드로이드는 일관성에 특히 취약하므로, 일관된 사용자 경험을 제공하는 것을 목적으로 한 머티리얼 디자인은 안드로이드에 꽤나 빅 뉴스였다. 안드로이드 기기의 앱을 열고 앱을 휙휙 넘겨보면, 다른 앱과 동떨어져 보이거나 다르게 느껴지는 앱을 적어도 몇 개는 발견할 수 있다.

머티리얼 디자인은 일관성 있는 사용자 경험을 제공하기 위해 필요한 도구와 가이드라인을 제공함으로써 이런 점들을 바꾸기 시작했다.

머티리얼 디자인 규칙을 지키면 보기 좋고 부드럽게 실행되며 안드로이드 플랫폼의 연속인 것처럼 느껴지는 앱을 만들 수 있다. 누가 이런 것을 원하지 않겠는가?

하지만 머티리얼 디자인은 버튼에 음영을 얼마나 주고, UI의 주요 텍스트를 얼마나 불투명하게 할지 등의 여러 기술적인 설명에 그치지 않는다. 그러므로 구글의 새 디자인 목적에 들어맞는 UI를 만드는 방법을 살펴보기에 앞서, 그 이면의 이론을 살펴봄으로써 머티리얼 디자인이 무엇인지에 더 이해하고 시작하는 것이 좋다

▌ 머티리얼 디자인 정신

머티리얼 디자인은 현실 세계 재료의 물리적인 특징을 가상의 화면에 옮긴다는 개념에 기반하며, 종이와 잉크, 인쇄술로부터 상당한 영감을 얻었다.

머티리얼 디자인은 디자이너와 개발자로 하여금 화면의 객체가 현실 세계의 객체와 같은 특징을 갖는 것처럼 만들도록 한다. 이는 깊이와 모서리의 느낌을 만들기 위해 그림자와 빛, 엘리베이션 등의 기술을 사용한다는 의미다.

머티리얼 디자인에서 객체를 이동시키는 방법도 물리적인 세계에서 객체를 옮기는 방법을 흉내 낸다. 예를 들어, 실제 세계에서 두 객체는 동시에 같은 공간을 차지하거나

하나가 다른 하나를 관통할 수 없으므로, 화면의 객체도 그럴 수 없어야 한다.

이런 느낌을 주기 위해 머티리얼 디자인은 모든 UI 객체가 X와 Y, Z 좌표를 갖는 가상 3D 공간의 개념을 소개한다. Z축의 양수 값은 사용자를 향해 확장돼 입체감을 주기 때문에 머티리얼 디자인에서 Z 좌표가 특히 중요하다.

 머티리얼 디자인에서 모든 객체는 Z축의 값을 갖고 각 객체는 표준 1dp의 두께를 갖는다.

연속적인 3D 환경의 환상을 깨뜨리지 않으면서 객체가 생기고, 없어지고, 새로운 객체로 변형되는 등 모든 일이 머티리얼 디자인의 가상 3D 환경에서 발생한다.

머티리얼 디자인 공간에서 객체를 이동시킬 때, 종이를 정리하고 묶는 방법을 흉내 낸다. 예를 들어, 두 장의 재료를 모서리나 솔기를 따라 함께 묶을 수 있는데, 그렇게 되면 두 재료는 함께 움직인다. 그에 반해 두 장의 재료가 겹치지만 Z축의 값이 서로 다르면, 함께 묶이지 않고 서로 독립적으로 움직일 수 있다.

이 디자인 규칙으로 사용자 인터페이스는 독특한 모습과 느낌을 갖게 된다. 하지만 머티리얼 디자인은 단순히 UI가 어떻게 보이는지에 대한 것이 아니다. 사용자에게 인터페이스의 계층에 대한 시각적인 단서를 주기 위해 깊이나 그림자 같은 머티리얼 디자인 요소를 사용할 수 있는데, 이는 사용자가 다음으로 상호작용해야 할 UI 엘리먼트가 무엇인지 알 수 있게 한다. 머티리얼 디자인을 바르게 사용하면 사용자는 앱의 사용자 인터페이스로 상호작용 및 사용하는 방법을 직관적으로 알 수 있다.

머티리얼 디자인을 이해하는 가장 효과적인 방법은 훌륭하게 동작하는 머티리얼 디자인의 예제를 살펴보고 목표가 무엇인지 아는 것이다.

머티리얼 디자인은 구글의 디자인 언어기 때문에, 구글 자체 앱을 살펴보는 것이 가장 좋다.

사례 학습 - 행아웃

행아웃Hangouts 앱은 머티리얼 디자인을 따르도록 대대적인 점검을 받은 앱이다.

가장 주목할 만한 UI 변화는 현재 FAB로 불리는 떠다니는 액션 버튼floating action button 형태의 **새 대화 생성**Create New Message 버튼이다. 가장 중요한 동작이기 때문에 이 FAB는 편리하면서 눈에 잘 띄도록 행아웃의 메인 화면의 오른쪽 하단에 위치하고, 언제든 사용자가 새로운 대화창을 생성하려 할 때 접근하기 쉽다.

행아웃 앱에서 FAB가 다른 모든 UI 엘리먼트 위에 떠있는 느낌을 주기 위해 엘리베이션과 그림자라는 머티리얼 디자인의 두 가지 주요 요소를 사용한다. 이는 사용자의 주의를 화면에서 가장 중요한 작업으로 자연스럽게 이끈다. 이 예제에서 가장 중요한 작업은 새로운 대화창 생성이다.

사례 학습 – 구글 캘린더

머티리얼 디자인은 선명한 색상과 큰 이미지를 사용하기를 권한다. 업데이트된 구글 캘린더에서 이들을 찾아볼 수 있다.

구글 캘린더는 색상과 이미지가 단순히 앱을 더 보기 좋게 만들 뿐 아니라 사용자가 한 눈에 그들의 중요 일정을 선택할 수 있도록 도움을 주는 훌륭한 UI다. 예를 들어, 크고 화려한 운동화 그림 덕분에 위의 캘린더 이미지를 빠르게 훑어보는 것만으로 다음 월요일 저녁에 달리기 동호회가 있다는 것을 알 수 있다.

캘린더는 머티리얼 디자인 애니메이션의 훌륭한 예이기도 하다. 캘린더 앱을 둘러보는데 시간을 들여보자. 그러면 화면 내외로 움직이며 새로운 뷰로 조립되는 화면의 엘리먼트 같은 움직이는 여러 장식을 볼 수 있다.

이런 짧은 애니메이션은 구글 캘린더 앱을 부드럽고 자연스럽게 사용해 더 즐거운 경험을 할 수 있도록 한다.

사례 학습 - 구글 지도

구글 지도는 사용자가 위치를 선택한 후, 지도를 떠나지 않으면서 선택한 위치와 관련된 모든 정보를 살펴볼 수 있는 실감나는 사용자 경험을 만들기 위해 머티리얼 디자인의 **바텀 시트**^{bottom sheets} 개념을 사용한다.

구글 지도 앱을 열고 (유명한 관광 명소나 유명한 랜드 마크, 지역 술집이든 상관없이) 한 곳을 선택한다. 그러면 화면의 하단에서 끌어올릴 수 있는 바텀 시트를 발견할 수 있을 것이다. 디폴트 상태의 바텀 시트는 선택한 곳에 대한 간단한 정보만 보여주지만, 이 시트를 위로 끌어올리면 확장돼 전체 화면을 채운다. 확장된 시트는 선택한 곳의 개장 시간, 연락처, 사진, 사용자 리뷰 등 훨씬 더 많은 정보를 보여준다.

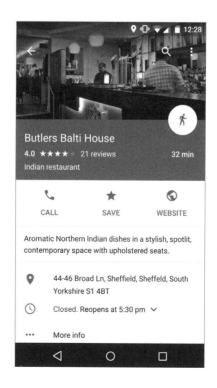

바텀 시트는 다른 컴포넌트보다 높게 위치한다는 인상을 주기 위해 그림자와 엘리베이션을 사용한다. 위의 구글 지도 스크린 샷에서 사진 컴포넌트는 스타일이 지정돼 나머지 바텀 시트보다 낮게 있는 것처럼 보인다.

바텀 시트가 제공한 모든 정보를 읽은 후에는 시트를 스크린 아래로 당겨 없앨 수 있다. 바텀 시트가 접히면서 메인 구글 지도 화면이 나타나고, 사용자는 메인 화면이 내내 바텀 시트 아래에 숨겨져 있었다는 느낌을 받는다.

▌ 머티리얼 디자인 시작하기

머티리얼 디자인 이면의 주요 개념과 훌륭한 머티리얼 디자인의 예를 살펴봤으니, 이제 핵심 머티리얼 디자인 표준을 안드로이드 앱에 적용하는 방법을 알아보자.

다음 몇 개의 절에서 그림자와 엘리베이션 같은 시각적인 기술을 사용해 머티리얼 디자인을 수정하는 방법을 살펴볼 것이다. 또한 FAB와 카드, 리사이클러뷰^{RecyclerView} 같은 것을 추가해 앱 기능에 근본적인 변화를 주는 방법을 배울 것이다. 먼저 앱의 외형을 만들어보자.

머티리얼 테마 적용

머티리얼 테마를 적용하는 것은 앱 전체가 일관성 있는 머티리얼 디자인으로 보이게 하는 가장 간단하고 쉬운 방법이다.

안드로이드는 밝기의 정도를 선택할 수 있도록 다음과 같은 버전을 제공한다.

- Theme.Material: 머티리얼 테마의 어두운 버전으로, 머티리얼 테마의 기본이다.
- Theme.Material.Light: 머티리얼 테마의 밝은 버전이다.

- Theme.Material.Light.DarkActionBar: 머티리얼 테마의 밝은 버전이지만, 어두운 액션 바를 사용한다.

머티리얼 테마를 앱에 적용하기 위해 사용하려는 테마의 버전(Theme.Material 또는 Theme.Material.Light, Theme.Material.Light.DarkActionBar)을 상속받는 새로운 스타일을 생성해야 한다. 프로젝트의 res/valus/styles.xml 파일을 열고 선택한 테마를 상속받는 스타일을 생성하자.

```
<resources>
  <style name="AppTheme" parent="android:Theme.Material">

// 표준 Theme.Material를 상속 //

  </style>
</resources>
```

앱이 머티리얼 디자인의 모습과 느낌을 유지하면서 독자성을 갖기 위해 상속받은 머티리얼 디자인 스타일을 커스터마이징할 수 있다. 가장 일반적인 커스터마이징은 테마의 기본 색상을 바꾸는 것이다. 예를 들어 액션 바의 색상을 앱의 기본 색상으로 바꿀 수 있다.

머티리얼 디자인은 두 가지 색상을 사용하는데, 기본 색상과 강조 색상이다. 이름에서 암시하듯 기본 색상은 앱 전체에서 사용되는 주요 색상이다. 구글 행아웃의 기본 색상은 초록이다.

강조 색상은 떠다니는 액션 버튼이나 제목처럼 앱의 가장 중요한 엘리먼트가 눈에 띄게 하는 밝은 색조다. 일관성 있는 주요 색상을 가끔 선명한 강조 색상과 함께 화사하게 사용함으로써 사용자 인터페이스를 다채롭고 활기차게 만들지만 사용자가 애플리케이션의 콘텐츠에 집중하는 것을 방해하지는 않는다.

머티리얼 디자인 테마를 상속받은 색상을 커스터마이징할 때, 사용할 수 있는 몇 가지 속성이 있다.

- `colorPrimary`: 액션 바의 배경 색상을 설정한다. 앱의 기본 색상이다.
- `colorAccent`: 앱의 강조 색상이다. 앱의 기본 색상과 잘 어울리고, 중요한 UI 엘리먼트가 사용자의 주의를 끌게 한다.
- `colorControlNormal`: 앱의 프레임워크 컨트롤이 디폴트 상태인 비활성화 상태일 때의 색상을 설정한다.
- `colorControlActivated`: 프레임워크 컨트롤이 활성 상태일 때의 색상을 설정한다. 이 속성이 `colorAccent`보다 우선 적용된다.
- `android:textColorPrimary`: 컨트롤의 텍스트 색상을 설정한다. 롤리팝 이전 버전의 안드로이드가 실행되는 기기에서 이 속성은 오버플로우 메뉴와 액션 바의 제목 색상을 설정한다.

다음 속성은 안드로이드 5.0 이상의 버전에서만 동작한다.

- `colorPrimaryDark`: 앱 기본 색상의 어두운 버전이다. 이 속성은 (navigation BarColor를 통해) 내비게이션 바의 색상과 (statusBarColor를 통해) 상태 바의 색상을 설정한다.
- `colorControlHighlight`: 파동 애니메이션과 같은 앱의 프레임워크 컨트롤 하이라이트에 적용되는 색상이다. 앱의 색상 스키마에 잘 어울리는 시각적인 피드백을 제공하기 위해 이 속성을 사용할 수 있다. 너무 많은 시각적인 피드백은 사용자를 복잡하게 만들 위험이 있으므로 과용하지 않는다.
- `colorSwitchThumbNormal`: 사용자는 스위치의 손잡이 부분을 앞뒤로 끌어서 토글 스위치와 상호작용을 한다. 이 속성은 꺼짐 상태에 있을 때의 손잡이 (Thumb) 엘리먼트의 색상을 설정한다.
- `android:colorButtonNormal`: 디폴트 상태로 눌리지 않았을 때의 버튼 색상을 설정한다.

- android:colorEdgeEffect: 사용자가 앱의 콘텐츠의 경계 밖으로 스크롤하려고 할 때 발생하는 오버스크롤^{overscroll} 효과의 색상을 설정한다.
- android:navigationBarColor: Back, Home, Recent 소프트키를 포함하는 기기 하단에 나타나는 내비게이션 바의 색상을 설정한다.

변화를 준 자신만의 머티리얼 테마를 만들기 위해 앞서 만들었던 스타일에 위의 속성을 추가한다.

```
<resources>

    <style name="AppTheme" parent="android:Theme.Material">

        <item name="android:colorPrimary">@color/blue</item>

// 테마의 주요 색상을 파란색으로 설정한다 //

        <item name="colorPrimaryDark">@color/darkblue</item>

// 내비게이션 바와 상태 바는 어두운 파란색으로 한다 //

        <item name="colorAccent">@color/white</item>

// 앱의 강조 색상은 흰색으로 한다 //

        <item name="colorSwitchThumbNormal">@color/white</item>

// 모든 스위치의 손잡이 엘리먼트는 흰색으로 한다 //

    </style>

</resources>
```

이제 머티리얼에서 파생된 테마의 색상을 커스터마이징하는 방법을 알았다. 그렇다면 어떤 색상을 사용해야 할까? 이번에도 머티리얼 디자인이 답을 가지고 있다.

색상 스키마 선택

색상 스키마 선택은 UI에서 가장 중요한 선택 중 하나다. 선택하는 색상이 사용자 인터페이스의 모든 부분에 영향을 끼치기 때문이다.

중요한 디자인을 결정하는 데 도움을 주기 위해, 안드로이드 팀은 서로 잘 어울리도록 디자인된 기본 및 강조 색상으로 완성된 팔레트를 배포했다. 이 완성된 머티리얼 디자인 팔레트는 https://www.google.com/design/spec/style/color.html#에서 찾을 수 있다.

앱의 색상 스키마를 선택할 때, 주요 팔레트(표시된 500개의 색상 중)에서 세 개의 빛깔과 보조 팔레트(500개 이외의 색상)에서 하나의 강조 색상을 선택한다.

팔레트 선택에 도움이 필요한가?

제공되는 엄청난 색상과 음영 중에서 선택하기 어려운가? 그러면 완성된 머티리얼 디자인 팔레트를 생성하는 많은 웹사이트를 확인하는 것이 좋다. 두 개의 색상을 선택하면 웹사이트는 그 선택을 기반으로 기본 및 강조 색상의 완성된 팔레트를 생성한다. 온라인에서 사용할 수 있는 많은 팔레트 생성기가 있지만, http://www.materialpalette.com/가 가장 쉽고 빠른 머티리얼 팔레트다.

백워드 호환성

머티리얼 테마는 안드로이드 5.0(API 레벨 21) 이상의 버전에서만 사용할 수 있으므로, 이전 버전 안드로이드에서는 기본 상태에서 머티리얼 테마나 다른 자체 제작 테마를 사용할 수 없다.

하지만 AppCompat 라이브러리를 사용하면 API 7이나 그 이상의 버전을 사용하는 사용자도 머티리얼 테마를 사용 가능하게 할 수 있다.

프로젝트에 이 라이브러리를 추가하기 위해, 최신 버전의 (이클립스를 사용한다면) **안드로이드 지원 라이브러리** 또는 (안드로이드 스튜디오를 사용한다면) **안드로이드 지원 리파지토리**

를 다운로드한다. AppCompat는 v4 지원 라이브러리에 의존하므로, 이 라이브러리도 프로젝트에 추가한다.

안드로이드 스튜디오 사용자는 모듈 레벨의 build.gradle 파일의 dependency 부분에 AppCompat를 추가한다.

```
dependencies {
    ...
    compile 'com.android.support:appcompat-v7:23.1.0'
}
```

이클립스 사용자는 AppCompat 라이브러리를 안드로이드 SDK 디렉토리에 위치시키고, 프로젝트의 libs 디렉토리에 복사한 후, JAR 파일에서 마우스 오른쪽을 클릭해 **Build Path**와 **Add to Build Path**를 선택한다.

AppCompat를 사용하기 위해 프로젝트의 액티비티는 AppCompatActivity를 상속받는다.

```
import android.support.v7.app.AppCompatActivity;

public class MainActivity extends AppCompatActivity {
```

테마는 반드시 Theme.AppCompat를 상속받아야 한다.

```
<style name="AppTheme" parent="Theme.AppCompat">
```

이후 평소와 마찬가지로 머티리얼 테마를 자유롭게 커스터마이징할 수 있다.

입체감 만들기

머티리얼 디자인은 입체적인 느낌을 만들기 위해 세 개의 시각적인 기술을 결합한다.

- **빛**: 머티리얼 디자인의 가상 3D 환경에서 가상의 빛이 화면상의 객체를 비추고 그림자를 드리우게 한다. 빛은 (방향을 갖는 그림자를 드리우는) 주요 빛과 (모든 각도로부터 부드럽게 그림자를 드리우는) 잔잔한 빛이 있다.
- **그림자**: 각 객체의 깊이에 대한 중요한 시각적 정보를 준다. 객체가 이동하면, 그림자는 객체가 이동하는 방향 및 그 객체와 다른 화면상의 객체 간 증가 또는 감소되는 거리 등의 중요한 정보를 제공한다.
- **엘리베이션**: 각 UI 엘리먼트는 Z축을 따르는 엘리베이션이 있다. 엘리베이션은 자연스럽게 사용자의 시선을 끄는 화면의 가장 중요한 엘리먼트로 이끌어 여러 UI 엘리먼트의 중요성을 표현하는 데 도움이 된다.

객체의 엘리베이션을 명시해 그림자를 만들 수 있다. 엘리베이션을 추가할 때 프레임워크가 자동으로 그 객체의 뒤로 그림자를 그린다. 객체의 엘리베이션은 그림자의 모양을 결정한다. Z 값이 큰 뷰일수록 더 길고 부드러운 그림자가 생긴다.

android:elevation 속성을 사용해 뷰의 엘리베이션을 설정한다.

```
<TextView
  android:layout_width="wrap_content"
  android:layout_height="wrap_content"
  android:elevation="20dp"
  android:text="Hello down there!" />
```

 모든 머티리얼 엘리먼트는 **1dp**의 두께를 가지므로 엘리베이션은 한 객체의 상단 표면에서부터 다른 객체의 상단 표면까지의 거리라는 것을 알아두자.

뷰의 엘리베이션을 프로그램 코드로 설정하고 싶다면, View.setElevation과 View.getElevation 메서드를 사용한다.

모든 객체는 기본적으로 고정 엘리베이션을 가짐으로써 앱 전체에서 일관성을 유지한다. 예를 들어, 떠다니는 액션 버튼이 한 화면에서 10dp의 위치에 있다면, 모든 화면에서 10dp의 위치에 있어야 한다.

또한 객체는 사용자의 동작에 반응해 일시적으로 값을 변경하는 상대적인 엘리베이션을 가질 수 있다. 예를 들어 사용자가 갤러리에서 한 그림을 선택한다면, 이 그림이 선택됐다는 것을 나타내기 위해 일시적으로 그림의 엘리베이션을 증가시킬 수 있다.

상대적인 엘리베이션도 앱 전체에서 일관성이 있어야 하므로, 갤러리 앱의 그림이 5dp까지 엘리베이션을 변경했다면 상대 엘리베이션을 갖는 다른 모든 이미지도 동일하게 5dp로 보여야 한다.

객체의 엘리베이션을 변경했다면 가능한 한 빨리 즉, 입력 이벤트가 완료되거나 취소되자마자 고정 엘리베이션으로 되돌려야 한다.

상대적인 엘리베이션을 갖는 컴포넌트를 추가할 때, 하나의 컴포넌트가 엘리베이션을 변경하는 동안 다른 컴포넌트에 부딪힐 가능성을 확인해야 한다. 머티리얼 디자인에서 객체는 다른 객체를 통과할 수 없다는 것을 기억하자! 공간이 협소하다면, 애니메이션을 사용해 객체를 일시적으로 밀어둠으로써 해결할 수 있다. 예를 들어 한 객체가 엘리베이션을 변경하는 동안 길을 열어주기 위해 객체를 오른쪽으로 몇 픽셀 움직일 수 있다.

머티리얼 디자인 구조 생성

이제 색상 팔레트를 선택했고 커스터마이징된 머티리얼 테마를 생성했으며 인터페이스에 엘리베이션을 추가하는 방법을 알아봤다.

다음은 앱에 추가할 수 있는 새로운 구조적 엘리먼트를 살펴볼 것이다. 단순히 머티리얼 앱으로 보이게 하는 것이 아니라 머티리얼 앱으로 동작하게 하는 단계다.

가장 친숙한 머티리얼 디자인의 특징인 떠다니는 액션 버튼부터 시작해보자.

떠다니는 액션 버튼

FAB는 사용자 인터페이스 위에 떠있는 것처럼 보이는 머티리얼의 둥근 시트다(여기서 이름이 유래했다). 사용자가 쉽게 접근할 필요가 있는 반복적인 동작이 있다면, FAB를 사용해보는 것도 좋다.

떠다니는 아이콘 버튼은 하나의 동작을 대표하고, 익숙한 시스템 아이콘을 사용한다.

 https://www.google.com/design/icons/에서 모든 시스템 아이콘을 찾을 수 있다.

XML을 통해 FAB를 프로젝트에 추가하면 android:id와 layout_width 같은 이미 익숙한 속성을 많이 사용한다. 하지만 다음의 FAB 예제에서는 CoordinatorLayout이라는 새로운 엘리먼트를 사용할 것이다. 이 속성은 UI 엘리먼트와 상호작용 방법을 제어하게 하고, 특히 사용자가 화면을 스크롤할 때 FAB가 함께 움직여야 하는지 또는 같은 위치에 고정돼 있어야 하는지 알려주는 데 유용하다.

이 예제에서 CoordinatorLayout내에 FAB를 두고, 툴바의 아래쪽에 고정시키도록 한다.

```xml
<?xml version="1.0" encoding="utf-8"?>
<android.support.design.widget.CoordinatorLayout
.........
.........
..........

<android.support.design.widget.FloatingActionButton
  android:id="@+id/myfab"
```

```
android:layout_width="wrap_content"
android:layout_height="wrap_content"
app:layout_anchor="@id/actionbar"
```

// **FAB**는 액션 바에 고정돼 있어야 한다 //

```
app:layout_anchorGravity="bottom|right|end"
android:layout_margin="@dimen/fab_margin"
app:elevation="20dp"
```

// 버튼의 엘리베이션을 설정하므로, 다른 UI보다 위에 떠 있는 것처럼 보이고, 버튼 뒤로 그림자가 생긴다 //

```
android:src="@android:drawable/ic_dialog_email" />
```

// **FAB**가 보여줄 아이콘을 참조한다. 이 예제에서는 새로운 이메일 아이콘을 생성한다 //

```
</android.support.design.widget.CoordinatorLayout>
```

FAB의 배경 색상에 대해서는 별도로 명시하지 않았는데, 특별히 명시하지 않는다면 FAB는 기본적으로 테마의 colorAccent 속성을 따른다.

일반적인 방법으로 클릭 이벤트를 추가할 수 있다. 더 흥미롭게 만들기 위해 머티리얼 디자인의 다른 새로운 엘리먼트인 **스낵바**^{Snackbar}를 추가한다.

스낵바는 토스트^{toast}와 유사하지만, 주요 차이점은 사용자가 상호작용할 수 있다는 점이다. 사용자는 스낵바를 화면 밖으로 스와이프해 없앤다. 스낵바는 화면의 하단에 나타난다. 그러므로 화면의 하단에 위치하는 FAB와 관련된 메시지를 출력하기에 완벽하다.

```
fab.setOnClickListener(new View.OnClickListener() {
    @Override public void onClick(View v) {
        Snackbar.make(content, "The FAB has been clicked!",
Snackbar.LENGTH_SHORT).show();
```

// 스낵바를 생성하고 "The FAB has been clicked!"라는 메시지를 출력한다 //

```
    }
});
```

FAB를 생성할 때, 몇 가지 기억해야 할 가이드라인이 있다.

- **긍정적인 동작**: 생성, 좋아요, 공유, 탐색 등 긍정적인 동작에 대해서만 FAB를 사용하고, **아카이브**나 **삭제** 같은 파괴적인 동작에 대해서는 사용하지 않는다.
- **일관성 있는 공간 사용**: 모바일 기기에서 FAB를 테두리로부터 16dp 이상의 거리에 위치시켜야 한다. 태블릿 크기의 기기에서는 떠다니는 액션 버튼은 테두리로부터 최소 24dp 이상이어야 한다.
- **커스터마이징 FAB 지양**: 항상 표준 원형 아이콘을 사용하고, 더 큰 액션 버튼에 유혹당하지 않는다. FAB에서 회전을 시키고 싶다면, 버튼 안의 아이콘을 움직이게 할 수 있다.
- **오버플로우 동작 미포함**: 오버플로우 메뉴는 툴바에 적당하지만 FAB에는 적당하지 않다.

 인상적인 FAB 애니메이션

중요한 UI 엘리먼트인 FAB는 움직이는 동작으로 사용자를 놀라게도 기쁘게도 할 수 있다. 예를 들어, 새 이메일 생성 FAB를 만들 수 있고, 선택했을 때 새로운 이메일로 전환된다. 다양한 애니메이션을 사용하고 변화를 주는 실험을 해보자. 하지만 너무 과하게 빠져들지는 말자. 애니메이션은 민감하기 때문에 터치가 끝나고 사용자의 작업으로 돌아가지 않거나, 사용자가 앱의 실제 콘텐츠에 집중하지 못하게 할 위험이 있다.

바텀 시트

바텀 시트는 사용자의 동작에 반응해 화면의 하단에서 위로 밀어 올리는 머티리얼의 시트로, 구글 지도에서 관심 있는 곳을 선택했을 때 볼 수 있다.

바텀 시트의 기본 높이는 시트에 포함되는 목록의 높이에 따라 상대적이지만, 16:9의 비율보다 크지 않아야 한다.

바텀 시트는 기본적으로 화면의 일부를 덮지만, 사용자가 위로 스와이프할 때 확장돼 화면 전체를 채운다. 바텀 시트가 화면 전체 높이로 확장됐을 때 사용자는 콘텐츠를 스크롤할 수 있고, 구글 지도가 이 기능의 완벽한 예제다.

바텀 시트는 셋 이상의 동작을 보여주고, 특별한 설명이 필요 없을 때 가장 적합하다. 셋보다 적은 동작을 표현하거나 자세한 설명을 포함한다면 다이얼로그나 메뉴의 사용을 고려해야 한다.

바텀 시트는 두 가지 종류가 있다.

- **지속적인 바텀 시트**: 애플리케이션 전반에서 보이는 지속적이고 구조적인 엘리먼트다. 앱 내부 콘텐츠를 출력해 메인 뷰를 보충한다. 지속적인 바텀 시트Persistent bottom sheets는 사용 중이지 않을 때도 보이고, 앱의 다른 엘리먼트와 같은 높이를 유지한다. 지속적인 바텀 시트는 독특하게 보여 중요한 콘텐츠에 사용자의 시선을 집중시키기에 유용하다.
- **모달 바텀 시트**: 다른 콘텐츠에 비해 상대적으로 높은 엘리베이션을 갖는 머티리얼의 임시 시트다.
  목록이나 격자 형식으로 액션을 보여주기 위해 메뉴나 단순 다이얼로그 대신 모달 바텀 시트Modal bottom sheets를 사용할 수 있다. 모달 바텀 시트가 화면에 펼쳐지면 나머지는 어둡게 처리되기 때문에 사용자가 모달 시트를 못 보는 것은 불가능하다. 사용자는 아래의 콘텐츠와 상호작용하기 전에 모달 시트는 없애야만 한다. 모달 바텀 시트는 사용자에게 액션 목록을 편리하게 보여줄 수 있지만 사용자 인터페이스에 메뉴 버튼을 넣을 적당한 공간이 없다.

하지만 공간의 제약이 덜한 큰 화면에서는 다이얼로그와 메뉴 같은 컴포넌트가 모달 바텀 시트보다 더 좋을 수 있다. 바텀 시트는 그 이름에서 알 수 있듯이 항상 화면의 아래쪽에 나타나기 때문이다. 세로보기 모드의 태블릿 같이 큰 기기에서 앱과 상호작용하는 사용자는 모달 시트가 실행시키려는 지점에서 상당히 멀게 느낄 수 있다. 이는 큰 문제는 아닌 것처럼 보이지만, 이런 작은 골칫거리가 쌓여 전반적인 앱 사용자 경험을 조금씩 깎아낸다.

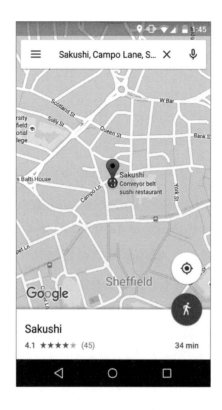

위의 화면은 확장되기 전 디폴트 상태의 모달 바텀 시트를 보여준다.

카드뷰

카드는 관련된 콘텐츠 특히, 다양한 데이터 유형으로 구성된 콘텐츠를 편리하고 일관성 있게 보여주는 방법이다. 예를 들어, 특정 주제에 관한 이미지나 링크, 텍스트, 비디오를 포함하는 카드를 만들 수 있다.

카드는 또한 **+1**이나 댓글, 사용자 리뷰 등 상호적인 기능과 나란히 데이터를 보여줄 때도 편리하다. 단지 카드에 너무 많은 정보를 포함하는 것은 주의하기 바란다.

카드의 너비는 고정적이고, 높이는 가변적이어서 사용 가능한 공간에 따라 일시적으로 확장시킬 수 있다.

각 카드는 콘텐츠 블록으로 구성된다.

- **헤더 또는 주요 제목**: 무엇에 관한 카드인지 나타낸다.
- **이미지나 비디오 같은 풍부한 미디어**: 다채로운 미디어를 포함하면 사용자는 카드를 잠시 보는 것만으로 귀중한 정보에 접근할 수 있다. 예를 들어, 날씨 앱을 디자인 중이라면 모든 카드에 그림을 포함시키는 것은 사용자가 카드를 잠깐 보는 것만으로도 날씨가 어떨지 알 수 있다는 의미다.

- **텍스트 지원**: 카드에 대한 중요 정보를 지원하는 텍스트.
- **주요 액션**: 사용자가 카드 내에서 수행할 수 있는 가장 중요한 동작.
- **선택적 보조 액션**: 아이콘이나 텍스트, 심지어 사용자가 카드의 콘텐츠를 변경할 수 있게 하는 UI 컨트롤이 될 수 있다. 날씨 앱 예제에서는 사용자가 날씨 예보를 시간 단위로 스크롤해볼 수 있도록 슬라이더를 포함시킬 수 있다.

카드의 콘텐츠를 계층적으로 디자인할 때 일반적으로 가장 중요한 콘텐츠를 위에 두는 반면 보조 아이콘을 카드의 가장 아래에 둔다.

CardView를 사용해 레이아웃에 카드를 추가한다. 다음은 XML를 통해 레이아웃이 빈 카드를 추가하는 방법이다.

```
<android.support.v7.widget.CardView

    xmlns:card_view="http://schemas.android.com/apk/res-auto"
    android:layout_width="match_parent"
    android:layout_height="wrap_content">

</android.support.v7.widget.CardView>
```

보통 레이아웃에 콘텐츠를 추가하는 것과 동일한 방법으로 카드뷰에 콘텐츠를 추가한다. 다음 예제는 Contacts 카드를 포함하는 LinearLayout을 생성하는 방법이다. Contacts 카드뷰는 각 개인의 이름과 아바타를 보여준다.

```
<?xml version="1.0" encoding="utf-8"?>

<LinearLayout
  xmlns:android="http://schemas.android.com/apk/res/android"
  xmlns:cardView="http://schemas.android.com/apk/res-auto"
  android:layout_width="match_parent"

  android:layout_height="match_parent"
  android:padding="20dp" >

  <android.support.v7.widget.CardView
      android:layout_width="match_parent"
      android:layout_height="wrap_content"
      android:id="@+id/contacts" >

  <LinearLayout
```

```xml
    xmlns:android="http://schemas.android.com/apk/res/android"
    android:orientation="vertical"
    android:layout_width="match_parent"
    android:layout_height="match_parent">

<TextView
        android:id="@+id/contactName"
        android:layout_width="wrap_content"
        android:layout_height="wrap_content"
        android:text="@string/contactName" />

<ImageView
        android:layout_width="wrap_content"
        android:layout_height="wrap_content"
        android:id="@+id/contactphoto"
        android:src="@drawable/avatar" />

</LinearLayout>

  </android.support.v7.widget.CardView>

</LinearLayout>
```

카드뷰는 안드로이드 2.1(API 7) 이상의 버전에서 프로젝트에 카드뷰 라이브러리 v7
을 추가해 사용할 수 있다. 이클립스를 사용한다면, 이 라이브러리를 프로젝트의 libs
디렉토리에 추가하고, Build Path와 Add to Build Path를 선택한다. 안드로이드 스튜디
오 사용자는 모듈 레벨 build.gradle 파일의 dependency에 라이브러리를 추가한다.

```gradle
dependencies {
    compile
    'com.android.support:cardview-v7:21.0.+'
}
```

레이아웃에 표준 카드뷰를 추가하는 것은 꽤 간단하지만, 안드로이드의 표준 카드뷰를 커스터마이징하려면 다음과 같이 수정해야 한다.

- `card_view:cardCornerRadius="10dp"`처럼 `cardView:cardCornerRadius`를 사용해 카드의 모퉁이 반경을 변경한다. 아니면 `cardView.setRadius` 메서드를 사용해 애플리케이션의 코드를 통해 모퉁이 반경을 설정할 수 있다.
- `card_view:cardBackgroundColor`를 사용해 카드의 배경 색상을 변경한다.
- `card_view:cardElevation`을 사용해 카드에 높이를 주고 그림자를 생성한다.

목록과 리사이클러뷰

목록Lists은 관련이 있는 여러 유형의 데이터를 읽기 쉬운 형식으로 일관성 있게 보여 주는 방법이다.

목록은 연속적인 세로줄과 가로줄로 구성돼 있으며, 컨테이너가 타일의 역할을 한다. 각 타일 내에서 중요한 콘텐츠의 우선순위를 매겨야 한다. 각각의 이메일을 타일로 표현하는 이메일 앱을 디자인한다고 생각해보자. 일반적으로 각 타일은 가장 중요한 정보인 보내는 사람과 제목을 큰 글씨체로, 이메일의 텍스트 미리 보기를 작은 글씨체로 보여준다.

목록 타일은 일반적으로 다음을 포함한다.

- **텍스트**: 한 줄 목록에서 각 타일은 한 줄의 텍스트를 포함한다. 두 줄 목록에서 각 타일은 최대 두 줄의 텍스트를 포함한다. 두 줄 이상의 텍스트를 보여줘야 한다면, 목록 대신 카드 사용을 고려하자. 텍스트의 양은 같은 목록의 타일 간에도 다를 수 있다.
- **주요 동작**: 목록의 모든 타일에서 일관적이어야 한다. 이메일 예제에서 주요 동작은 이메일을 여는 것이고 목록의 모든 타일에서 이 동작을 한다.

- **선택적 보조 동작**: 일반적으로 아이콘이나 보조 텍스트 형식이고 타일의 오른 쪽에 위치해야 한다.

많은 데이터 집합을 보여주기 위한 컨테이너인 리사이클러뷰^{RecylerView}를 사용해 목록을 생성한다. 리사이클러뷰는 뷰를 직접 재사용할 수 있어 목록보다 나은 성능을 제공한다. 아이템 뷰가 더 이상 사용자에게 보이지 않을 때, 리사이클러뷰는 자동으로 콘텐츠를 데이터 집합의 다른 엘리먼트로 교체해 부드럽게 스크롤된다.

또한 리사이클러뷰는 목록에서 아이템을 제거하는 등의 일반적인 동작을 위해 기본 애니메이션을 제공하고, 목록 내에서 아이템의 위치를 잡기 위해 레이아웃 관리자를 제공한다.

리사이클러뷰에는 선택할 수 있는 세 개의 내장 레이아웃 매니저가 있다.

- `LinearLayoutManager`는 아이템을 가로 또는 세로로 스크롤할 수 있는 목록 으로 보여준다.
- `GridLayoutManager`는 아이템을 격자로 보여준다.
- `StaggeredGridLayoutManager`는 아이템을 엇갈린 격자로 보여준다.

프로젝트에서 리사이클러뷰를 사용하기 위해서는 다음의 단계를 수행한다.

1. 리사이클러뷰 지원 라이브러리를 프로젝트의 Gradle build file에 추가한다 (`com.android.support:recyclerview-v7:23.1.0`).
2. 데이터 리소스를 정의한다.
3. 일반적인 뷰를 추가하는 것처럼 레이아웃 파일에 리사이클러뷰를 추가한다.

```
<android.support.v7.widget.RecyclerView
    android:id="@+id/recylerview"
    android:layout_width="match_parent"
    android:layout_height="match_parent"
    android:scrollbars="vertical" />
```

4. 사용하려는 레이아웃 관리자를 명시한다.

```
mLayoutManager = new LinearLayoutManager(this);
mRecyclerView.setLayoutManager(mLayoutManager);
```

5. Adapter를 생성한다. 리사이클러뷰를 사용하기 위해 `RecyclerView.Adapter` 클래스를 상속받는 Adapter를 생성한다.

```
public class MyRecyclerAdapter extends
RecyclerView.Adapter<MyRecyclerAdapter.ViewHolder> {
```

6. ViewHolder를 생성한다. `RecyclerView adapter`가 모든 뷰의 참조자를 저장하는 `ViewHolder`에 의존하므로, `thefindViewById()` 메서드를 여러 번 사용할 필요가 없다.

```
public class ViewHolder extends
RecyclerView.ViewHolder {
```

7. `setAdapter` 메서드를 사용해 Adapter를 `RecyclerView`에 할당한다.

애니메이션과 전환

머티리얼 디자인에 두 개의 주요 기능이 더 있는데, 애니메이션과 전환이다. 바르게 사용한다면 이 시각적인 효과는 단순히 보기 좋을 뿐 아니라 두 가지 중요한 목적으로 사용된다.

머티리얼 디자인 느낌 강화하기

머티리얼 디자인의 중요한 부분은 화면의 엘리먼트가 물리적인 객체와 같은 특징을 가진다는 느낌을 주는 것이고, 애니메이션은 이를 납득하게 만드는 강력한 도구다.

현실 세계에서 객체를 이동시키는 방법은 물리적 특징에 따라 다양하다. 애니메이션에 변화를 줘 화면의 여러 객체가 서로 다른 특징을 갖는 것처럼 느끼게 할 수 있다. 예를 들어, 한 객체를 느리게 움직이게 함으로써 다른 객체보다 무거움을 암시할 수 있고 빠르게 움직이고 가속되는 객체를 보는 사용자는 그 객체가 가볍다고 추정하게 할 것이다.

머티리얼 디자인의 또 다른 핵심은 연속적인 3D 공간에서 화면의 객체가 나타나고 없어지며 바뀐다는 느낌이다. 진짜 3D 환경처럼 느끼게 만드는 가장 강력한 방법 중 하나는 앱의 액티비티 간에 눈에 보이는 연속성을 만드는 것이다.

전통적으로 안드로이드 앱은 화면의 순서대로 디자인되며, 액티비티가 각각의 화면이다. 머티리얼 디자인은 사용자가 하나의 액티비티에서 다른 액티비티로 이동하기 쉽게 전환을 사용해 그 경계를 흐리게 한다.

예를 들어 새 액티비티가 시작되면, 새 액티비티의 여러 엘리먼트가 화면에서 움직이면서 이전 액티비티의 엘리먼트는 사라진다. 두 액티비티가 공유하는 일반적인 엘리먼트가 있다면, 완전히 새로운 액티비티인 새 레이아웃에 맞게 다시 정렬되는 것처럼 그 엘리먼트를 움직일 수 있다. 이런 방법으로 사용자가 한 화면에서 다른 화면으로 바뀐다기보다는 앱의 환경 안에서 이동하는 것처럼 느끼게 만들어 더 부드럽고 실감나는 사용자 경험을 만들 수 있다.

 등장과 퇴장

화면에 객체를 등장시키고 퇴장시키는 방법에 대해 좀 더 생각해보면, 머티리얼 디자인의 연속적인 3D 환경의 느낌을 더 강하게 만들기 위한 이상적인 기회가 있다. 만약 객체가 상당한 속도로 화면에 들어가면, 사용자는 이 객체가 화면 밖에서 어느 정도의 거리를 이동하면서 가속하고 있던 것으로 여긴다. 객체가 화면에서 천천히 나가면, 사용자는 이 객체가 화면 밖에서 멈출 것이라고 여긴다.

이런 추정을 유리하게 사용할 기회를 찾아야 한다. 예를 들어 다시 나타날 것을 알고 있는 객체가 있다면, 이 객체를 느릿하게 화면 밖으로 내보냈다가 이후 적절한 시점에 서서히 화면으로 돌아오게 해 사용자에게 이 객체가 화면 밖을 맴돌았을 것 같은 느낌을 줄 수 있다.

사용자에게 시각적인 피드백 제공하기

사용자가 UI 엘리먼트와 상호작용할 때마다 앱은 어떤 형식으로든 사용자에게 상호작용이 성공적으로 등록됐다는 것을 시각적으로 확인시켜줘야 한다.

 가장 일반적인 사용자 상호작용은 터치 이벤트이므로, 이 절 전반에서 이 유형의 이벤트를 중점적으로 살펴본다. 앱은 가상 키보드를 통한 사용자의 입력이나 기기의 마이크를 통한 음성 명령 같은 다른 형식의 사용자 입력도 처리해야 한다는 것을 기억하자.

머티리얼 디자인에서 터치 파동은 사용자에게 시각적으로 확인시켜주는 중요한 메커니즘이다.

터치 파동 효과는 특히 유용한 애니메이션으로, 이벤트의 지속 시간과 적용된 압력, 터치 이벤트가 발생한 지점(터치 파동은 입력 지점에서부터 바깥쪽으로 이동) 같은 터치 이벤트에 대한 추가적인 정보를 전달하기 위해 사용할 수 있다.

길게 누르는 사용자의 동작에 반응해 살짝 들리듯 보이는 움직이는 사진처럼 사용자 입력에 반응하는 애니메이션을 원할 수도 있다.

애니메이션 – 주의

애니메이션은 원하는 대로 사용할 수 있는 가장 강력하거나 파괴적인 도구 중 하나일 수 있다.

사람의 눈은 이동을 알아채고 추적하는 데 익숙하지만, 여러 엘리먼트가 동시에 움직이거나 불규칙하게 움직이면 사용자는 이를 따라갈 수 없다. 이런 형편없는 애니메이션은 없는 것만 못하다.

또 보기 좋다는 점 외에 다른 이유 없다면 시간이 소요되는 애니메이션의 사용을 피해야 한다. 애니메이션은 단순히 좋아서가 아니라 애니메이션의 절묘하고 예상치 못한 사용으로 어떤 점에서든 사용자 경험을 향상시키는 것을 목표로 사용해야 한다.

마무리 작업

머티리얼 디자인의 모습과 느낌을 내는 사용자 인터페이스를 만들고 떠다니는 액션 버튼과 카드 같은 구조적인 엘리먼트를 추가했으므로 이제 머티리얼 디자인 애플리케이션의 마무리를 해야 한다.

제품 아이콘 디자인하기

제품 아이콘은 앱을 알리면서 또한 앱의 목적과 주요 기능을 보여줘야 한다.

 브랜드 구축
여러 앱을 만든다면 각 제품의 아이콘은 뚜렷이 구분돼야 하지만, 또한 내놓은 모든 안드로이드용 제품을 포괄하는 넓은 브랜드를 만들고 보강하기 위한 기회로 아이콘을 사용해야 한다. 관련된 여러 제품 아이콘에 걸쳐 일관성을 갖도록 해야 한다.

제품 아이콘은 우리가 이 장에서 다룬 머티리얼 디자인 규칙을 동일하게 반영해야 한다. 다시 말해, 주요 영감을 주는 종이와 잉크의 물리적인 특징을 가져야 한다. 제품 아이콘은 다른 머티리얼 디자인 객체처럼 잘리고 접히고 빛나는 것처럼 보여야 하지만, 깔끔하고 단순한 아이콘으로 모든 정보를 전해야 하는 어려움이 있다.

특별히 인상적인 머티리얼 디자인 아이콘으로 구글 캘린더와 지메일(Gmail) 아이콘을 예로 들 수 있다. 두 아이콘 모두 단순한 모양으로 그림자, 깊이, 가장자리를 나타냈지만 앱의 주요 목적과 기능을 분명하게 보여준다.

다음은 지메일 아이콘이다.

다음은 구글 캘린더 아이콘이다.

제품 아이콘을 더 쉽게 만들기 위해 머티리얼 디자인은 **제품 아이콘의 구조적 개념**을 소개한다. 여러 제품 아이콘에서 일관성 있는 모습과 느낌을 홍보할 수 있도록 디자인에 통합시킬 수 있는 표준화된 형태가 있다. 이 표준화된 형태는 https://material.google.com/style/icons.html#icons-product-icons에서 찾아볼 수 있다.

각 제품 아이콘은 동일한 구조적 엘리먼트를 포함해야 한다. 이 엘리먼트는 항상 위에서 똑바로 보이고, 각 컴포넌트는 이전 컴포넌트의 위에 위치해야 한다.

- **마무리**: 부드럽고 엷은 색으로 제품 아이콘 엘리먼트의 위쪽 모서리를 강조하기 위해 사용해야 한다. 아이콘의 왼쪽이나 오른쪽, 아래쪽에는 적용하지 말아야 한다.
- **머티리얼 배경**: 아이콘의 배경 역할을 하는 머티리얼 시트다.
- **머티리얼 전경**: 머티리얼 배경 위에 올라가는 엘리먼트로, 백그라운드에 그림자를 드리운다.
- **그림자**: 머티리얼 엘리먼트의 모서리 주위에 나타나는 부드러운 그림자다. 이 그림자는 제품 아이콘의 오른쪽과 아래쪽이 조금 더 두껍다.

 완벽한 제품 아이콘 만들기

종이 같이 얇은 엘리먼트를 층층이 겹치는 것이 입체감을 주기에 효과적이긴 하지만, 많은 층을 추가해 앱을 너무 복잡하게 만들지 않도록 주의해야 한다. 제품 아이콘에 물리적인 객체에서 예상되는 그림자와 깊이, 모서리가 존재하도록 하는 것을 목표로 해야 하지만, 마찬가지로 단순하고 유선형이어야 한다.

1dp의 테두리를 갖는 48dp의 아이콘을 제공한다.

시스템 아이콘

앞의 절에서 애플리케이션마다 서로 다른 제품 아이콘의 모습을 상세히 살펴봤지만, 시스템 아이콘은 어떨까?

좋은 소식은 안드로이드 팀이 이미 머티리얼 디자인으로 단장한 모든 시스템 아이콘을 제시했다는 것이다. 아주 특별한 이유가 없다면 이 표준 시스템 아이콘을 사용하자.

https://material.google.com/style/icons.html#icons-system-icons에서 모든 시스템 아이콘을 얻을 수 있다.

타이포그래피와 글쓰기

이 절에서는 일반적인 글쓰기 권고부터 텍스트가 얼마나 불투명해야 하는지의 구체적인 가이드라인까지 머티리얼 디자인 규칙을 따르는 텍스트를 만드는 데 필요한 모든 것을 살펴본다.

서체

안드로이드 개발자로써 알아야 할 서체 두 가지가 있다.

- **로보토** Roboto: 안드로이드 4.0부터 로보토는 안드로이드의 표준 서체다.
- **노토** Noto: 안드로이드 2.2 배포부터 노토는 로보토가 처리하지 못하는 모든 언어를 위한 표준 서체다.

머티리얼 디자인은 이 두 서체를 모두 사용한다.

텍스트 불투명도

불투명한 정도를 다양하게 적용해 사용자에게 얼마나 중요한 텍스트인지 시각적 단서를 줄 수 있다.

사용해야 하는 불투명 정도는 텍스트의 색상과 앱의 배경 색상에 상당히 의존적이다. 어두운 배경에 밝은 텍스트를 추가할 때, 다음을 사용한다.

- **주요 텍스트**: 100% 불투명
- **보조 텍스트**: 70% 불투명
- **힌트 텍스트와 기능이 없는 텍스트, 아이콘**: 30% 불투명

밝은 배경에 어두운 글자를 추가할 때는 다음과 같이 사용한다.

- **주요 텍스트**: 87% 불투명
- **보조 텍스트**: 54% 불투명
- **힌트 텍스트와 기능이 없는 텍스트, 아이콘**: 38% 불투명

UI에 텍스트를 추가할 때, 배경 색상이 텍스트를 읽기 어렵게 만드는지 확인한다. 또한 너무 큰 대비율은 텍스트를 읽기 힘들게 만들 수 있다는 것을 기억하자. 이상적으로 텍스트는 7:1의 대비율을 유지한다.

글쓰기 가이드라인

텍스트가 화면에서 어떻게 보이는지 알았으니 실제 텍스트가 무엇을 말하는지에 관심을 가져보자.

사용자에게 친숙한 사용자 인터페이스를 만들기 위해 텍스트는 다음과 같이 작성해야 한다.

- **분명한 표현** [Clear]: 사용자는 다시 읽을 필요가 없는 간단하고 직접적인 언어를 환영한다. 단어를 주의 깊게 선택하고, 메시지를 전달하는 간결한 방법을 찾자. 예를 들어 "2번 문제로 이동"보다는 "2번 문제로 가기"라고 표현한다.
- **이해하기 쉬운 표현** [Accessible]: 텍스트를 쓸 때, 일부 사람들은 외국어로 앱을 사용할 수 있다는 점을 명심한다. 앱을 다른 언어로 번역한다고 하더라도, 문화

에 영향을 받은 관용구와 은어는 제대로 번역되지 못할 수 있다. 목표는 모든 사람이 텍스트를 이해하기 쉽게 작성하는 것이다. 이와 관련하여 문자열 리소스를 만들 때, 자세한 설명과 추가의 주석을 포함시키는 것도 좋다. 그래서 만약 앱이 번역되면 정확하게 번역될 수 있는 가능성을 높인다.

- **필요한 내용만 표현**^{Necessary}: 텍스트는 사용자가 앱을 돌아다니고 활용할 수 있게 돕는 것이므로 UI에 텍스트를 추가하고 싶어질 때 사용자가 정말로 필요한지 스스로에게 물어보자. 예를 들어 폼과 **제출** 버튼으로 구성된 화면을 만든다면, 사용자는 아마 폼을 작성하고 제출 버튼을 누르라는 지시문을 추가하지 않아도 그것들이 무엇을 요구하는지 알 것이다.

- **간결한 표현**^{Concise}: 포함시키기로 한 텍스트는 짧고, 상냥하며 요령껏 작성한다. 텍스트를 최소한으로 유지하기 위해서 가능한 축약형을 사용한다(can not 대신 can't를 사용한다).

- **구두점 생략**^{Lacks punctuation}: 구두점은 시각적으로 어수선해보이므로 가능한 생략한다. 특히 느낌표는 피한다. 느낌표를 추가하고 싶을 때마다 정말로 사용자에게 이렇게 고함치고 싶은지 생각해본다.

- **현재 시점으로 표현**^{present tense}: 대부분 UI 이벤트는 현시점에서 발생하므로 특별한 이유가 없다면 현재 시점으로 사용한다.

- **능동형 동사 사용**^{Active verbs}: 수동형 동사보다 능동형 동사를 선택해 더 관심을 끈다. 능동형보다 수동형이 더 짧고 간단할 때만 예외로 한다.

- **올바른 어조로 작성**^{right tone}: 올바른 어조는 친절하고 공손하며 사용자가 모이게 한다. 사용자에게 당신^{you}이라는 호칭을 사용하고 스스로와 사용자를 우리^{we}로 함께 묶고 싶은 유혹을 피한다.

▌ 요약

이 장에서는 머티리얼 디자인 모양과 느낌을 갖는 UI을 만드는 방법 등 머티리얼 디자인의 주요 원칙을 살펴봤고, 애플리케이션에 새로운 구조적인 기능을 포함시키는 방법을 다뤘다.

지금까지 몇 장에 걸쳐 훌륭한 사용자 인터페이스를 만드는 기술적인 면을 다뤘다. 5장부터는 초점을 바꿔 스케치와 와이어프레임, 프로토타입을 통해 초기의 영감을 어떻게 잡는지 살펴볼 것이다.

5

번뜩이는 아이디어를
상세 스케치로 바꾸기

구글 플레이 스토어에는 많은 앱이 있다. 하지만 모든 앱이 별 다섯 개의 평가를 받는 것은 아니다.

앱을 낮게 평가하고 좋지 않은 리뷰를 남기는 데는 각각 나름의 이유(버그가 있거나 사용하기 어렵거나 사용자가 기대하는 기능이 없거나 UI가 어수선하고 혼란스러운 등)가 있더라도, 부정적인 구글 플레이 리뷰에는 공통점이 있다. 애플리케이션이 모두 좋지 않은 사용자 경험을 준다는 점이다.

모바일 사용자는 그리 관대하지 않아서 오늘날의 경쟁적인 시장에서 흥미로운 아이디어나 특이한 개념, 심사숙고한 기능만으로는 충분히 만족하지 않고, 즐기며 사용할 수 있는 앱이어야만 만족한다.

이것이 더 나은 앱을 계획하기 위해 사전에 많은 시간을 투자해야 하는 중요한 이유다.

이상하게도 디자이너와 개발자는 (사람들이 사용하고 싶어 하는 놀라운 앱을 만들려는) 목표가 같더라도 디자인과 개발을 따로 생각하는 경향이 있지만, 환상적인 앱을 만들려면 양쪽 모두에 대해서 고려해야 한다.

사용자가 시간을 절약할 수 있는 생산성 좋은 앱에 관한 아이디어든 사람들이 즐겁게 놀면서 시간을 보낼 수 있는 퍼즐 앱에 대한 아이디어든 상관없이, '디자인'이 전부다. 디자인이야말로 앱의 사용성과 유용성, 궁극적으로는 인기에 엄청난 영향을 준다. 불편하게 디자인된 앱은 이해하기 어렵고 충분히 재미있게 사용할 수 없다.

계속해서 새로운 하드웨어가 배포되는 빠르게 변화하는 산업 속에서 모바일 디자인은 접근하기 어려울 수 있지만 가장 재미있게 개발할 수 있는 플랫폼 환경 중의 하나다. 이는 사용자를 놀라게 할 아주 독특한 무언가를 내 놓을 기회가 많다는 의미다.

이 장에서는 구글 플레이 스토어에서 극찬하는 리뷰를 얻을 수 있는 훌륭한 앱을 어떻게 디자인하고 개발하는지 아는, 즉 디자인을 잘 이해하는 개발자가 되는 법을 알아본다.

▎ 브레인스토밍 – 모바일 하드웨어의 이점 활용

모바일 애플리케이션을 디자인할 때, 일반적인 안드로이드 기기에는 모바일 플랫폼 특유의 흥미로운 하드웨어가 많다는 점을 잊지 말아야 한다. 터치 제스처, 기울이기, 오디오 입출력, 지리적 위치 등 모바일 앱이 독특한 하드웨어에 대해 반응할 수 있는 모든 것에 대해 생각해보자.

앱이 눈에 띄길 바란다면, 이런 하드웨어 기능을 새롭고 매력적으로 사용하는 방법을 찾아야 한다.

앱에 대한 계획을 세우기 전에, 모바일 애플리케이션에 포함하면 좋을 흥미로운 안드로이드 하드웨어 기능에 대해 잠시 살펴보자.

터치와 제스처

앱의 가장 일반적인 상호작용은 기기의 터치스크린을 사용하는 방법이므로, 제스처는 반드시 디자인에 통합하는 것이 좋다.

사용자는 안드로이드 앱과의 상호작용을 위해 제스처를 사용할 거라고 기대한다는 점을 기억하자. 그들은 화면의 엘리먼트를 스와이프하고 드래그, 핀치, 탭함으로써 정확하게 동작하기를 기대한다. 그리고 앱이 눈에 띄도록 터치와 제스처를 독특하게 사용하고 싶더라도 사용자가 직관적으로 알 수 있는 앱 상호작용과 균형을 유지해야 한다.

일반적인 제스처를 특별한 목적 없이 다른 형태로 바꾸지 않길 바란다. 예를 들어 대부분의 사용자는 탭이나 드래그 동작으로 슬라이더를 이동시킬 수 있다고 생각한다. 이미 완벽하게 잘 동작하는 것을 다르게 만들 이유가 있을까?

이 장 전반에 걸쳐 완벽한 안드로이드 앱을 디자인하는 것이 독특하고 혁신적인 무언가와 친숙하게 느껴지는 무언가 사이에서 균형을 맞춰 만드는 일이란 것을 알게 될 것이다.

GPS

위치 파악 기능은 구글 지도 같은 앱만을 위한 것이 아니다.

다양한 방법으로 GPS 좌표를 사용할 수 있다. 예를 들어 현재 사용자의 위치를 기반으로 근처의 이벤트나 관광 명소를 제안하거나, 사진에 촬영 장소에 대한 태그를 붙이거나 또는 근처에 있는지 궁금해하는 친구에게 사용자의 좌표를 보내는 앱을 만들 수 있다.

 위치 파악 기능이 방향을 알기 위해서만 유용하다는 생각의 덫에 빠지지 않길 바란다. 이 하드웨어 기능을 사용해 안드로이드 앱을 향상시킬 방법이 많다.

진동

오디오가 산만하거나 짜증나게 울릴 때(사용자나 주변 사람들을 괴롭힐 때)는 진동을 사용해야 한다. 진동은 간과하기 쉬운 하드웨어 기능이지만 어떻게 앱과 사용자가 소통하는 방법으로 사용할 수 있는지 생각해보자.

진정시키는 음악이나 긴장을 풀어주는 바다 소리를 들려주는 명상 앱을 예로 들 수 있다. 사용자가 열중해서 시간가는 줄 모르고 15분 내내 명상을 하고 있을 때 민감한 공지를 해야 하는 경우를 생각해보자. 이 시나리오에서, 오디오 알림은 거슬릴 수 있고 분위기를 완전히 망칠 것이다. 대신 별도의 진동으로 사용자에게 알리는 게 낫지 않을까?

오디오 입출력

오디오 입력에 대해 생각하면 아마 친구와의 대화 또는 구글 검색 같은 앱의 음성 명령에 대해 생각할 것이다. 출력에 대해서는 아마도 오디오 알림이나 친구의 이야기 듣기 또는 음악이나 오디오북 듣기를 떠올릴 것이다.

모두 유효한 예제지만 오디오는 끝없는 가능성을 가진 기능이므로 앱에서 오디오 입출력을 더 창의적이고 특이하게 사용할 수 있는 방법을 고민해보자.

특히, 앱과 상호작용하는 다른 방법이 어색하거나 부적절한 곳에서 오디오 입출력을 활용할 수 있다. 무례해 보일 수 있는 키보드 입력보다 스마트폰에 빠르게 음성 명령을 하는 것이 사회적으로 더 용인된다.

한편으로 오디오는 다른 방법이 위험할 수 있을 때 사용자가 앱과 의사소통할 수 있는 수단이 된다. 운전 방향을 알려주는 앱을 만드는 경우, 운전자가 텍스트로 된 방향 정보를 읽기 위해 도로에서 눈을 떼게 만드는 것은 분명 나쁜 아이디어다.

다른 기기와의 상호작용

안드로이드 기기는 고립된 것이 아니다. 안드로이드 스마트폰과 태블릿은 블루투스와 NFC ^{Near Field Communication}(근거리 통신), 와이파이, 모바일 네트워크와 같은 채널로 연결될 수 있고, 모든 새로운 세상의 가능성을 열어준다.

더 흥미롭게도 안드로이드 스마트폰과 태블릿은 웨어러블과 안드로이드 TV, 비콘 등 전통적이지 않은 안드로이드 기기와 구글 서비스에 접속할 수 있다. 추가 기기와 정보를 주고받을 수 있다면 앱은 더 나은 사용자 경험을 제공할 수 있지 않을까?

 구글의 비콘 플랫폼에서 앱은 비콘이라는 단순 저전력 기기와 상호작용할 수 있다. 근거리의 비콘은 사용자에게 획기적으로 위치 정보와 근접 경험을 제공하는 데 유용하다. 이 책에서 다루지는 않지만, https://developers.google.com/beacons/에서 알아볼 수 있다.

앱에 대한 브레인스토밍 초기 단계에서 고려해볼 수 있는 하드웨어와 연관된 몇 가지 기능이 있다.

아이디어가 떠오른다면 잘된 일이다. 떠오르는 즉흥적인 모든 것을 메모한다. 메모를 해두면 앱에 대한 계획을 세울 때 다시 찾아볼 수 있다. 지금 만드는 앱에는 적당하지 않은 아이디어라 하더라도 다음 안드로이드 프로젝트에는 꼭 맞는 것일지 누가 알겠는가!

자제력을 잃지 말자

앱에 포함할 멋지고 창의적인 특징에 대한 아이디어를 낼 때 적용되는 특별한 규칙은 앱에 넣기 위한 무엇인가를 억지로 쥐어짜지 않는 것이다.

아주 천재적이라고 확신하는 아이디어가 떠오르더라도, 현재의 프로젝트에 맞지 않을 수 있다. 부적합한 프로젝트에 좋은 아이디어를 낭비하지 말자. 아이디어를 메모하자. 그리고 현재 프로젝트에서 구현하지 않았다는 것이 다음에 방법을 찾지 못한다는 의미는 아니라는 점을 기억하자. 이것이 계획과 디자인 및 개발의 전체 과정에서 기억해야 할 규칙이다.

▌ UX와 UI의 차이

UX와 UI는 종종 혼용되지만 동의어는 아니다.

UX는 **사용자 경험**을 의미한다. (버튼을 만들고 이를 화면에 위치시키는 XML 같은) UI 코드든 앱 내에서 사용자의 주소를 기억하고 모든 폼을 자동완성하는 등 보이지 않는 내용을 위한 코드든 작성하는 모든 코드가 사용자 경험의 원인이 된다.

사용자에게 보이거나 보이지 않는 내용을 위한 코드가 함께 앱의 사용자 경험을 만들지만, 분리해서 보면 눈에 보이는 내용을 위한 코드는 앱의 UI를 만드는 것이다.

시장 조사

5장 전체에서 다른 앱이 어떻게 효과적인 UX와 UI를 만드는지 조사하도록 권장할 것이다. 하지만 대개는 특정 디자인 문제를 극복하기 위해 발버둥치는 스스로를 발견하면, 유사한 디자인이 어려움을 어떻게 극복했는지 참고하기 위해 스마트폰이나 태블릿에 설치된 안드로이드 앱을 살펴보는 것이 도움이 된다.

일반적으로 영감을 얻는 데 어려움이 있다면 효과적인 UI와 UX을 내놓은 안드로이드 애플리케이션의 예를 살펴보는 것이 창의성에 시동을 거는 가장 좋은 시작이 될 것이다.

▌ 앱 브레인스토밍

새로운 안드로이드 프로젝트에 대한 아이디어가 있다면 첫 번째 단계는 모든 생각을 종이에 옮기는 것이다.

개념을 글로 작성

세심하게 계획된 앱은 (이상적으로 독특하고) 구체적인 문제를 해결한다. 이를 정확하게 실현하는 가장 좋은 방법은 개념을 분명하게 글로 작성하는 것이다.

개념은 짧고 간결해야 하므로 앱을 하나의 문장으로 표현하도록 노력한다. 예를 들어 "고등학생을 위한 필기용 앱을 만들겠다"처럼 말이다.

최종 기능 목록 생성

상상의 나래를 펼쳐서 앱에 있었으면 하는 모든 기능을 적어볼 시간이다. 이 목록은 비현실적인 기능을 포함할 수도 있지만 상관없다. 시간과 비용, 기술적인 한계가 문제가 없다면 앱에 포함하고 싶은 모든 이상적인 기능 목록을 생각해보자.

앱의 주요 동작 명확히 하기

효과적인 앱은 대부분 주요 동작이 명확하다. 필기용 앱은 노트에 사람 태그를 달거나, 비디오를 녹화하고 이미지를 지원하는 등의 사교적인 기능이 있을 수 있지만, 주요 동작은 텍스트 기반의 노트를 빠르게 생성하는 것이다.

앱이 무엇에 대한 것인지 요점을 얻는 비결은 앱의 목적에 대한 간단한 설명을 쓰는 것이고, 이를 **제품 기술서**product statement라고 한다.

제품 정의 기술서를 위해 다음의 견본을 사용한다.

(무엇이 애플리케이션을 돋보이게 하는지) (무슨 애플리케이션인지)

다음은 제품 기술서의 예다.

- 간결하고 단순한 필기용 앱
- 안전하게 암호화된 SMS 앱
- 예쁜 잠금 화면 변경 앱

제품 기술서는 프로젝트 작업을 하는 전체 기간 중 가장 먼저이므로, 포스트잇 노트에 아무렇게나 써도 좋다.

초기의 영감을 만들고 싶은 앱에 대한 분명한 글로 바꾼 것을 축하한다. 하지만 이 아이디어로 프로젝트를 진행하기 전에 스스로에게 몇 가지 어려운 질문을 해야 한다.

모바일에 적합한 애플리케이션인가?

요즘은 컴퓨터에서 할 수 있는 것과 동일한 작업을 모바일에서 하는 경우가 많다. 스마트폰과 태블릿에서 이메일을 보내고 유튜브 비디오를 보고 긴 문서를 작성하고 사진을 편집하며 페이스북을 확인한다.

모바일 기기는 많은 전자 제품과 비전자 제품의 역할을 대신한다. 약속을 종이 달력에 휘갈겨 쓰기보다 구글 캘린더 앱에 추가하고, 연락처를 수첩이 아닌 디지털 주소록에 저장하며, 카메라 폰이 점점 더 강력해져 더 이상 고화질의 사진을 찍기 위해 부피가 큰 디지털 카메라를 가지고 다닐 필요가 없다.

소프트웨어에 대한 아이디어가 떠오를 때마다 무의식적으로 모바일 앱의 형태여야 한다고 생각하게 될 수도 있다. 하지만 가장 강력하고 많이 사용되는 모바일 기기라 하더라도 제약이 있으므로 떠오른 아이디어가 다른 플랫폼에 더 적합하지 않은지 자문해봐야 한다.

전문적인 사진작가의 상세하고 복잡한 사진 편집을 돕는 소프트웨어에 대한 아이디어가 있다고 하자. 무의식적으로 모바일 애플리케이션이어야 한다고 생각한다면, 다른 사진보다 카메라 폰으로 찍은 사진을 고려할 것이다. 목표로 하는 대상 사용자를 고려해보자. 전문 사진작가가 많은 사진을 카메라 폰으로 찍을 것 같은가? 전문 사진 장비로 촬영할 것 같지 않은가? 또 전형적인 모바일 기기의 작은 터치스크린이 상세한 편집을 하는 데 적당한지도 고려해본다.

아마도 이 특별한 아이디어는 데스크톱용 소프트웨어의 일부로 개발하는 것이 좋을 것이며, 어쩌면 모바일 환경에 더 잘 맞는 유용한 기능을 제공하는 모바일 앱과 짝으로 개발하는 것이 더 좋을 것이다. 이렇게 사용자는 카메라 폰으로 사진을 찍고 곧바로 수정할 수 있으며, 좀 더 복잡한 편집은 집에 가서 컴퓨터로 할 수 있다.

예산이 적절한가?

본격적으로 새 프로젝트에 착수하기 전에, 프로젝트의 예산이 현실적인지 철저히 살펴보는 것이 중요하다.

예산이라는 단어는 돈을 이야기하지만, 시간과 관련된 것일 수도 있다. 여가 시간을 쪼개 취미로 앱을 만드는 안드로이드의 열성 팬이라면 아마도 자원을 모으는 것보다 프로젝트에 쏟을 시간을 내는 것이 더 어려울 것이다. 현실적으로 프로젝트에 얼마나 많은 시간을 할애할 수 있는지 판단하고, 이 정보를 사용해 완성하기까지 얼마나 오래 작업을 해야 하는지 계산한다.

프로젝트에 얼마나 많은 시간과 비용을 투자할 수 있는가를 고려해야 할 뿐 아니라 현실적으로 무엇을 얼마나 달성할 수 있는지 스스로에게 솔직해질 필요가 있다.

주요한 제약이 비용에 관계된 것이든 시간에 관계된 것이든 상관없이 이 프로젝트가 비현실적이란 것을 깨달을 수 있다. 어쩌면 합리적인 시간 내에 프로젝트를 완성하기에 너무 촉박해 완성하기 전에 지칠 것이란 것도 알 수 있다. 또는 프로젝트에 더 많은 인력이 필요한데 예산은 인력을 더 고용할 만큼 충분하지 않을 수도 있다.

이 경우라면, 프로젝트의 실현 가능성을 높이기 위해 다시 생각해봐야 할 것이다. 어쩌면 기능 목록을 수정하거나 한 가지 취미를 미뤄 시간을 더 확보해야 할 수도 있다. 시간이나 재정적인 제약으로 인해 기능을 줄이는 것이 실망스럽더라도, 몇 개월간 프로젝트를 진행한 후에 현실적으로 끝낼 수 없다는 것을 깨닫는 것보다 덜 실망스러울 것이다.

현시점에서 어려운 점을 스스로 생각해봄으로써 비현실적인 것에 시간과 노력, 비용을 투자하는 것을 막을 수 있다.

▌ 앱 계획

특히 혼자 작업을 한다면 계획을 세우는 단계는 건너뛰기 쉽지만, 프로젝트를 계획하는 시간을 적절하게 갖는 것은 더 효과적인 애플리케이션을 만들기 위한 변화일 뿐 아니라, 프로젝트를 중간에 포기하지 않고 끝낼 수 있는 가능성을 높인다.

이 단계를 건너뛸 때는 위험을 각오해야 한다!

대상 사용자 식별

앱의 계획하는 초기 단계에서 "이 앱은 좋은 아이디어고, 모두가 사용하고 싶어 할 거야!"라고 생각할 수 있다.

이 말대로라면 완벽한 앱이겠지만, 이는 착각이다. 단지 스스로를 위한 앱을 개발하는 것이 아니기 때문에(완성된 제품이 스스로의 마음에 들더라도 이는 부수적인 것이다), 애플리케이션을 계획할 때 필요한 첫 번째 질문은 "누구를 위해서 개발을 하는가?"다.

계획 단계의 후반까지 대상 사용자를 식별하는 일을 미루거나, 심지어 누구를 위해서 개발을 하는지 모르고 개발을 시작하기도 한다. 대상 사용자는 앱이 어떻게 보이고 어떤 느낌을 주는지부터 포함해야 하는 기능과 완성된 상품을 어떻게 내놓고 홍보할지까지 앱의 모든 부분에 영향을 끼친다.

누구를 대상으로 하는가에 대해 대강 감을 잡고 있기를 바라지만, 사람들이 정말로 사용하고 싶어 하는 것을 만들기 위해서는 정확히 누구를 대상으로 하는지에 대한 더 깊이 있는 이해가 필요하다. 가상의 인물과 활용 사례를 개발하는 것이 하나의 방법이다.

- **가상 사용자**^{user personas}: 만들려는 앱이 대상으로 하는 사용자 같은 구체적인 모델을 만드는 방법이다. 가상 사용자는 대상 사용자를 대표하는 개인이다. 이 가상 사용자를 실제 사람처럼 생각하기 위해 이름을 붙인다.
- **활용 사례**^{use cases}: 언제, 어떻게, 어디서 가상 사용자가 앱을 사용할지에 대한 시나리오다.

가상 사용자 생성

상세한 가상 사용자를 만들기 위해, 가상 사용자에게 다음의 질문을 해본다.

- 나이가 어떻게 되나? 18~25세 같은 특정 나이이거나 또는 어린이나 청소년처럼 일반적인 연령대일 수 있다.
- 관심사나 취미가 무엇인가? 축구 혹은 제빵, 쇼핑, 운동을 좋아하는가?

- 남자인가, 여자인가? (비록 모든 애플리케이션이 특정 성별을 대상으로 하지 않더라도)
- 어디 사는가? 특정 나라나 도시, 또는 시골이나 해안 같은 지역일 수 있다.
- 자녀가 있는가?
- 직업이 있나? 있다면, 무엇인가?
- 현재 중고등학교나 전문대, 대학교에 재학 중인가?
- 전공이 있다면 무엇인가?
- 어떤 종류의 앱을 가장 많이 사용하는가?
- 그 외에는 어떤 종류의 앱을 사용하나?
- 어떤 종류의 앱을 사용하지 않는가?
- 앱을 사용하기로 결정하는 데 영향을 주는 것은 무엇인가?
- 안드로이드에 대한 경험이 풍부한가? 전문가인가 아니면 그냥 그럭저럭 사용하는 수준인가?
- 무엇이 마음을 움직이게 하는가? 무엇이 화나게 하고, 기쁘게 또는 슬프게 하는가?

 이 질문들은 결코 완벽한 목록은 아니지만 대상 사용자에 대해 자세하게 생각하게 만드는 데 충분하다.

가상 사용자가 애플리케이션의 계획을 세우는 과정에 어떻게 도움이 되는지 예제를 살펴보자. 조리법 앱에 대한 아이디어가 있고 지원하려는 모든 기능의 목록을 떠올려보자.

- 특정 음식 관련 특이사항(글루텐 프리, 완전 채식, 채식, 저지방, 유제품 프리)과 몇 인분인지, 얼마나 조리하기 쉬운지를 기반으로 하는 분류 기능.
- 식사별 칼로리 추정치.
- 식사별 비용 추정치.

- 소셜 미디어를 통합해 사용자가 좋아하는 조리법을 가족 및 친구와 공유하는 기능.
- 댓글을 쓰거나 조리한 사진을 올리고, 또는 별점을 남기는 등 각 조리법에 피드백을 남기는 기능.
- 사용자가 좋아하는 조리법을 저장할 수 있는 온라인 스크랩북.
- 애플리케이션을 통해 재료를 구매하는 기능
- 사용자가 설명을 읽거나 비디오를 보면서 따라 할 수 있는 비디오 튜토리얼.
- 내장된 조리 시간 측정 도구.

섬세하게 계획하고 실현 가능하며 앱의 가치를 높이는 아이디어라도, 많은 아이디어 목록을 작성할수록 하나의 애플리케이션에 모든 아이디어를 포함하는 것은 불가능하다는 것을 깨달을 것이다.

너무 많은 기능을 구현하는 데 필요한 엄청난 시간과 노력은 개발자에게 악몽일 뿐 아니라, 그 앱을 실행했을 때 완전히 앞뒤가 맞지 않는 기능 목록을 접하거나 아마도 어수선하고 헷갈리는 UI를 맞닥뜨리는 모든 사용자들에게도 그 앱은 악몽이 될 것이다.

모든 사람의 관심을 끌기 위한 포괄적인 앱은 결국 누구도 기쁘게 하지 못하는 앱이 될 가능성이 높다. 이런 앱보다 특정 사용자를 위한 완벽한 앱을 디자인하는 것을 목표로 해야 한다.

그래서 초기 목록에서 어떤 기능을 목표로 할지 어떻게 결정할 것인가? 해법은 가상 사용자를 만들고 이 구체적인 가상 사용자가 관심을 가질 만한 기능을 선별하는 것이다.

조리법 앱의 가상 사용자를 만들어보자. 일반적인 대상 사용자를 처음으로 스스로 요리에 도전하는 대학생으로 가정해보자. 이 대상 사용자에 생기를 불어넣기 위해 가상 사용자에게 니콜이란 이름을 붙인다.

- 18세
- 대학생

- 다섯 명의 학생들과 기숙사에서 함께 생활
- 자동차 없음
- 가족과 따로 생활하는 것이 처음이라 요리 경험 거의 없음.
- 비용에 민감함

모바일 가상 사용자

모바일 앱을 디자인할 때는 **모바일 가상 사용자**를 고려해야 한다. 모바일 앱으로 사용한다고 가정할 때 추가적인 특성이 있다.

페이스북 모바일 앱을 통해 가족 및 친구의 일상을 계속 파악하는 페이스북 사용자라면, 노트북이나 데스크톱 컴퓨터에서 페이스북을 사용하는 방법과 모바일 앱에서 사용하는 방법이 어떻게 다른지 생각해보자. 모바일 앱을 사용할 때엔 아마도 비디오를 올리거나 보는 것 같이 기기의 배터리나 데이터를 많이 소모시키는 동작을 피할 가능성이 높다. 하지만 아마도 데스크톱에서 접속할 때는 이런 걱정을 하지 않는다.

모바일 앱을 디자인할 때, 전형적인 모바일 가상 사용자는 다음과 같은 특성을 있음을 기억하자.

- 한정된 데이터 사용 계획
- 제한적인 배터리
- 지속적으로 실행되므로 인터넷 연결과 모바일 네트워크 신호가 불안정할 수 있다.
- 안드로이드 기기에 전념하지 않을 수 있다. 모바일 사용자는 버스 정류소에서 시간을 때우기 위해서나 소파에 누워서 TV를 보면서, 식당에서 친구를 기다리면서 기기를 대강 훑어보는 세계 최고의 동시 다중 작업자다. 일반적으로 모바일 사용자는 앱의 UI를 언제까지나 뚫어지게 쳐다보지 않는 것이 일반적인데, 만약 사용자가 UI를 한참 동안 쳐다보고 있다면 뭔가 잘못됐고 사용자는 다음으로 무엇을 해야 할지 알아내기 위해 노력하고 있다는 의미다.

- 앱을 작은 화면으로 본다. 가장 큰 안드로이드 태블릿이라고 하더라도 텔레비전이나 노트북 같은 다른 전자기기보다 화면이 작다.

- 안드로이드 기기와 정서적인 교감을 한다. 특히 스마트폰을 이해하는 방법은 컴퓨터 같은 다른 전자기기를 대할 때와 매우 다르다. 스마트폰은 손에 쥐고 있거나 호주머니, 가방, 사무실 책상 등 항상 주변에 있고, 가족 및 친구와 연락을 하고 사진을 찍는 등 개인적인 용도로 사용한다. 많은 민감한 정보를 모바일 기기에 저장하고, 그래서 모바일 기기를 보호해야 한다는 느낌을 갖는 것이 자연스럽다. 모두가 폰과 특별한 관계를 가지는지 확신하지 못하는가? 폰을 찾기 위해 호주머니나 가방에 손을 넣었는데 없는 막막한 순간에 대해 생각해보자. 이 느낌은 (잃어버린 것이 아니고 다른 호주머니에서 나타나길 바라면서) 모두 한 번씩은 경험해본 느낌이다.

이런 속성을 무시하고 모바일 데이터를 많이 사용하게 하거나 민감한 정보에 불필요하게 많은 접근을 요구하는 모바일 앱을 개발하면, 사용자는 앱을 사용하는 동안 불쾌한 시간을 보내게 된다. 모바일 가상 사용자의 모든 특성을 준수하면서 구체적인 대상 사용자가 눈을 뗄 수 없는 사용자 경험을 만들어야 한다.

활용 사례 생성

니콜은 언제 조리법 앱을 사용할까? 그녀는 왜 이 애플리케이션을 실행할까? 그리고 이 앱과의 상호작용을 통해 무엇을 얻고 싶을까?

여기 니콜에게 적당한 사례가 몇 가지 있다.

- 주말이지만 니콜의 학자금 대출금이 입금되기 며칠 전이기도 하다. 그래서 그녀는 여느 주말처럼 카드로 마음껏 포장 음식을 살 수 없다. 그녀는 현재의 예산 내에서, 그렇지만 금요일이기에 중식당에서 사 먹던 것만큼 맛있는 요리를 해야 한다.

- 비용을 절약하기 위해 니콜과 친구들은 차례로 공동의 식사를 준비하기로 했다. 오늘은 니콜의 차례고, 그녀는 6명의 배고픈 학생들을 위한 조리법이 필요하다. 남기는 음식이 없으면 더 좋다.
- 니콜은 늦게 일어났고 오후 강의까지 한 시간이 조금 넘게 남아 아주 바쁘다. 그녀는 아주 간단하고 빠르게 만들 수 있는 조리법이 필요하다.

기능 목록 결정

조리법 앱을 위한 초기의 기능 목록을 다시 살펴보자. 이제 우리는 구체적인 가상 사용자가 있고 몇 가지의 활용 사례가 있다. 어떤 기능을 앱에 포함해야 할까? 니콜은 어떤 기능에 관심을 가질까?

- **요리 난이도를 기준으로 하는 분류 기능**: 처음으로 요리에 도전하는 니콜이 특히 강의 전에 서둘러 해 먹어야 할 때 가장 중요하다.
- **몇 인분의 요리인지를 기준으로 하는 분류 기능**: 니콜이 친구들을 위한 요리를 한다면, 6인분 조리법을 쉽게 찾을 수 있어야 한다.
- **각 식사에 예상되는 비용**: 예산에 민감한 학생인 니콜은 고급 식자재를 사는 데 학자금을 쓰고 싶지 않을 것이다.
- **비디오 튜토리얼**: 니콜은 요리 경험이 없으므로 틀림없이 단순하게 설명을 읽기보다 음식을 준비하는 과정을 볼 수 있는 옵션을 선호할 것이다. 또한 유튜브의 비디오 튜토리얼을 볼 수 있는 18세이므로 스마트폰의 비디오를 보며 따라 하는 요리가 확실히 매력적이다.
- **내장 조리용 타이머**: 니콜은 가족들과 따로 사는 것이 처음이므로 아직 조리용 도구를 모은 적이 없다. 또한 그녀는 조리용 타이머 같은 물건을 빌리는 데 학자금을 낭비하고 싶지 않으므로 앱에서 이런 기능을 제공한다면 더 좋을 것이다.
- **앱을 통한 요리 재료 구매 옵션**: 니콜은 18세이기 때문에 온라인 구매에 익숙하므로 필요한 재료를 아마존 찜 목록에 추가해 집 앞까지 배달시킬 수 있다. 또

니콜은 차가 없으므로 슈퍼마켓이나 농산물 직판장에 가는 일이 쉽지 않다. 이상적으로 조리법 앱은 그녀가 학자금을 더 절약할 수 있도록 판매자를 교차 확인하고 각 재료를 가장 저렴하게 살 수 있는 곳을 제안할 수 있을 것이다.

니콜에게 매력적인 기능이 몇 가지 더 있다. 예를 들어 그녀가 채식주의자라거나 앱에 업로드하고 싶은 맛있는 가족의 조리법이 있을 수 있지만, 가상 사용자의 너무 구체적인 부분은 주의할 필요가 있다.

식이요법 특이사항으로 조리법을 분류하는 기능이나, 사용자가 앱에 본인의 조리법을 추가할 수 있는 옵션은 특정 사용자에게 더 좋을 수 있지만, 대상 사용자에게 적절한지 아니면 가상 사용자만을 위한 것인지 스스로에게 물어보자. 확실치 않다면, 그 기능을 목록에 추가하고 처음부터 읽어보자. 새 기능이 어울리는가? 아니면 지나치게 두드러지는가?

 특정 기능은 지금 개발 중인 앱에 추가하지 않더라도, 다음 버전에 넣을 수 있다. 가능성이 있는 기능이지만 초기 버전의 앱에서 크게 중요하지 않다면, 메모를 남겨 놓고 나중에 다시 볼 수 있다.

대상 사용자를 비판적으로 보기

대상 사용자를 식별했더라도 다음 단계로 넘어가기 전에 한 걸음 물러서서 선택한 사용자를 비판적인 시각으로 살펴볼 필요가 있다. 이 구체적인 사용자 집합이 정말 대상 사용자로 적당한가?

대상 사용자에게 모바일 앱이 필요한가?

앱이 대상 사용자에게 그들이 다른 플랫폼에서 얻지 못하는 무언가를 제공하는가?

즉, 약속을 파악하는 앱에 대한 아이디어가 있는데 사용자는 이미 이 기능을 다른 방법을 통해 사용하고 있을지도 모른다. 또한, 치과와 병원 미용실 같은 곳에서는 SMS 메시지를 통해 고객에게 다가오는 예약 날짜를 상기시키는 것을 선호할 수도 있으며, 신기술에 익숙하지 않은 사용자라면 종이 달력에 스케줄을 쓰는 것을 선호할지도 모른다.

모든 면에서 모바일 앱이 더 좋아 보이더라도, 대상 사용자가 이미 다른 매체를 통해 필요한 기능을 사용하고 있다면 모바일 앱을 다운로드하지 않을 가능성이 높다.

대상 사용자가 안드로이드를 사용하는가?

진지한 비즈니스 사용자는 블랙베리를, 잘나가는 아이들은 아이폰을 선택하던 시절은 지났다. 이제는 그 경계가 모호해졌고 여러 플랫폼에서 사용 가능한 앱을 배포하는 것이 일반적이다. 하지만 결론을 내기 전에 대상 사용자가 다른 플랫폼보다 모바일 플랫폼을 선호한다는 증거가 있는지 확인해야 한다. 모바일 인구 통계에 대한 최근 연구 결과를 구글에서 찾아보고, 계획 중인 안드로이드 앱에 대한 위험을 경고하는 데이터가 있는지 살펴보자.

대상 사용자가 안드로이드를 사용하지만 적절한 안드로이드 기기를 갖고 있는가?

특히 안드로이드는 파편화된 플랫폼이기 때문에 무의식적으로 대상 사용자가 애플리케이션을 실행할 만큼 충분히 강력한 안드로이드 기기에서 접속한다고 가정하지 않는다.

최신 버전의 안드로이드 운영 체제 사용자를 대상으로 앱을 디자인한다면, 사용자를 이미 제한하고 있는 것이다. 최신 버전의 안드로이드를 설치할 가능성이 높은 고급 사용자를 위한 앱을 개발한다면 적합하지만, 전문가가 아닌 일반 안드로이드 사용자나 노인, 또는 가격을 의식하는 학생같이 최신 안드로이드 기기에 투자할 충분한 예산이 없는 사람들을 대상으로 한다면 그리 좋은 생각이 아니다.

그들은 이 "유형"의 애플리케이션을 사용하는가?

각각 독특한 대상 사용자와 기능, UI, UX를 가진 앱이더라도 특정 애플리케이션 유형으로 분류될 수 있다. 이런 유형이 구글 플레이 스토어의 구체적인 카테고리와 일치하지 않는다는 점을 주목할 필요가 있다.

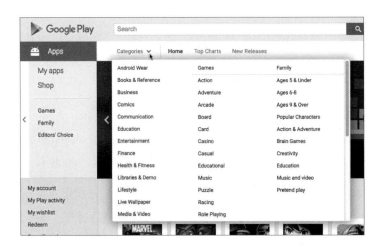

애플리케이션 유형은 네 개의 카테고리로 묶을 수 있다.

- **유용한 도구**Useful tools : 날씨, 뉴스, 여행, 생산성 앱을 포함한다.
- **재미있는 도구**Fun tools : 바탕화면과 소셜 미디어, 그림 편집, 사진 앱을 포함한다.
- **게임**Games : 따로 설명이 필요 없고, 구글 플레이에서는 이 종류의 앱을 더 식별하기 쉽도록 전용 게임 카테고리를 제공한다.
- **엔터테인먼트**Entertainment : 음악, 비디오, 그림, 오디오북, 만화 앱을 포함한다.

여러 카테고리에 걸쳐 있거나 애매한 것(예를 들어 쇼핑 앱은 재미있는 도구일까 아니면 유용한 도구일까?)이 있지만, 앱을 설계하고 대상 사용자를 식별하기 위해 더 많은 시간을 보내다 보면 앱을 어떤 카테고리에 넣어야 할지 더 명확해질 것이다. 조리법 앱은 어쩌면 학생들이 처음으로 스스로 요리를 할 수 있게 도움을 주는 유용한 도구다. 하지만 앱에

196

여러 크리스마스 테마의 조리법을 넣고 접대용 오븐 요리를 좋아하며 요리 경험이 있는 사람들 대상으로 한다면 재미있는 도구 카테고리에 더 어울릴 것이다.

설계 중인 앱이 어떤 유형인지 알아보고 대상 사용자가 이 유형의 앱을 사용할지 확인한다.

대상 사용자가 이 애플리케이션을 위해 비용을 지불할까?

어쩌면 어떤 방법으로 앱으로 수익을 내고 싶을 수 있다. 일반적으로 사용자가 앱을 다운로드하기 전에 비용을 지불하도록 요구하거나, 무료 버전과 함께 앱의 유료 버전을 배포한다. 혹은 새로운 레벨이나 캐릭터, 게임 머니, 추가 생명 같은 것을 앱 내에서 구매할 수 있는 기능이나 전문적인 기능을 사용할 수 있는 고급 옵션 기능의 구매를 유도한다. 월별 또는 연간 구독을 제공할 수도 있다.

앱으로 수익을 내려면 개발하는 앱 유형의 대상 사용자에게 가장 적정한 방법을 고려한다. 예산이 빠듯한 사람은 모바일 앱에 돈을 쓰는 것을 낭비라고 생각할 수 있고, 대상 사용자가 신용카드나 직불 카드 등을 사용할 수 없는 어린이일 수 있다.

앱의 목적도 고려해야 한다. 조리용 앱이 갖는 매력 중 하나는 학생들이 밖에서 음식을 사오거나 외식을 하는 대신 스스로 요리하는 방법을 가르쳐 절약할 수 있다는 점이므로, 앱을 다운로드하는 데 비용을 청구하는 것은 이치에 맞지 않다. 돈을 아끼려는 학생이 앱에 돈을 쓰겠는가?

다른 옵션으로 앱을 무료로 배포하지만 안드로이드 개발자의 작업을 지원하기 위한 자율적인 기부를 요청한다. 이 방법은 고급 안드로이드 사용자나 훌륭한 안드로이드 앱을 만드는 어려운 작업에 대해 감사를 표할 가능성이 높은 개발자를 타겟으로 한 앱 개발자가 선호하는 방법이다.

앱으로 수익을 내는 또 다른 방법으로 앱에 광고를 포함하는 방법이 있지만, 광고 루트를 가능한 눈에 띄지 않게 한다. 조리법 앱 예제에서 광고는 금전적으로 여유가 없는 학생들에게 직접적으로 돈을 요구하지 않으면서 수익을 낼 수 있는 방법이다.

앱에 광고 포함하기

광고를 포함한다면, 사용자가 프로 버전의 앱으로 업데이트하면 광고를 없애줌으로써 부수적인 매출을 올리는 것이 가능하다. 하지만 고급 모바일 사용자를 대상으로 한다면 대상 사용자가 광고 차단 프로그램 같은 것을 사용할 가능성을 고려해야 한다. 이 경우에는 안드로이드 개발자로서 작업을 지원하는 자율적인 기부를 요구하는 것이 더 나은 반응을 가져올지도 모른다.

앱으로 수익을 내기로 했다면, 언제나 앱이 대상 사용자에게 제공하는 가치를 반영해야 한다. 사용자가 앱에 투자하기로 결정하면 앱은 그들이 힘들게 번 돈만큼 가치 있는 무언가를 제공해야 한다.

대상 사용자 중에 프로젝트의 수익을 위한 사람들이 충분한가?

구체적이면 좋겠지만, 프로젝트 수익을 내기 위해 앱은 사람들에게 충분히 매력적이어야 한다.

수익성이 있는 프로젝트가 (돈을 버는 것도 좋지만) 반드시 돈을 버는 것은 아니다. 성공의 의미가 무엇인가? 이는 X명의 사람들이 앱을 다운로드한다거나 구글 플레이에서 3점 이상의 별점을 받는 것을 의미할 수도 있다.

조리법 앱의 대상 사용자는 요리 경험이 없고 저렴하면서도 쉽고 빠른 조리법을 원하는 학생으로 정했다. 쉽고 빠르고 저렴하면서도 칼로리가 낮고 비타민과 미네랄이 풍부한 조리법에 관심이 있으며 건강을 염려하는 학생을 대상으로 함으로써 더 범위를 좁힐 수 있다. 확실히 건강에 관심이 많은 학생들이 있기에 적당한 대상 사용자에 가깝다. 이렇게 정했다면 이 유형의 앱을 위한 중요한 시장이 있는지 추가로 시장 조사를 해야 한다.

바라건대, 대상 사용자를 검토한 후 고민 중인 앱 유형이 대상 사용자에게 반드시 필요하다는 결론에 도달하면 좋겠다. 그렇지 않다면 이 절의 처음으로 돌아가 초기 아이디어가 다른 대상 사용자에게 더 적합한 것은 아닌지 확인해야 한다.

실제 적용

이 장의 목적을 달성하기 위해 빠르고 일반적인 가상 사용자와 가능한 활용 사례를 만들었다. 하지만 실제 안드로이드 앱을 만들 때는 만드는 앱이 도움이 될 사람들과 만나보고 그들의 의견을 프로젝트로 가져올 수 있도록 일종의 시장 조사를 하는 것이 좋다.

시내 중심가에 클립보드를 세우고 서 있는 것이 끔찍하다면, 시장 조사를 위해 이상적인 공간은 인터넷이다. 포럼이나 소셜 미디어 같은 공간에서 미래에 앱을 사용할지도 모르는 사람들과 만날 수 있고, 또는 대상 사용자를 소개해 줄 수 있는 사람들과 접촉할 수 있다. 조리법 앱 예제에서는 시장 조사를 도와줄 사람이 있는지 지역 대학에 연락해볼 수 있다. 특히 학생들이 처음으로 직접 요리할 때의 어려움을 극복하는 데 도움을 주는 무료 앱을 개발 중이라면 말이다.

실제 시장 조사를 대신할 수 있는 것은 없으므로 언제나 대상 사용자와 연락하려는 노력을 해야 한다. 그들의 조언은 가상 사용자와 활용 사례를 현실적으로 만드는 데 매우 유용하고, 또한 실제 대상 사용자가 앱에서 어떤 기능을 좋아할지 확인하는 데 도움이 되기 때문이다.

사용자와 제품 목표 식별

목표는 실제로 간과하기 쉬운 것 중 하나다. 이 앱을 왜 배포하는가? 무슨 이익이 있는가? 그리고 누군가 이 앱을 다운로드하는 이유는 무엇일까? 답하기 어려운 문제들이지만 계획을 세우는 나머지 과정에서 중요한 문제기도 하다.

분명하게 정의한 목표가 있다면 디자인과 관계된 질문에 답을 구하기 위해 노력할 때마다 이를 참고할 수 있다. 페이스북에 공유할 수 있는 기능을 포함해야 할까? 답을 얻기 위해서 목표를 찾아보자. 사용자가 그들의 목표를 성취하는 데 또는 당신의 목표를 성취하는 데 이 기능이 어떻게 도움이 될까?

확인해야 하는 두 유형의 목표가 있다.

제품 목표

사용자에 대한 것이 아니다! 훌륭한 앱을 만드는 것은 시간과 노력, 그리고 어쩌면 돈이 들기도 하며, 재미로 만드는 앱이라고 하더라도 뭔가를 얻을 수 있다! 그러면 훌륭한 앱을 만들어서 무엇을 얻고 싶은가?

제품 목표는 다음을 포함한다.

- 달성하려는 다운로드 횟수
- 원하는 구글 플레이에서의 리뷰 횟수
- 구글 플레이에서의 최소 별점
- 회사나 제품 서비스에 대해 입소문
- 사용자가 앱의 프로버전으로 업그레이드를 하거나 인앱 구매, 광고 및 부수적 매출원에서 발생하는 재정적 보상

사용자 목표

앱을 다운로드하고 사용하기로 선택한 사람들은 저마다 목표가 있다. 그들은 무엇을 얻으려는 것일까? 조리법 앱 예제에서 중요한 사용자 목표는 큰돈을 들이지 않는 저렴한 조리법을 찾는 것이다.

이 때, 하나의 목표를 성취하는 여러 방법이 있을 수 있으므로 어떻게 이 목표를 성취할지 정의할 필요는 없다. 예를 들어, 앱의 홈 화면에 검색 상자를 추가해 사용자가 재료비를 근거로 검색하도록 할 수 있다. 또는 조리법을 1인분당 1000원 이하, 2000원 이하 등과 같은 카테고리로 분류하고 이 카테고리를 사용자의 화면 상단에 탭으로 보여줄 수 있다.

우선은 사용자 목표를 식별하는 데 집중하고 이 목표를 성취하기 위해 필요한 기능 정의는 나중으로 미뤄두자.

때로는 중요한 사용자 목표에 집중하는 것이 쉽지 않다. 아마도 특별히 도움이 되지 않는 광범위하고 일반적인 목표에 대해서만 생각할 수 있다. 차기 구글 드라이브라고 확신하는 문서 편집 앱을 예로 생각해보자. 하지만 제시할 수 있는 유일한 목표는 "문서를 생성하고 편집할 수 있기를 바란다"다. 이는 구체적이지 않다! 핵심은 광범위하고 일반적인 목표를 세분화하는 것이다. 사용자는 이런 문서를 어떻게 생성할까? 어떻게 편집을 하고 싶을까? 그리고 문서를 마무리하기 위해 어떤 처리를 하고 싶을까?

브레인스토밍 이후, 더 구체적인 사용자 목표의 목록이 있어야 한다. 문서 편집 앱에서는

- 새 문서를 빠르고 쉽게 생성하며 끊임없이 노트를 작성할 수 있다.
- 다양한 서식 설정 기술을 사용해 시각적으로 더 훌륭한 문서를 만들 수 있다.
- 소셜 미디어를 통해 내 문서를 다른 사람과 공유할 수 있다.
- 친구나 동료와 공동으로 문서 작업을 할 수 있다.

로드맵 생성

로드맵은 최초 배포 버전의 앱으로부터 이 장의 초반에 최종 기능 목록을 작성할 때 마음먹었던 버전의 앱을 얻을 수 있는 핵심이다. 사실 지금이 목록을 면밀히 세심하게 살펴보고 앱의 첫 버전에 어떤 기능을 넣어야 할지 결정하기에 더할 나위 없이 좋은 시점이다.

초기 버전은 앱의 주요 작업을 수행하는 데 필요한 기능을 모두 포함해야 한다(다양한 분류 기능이 있지만 사진을 찍는 데 필요한 기능이 없는 카메라 앱을 배포한다고 생각해보자). 또 시장 조사를 하는 동안 또는 가상 사용자와 활용 사례를 만들 때 반복해서 나오는 기능처럼 우선순위가 높은 기능을 포함해야 한다.

어떤 기능이 앱의 첫 버전에 넣어야 하는 중요한 기능인지 확신하지 못한다면 스스로에게 "이 기능 없이도 앱을 사용할 수 있나?"는 질문을 한다. 앱의 첫 번째 버전은 필수적인 기능만 포함한다.

 앱의 최초 버전에 대해 이야기하는 것이지 최초 배포에 대해 이야기하는 것이 아니다. 최초 버전을 반드시 대중에게 배포해야 하는 것은 아니기 때문이다.

대상 사용자를 식별하는 작업을 모두 마친 후 최종 기능 목록의 일부는 더 이상 적절하지 않을 수 있으므로, 지금이 목록을 다시 살펴보고 불필요한 기능을 삭제한다.

앱이 동작하기 위해 반드시 필요한 기능과 반드시 필요하지는 않지만 앱의 가치를 높여주는 일부 좋은 추가 기능은 남겨둬야 한다. 후자는 로드맵의 기초가 되는 기능이다.

여기서 로드맵은 엄격한 스케줄이라기보다 오히려 가이드라인에 가깝지만, 개략적인 로드맵은 시간에 따라 프로젝트를 어떻게 진전시키는지 시각적으로 확인하기에 좋다. 또한 언제 다른 기능을 배포할 준비가 되는지 대략적으로 파악할 수 있다.

로드맵을 만들기 위해 있으면 좋을 nice-to-have 기능 목록으로 그 기능들 간의 관계를 찾는다. 예를 들어 소셜 미디어와 관련된 모든 기능 또는 사용자가 가진 콘텐츠를 업로드할 수 있는 모든 기능을 모을 수 있다.

일반적으로 연관성이 있는 기능들을 함께 배포하면 좋으므로 일단 그룹으로 묶고 중요도의 순서로 그룹의 순위를 매겨야 한다. 이것이 기능을 배포할 순서가 되므로, 다음 단계는 이 그룹을 앱의 서로 다른 버전에 할당하는 것이다. 예로 소셜 미디어 기능이 새 콘텐츠를 업로드하는 기능보다 중요하다고 여긴다면, 소셜 미디어 기능을 2.0 버전에 배포하고 업로드 기능을 버전 3의 기능으로 구성한다.

조금씩 자주 배포한다

하나의 버전에 많은 기능을 밀어 넣으려고 하지 않는다. 각 버전에 많은 기능을 포함하지만 사용자가 다음 버전까지 몇 달씩 기다리게 만들기보다 조금씩 자주 배포하는 편이 훨씬 낫다.

일반적인 안드로이드 사용자는 드물게 업데이트되는 앱을 쉽게 잊어버린다. 그리고 앱을 잊지 않더라도 너무 많은 것이 바뀐 업데이트 버전을 이해하기 위해 발버둥쳐야 할지 모른다. 조금씩 자주 배포하는 것은 개발 과정을 더 잘 통제할 수 있고 마감 기한을 지키기도 더 쉬울 것이다. 대규모의 배포는 제대로 계획을 세우기 어렵고 스트레스가 높기로 악명 높다. 그러므로 스스로와 사용자를 위해 여러 번에 걸쳐 조금씩 배포하는 로드맵을 만들기 바란다.

마감 기한이 있는 것이 각 기능을 개발하는 데 얼마나 걸릴지 생각하게끔 독려하므로 추측에 근거한 마감기한이라도 로드맵에 추가하고 지키려 애써야 한다. 이런 마감 기한은 "1월까지 버전 1.0 배포"나 "버전 1.0 배포 4주 후 버전 2.0 배포"처럼 애매할 수 있다. 그렇지 않으면 연간 이벤트로도 잡을 수 있다. 예를 들어 쇼핑 앱을 개발한다면, 이 앱을 크리스마스를 앞두고 또는 연초 할인 판매 기간에 배포할 수 있다.

적어도 언제까지 앱의 초기 버전을 완성하겠다는 기한을 설정해야 한다.

마지막 고려 사항

앱에 대한 계획을 세우는 일이 거의 끝났다! 디자인 단계로 넘어가기 전에 고려해야 할 잡다한 일이 몇 가지 있다.

어떤 기기를 지원해야 할까?

어떤 유형의 기기를 지원해야 할까? 그리고 앱은 어떤 안드로이드 버전과 호환이 돼야 할까? 이런 어려운 문제가 있고 불행히도 안드로이드 프로젝트를 새로 시작할 때마다 이 문제와 씨름해야 한다.

안드로이드 앱은 지원하지 않는다고 명확하게 명시하지 않은 어떤 기기에서든 실행될 것으로 여겨지기 때문에 "어떤 기기에서 잘 동작하는지 기다리며 지켜보겠다"는 생각에 유혹되면 일반적인 안드로이드 핸드폰에서는 잘 동작하지만 나머지에서는 형편없게 동작하는 앱이 된다.

모든 종류의 태블릿과 패블릿, 가로보기와 세로보기가 가능한 안드로이드 스마트폰에 최적화된 사용자 경험을 제공하는 것은 여러분에게 달렸다. 다양한 기기에서 호환되고 동작하는 앱을 만드는 것은 어렵지만, 앱에서 다양한 기기와 화면 설정을 지원할 방법을 계획에 추가하면 구현하기도 더 쉬울 것이다. 특별한 이유가 없다면, 최대한 다양한 안드로이드 기기를 지원할 방법을 생각해보자.

특정 기기를 지원하지 않기로 했다면, 사용자는 그들이 앱을 실행해보고 그들의 기기에서 제대로 동작하지 않는다는 것을 발견할 때까지 기다리지 않고 솔직하게 밝혀주는 것에 더 감사할 것이다. 적어도 앱의 구글 플레이 스토어 상세란에 지원하지 않는 기기에 대해 남겨 사용자에게 주의를 준다.

앱을 어떻게 시장에 내놓을까?

앱을 팔 대상이 되는 사람은 주로 대상 사용자와 같지만 항상 그렇지는 않다. 예를 들어 어린이들이 알파벳을 배울 수 있는 앱을 개발 중이라면 이 앱은 대상 사용자보다 부모들의 주의를 더 끌 것이다(그리고 이런 경우에 아직 읽는 법을 배우는 어린이들이 다운로드할 앱을 찾기 위해 구글 플레이를 뒤질 가능성은 낮다).

▌ 애플리케이션 디자인

이제 만들고 싶은 애플리케이션에 대한 자세한 계획이 있어야 한다. 다음을 완성한다.

- 글로 작성된 개념
- 최종 기능 목록
- 앱의 주요 작업 식별
- 제품 정의 기술서 작성
- 가상 사용자와 활용 사례를 만들어 대상 사용자를 식별하고 계획에 이 정보를 통합
- 수익 창출, 시장 조사, 앱 마케팅 등 까다로운 주제에 대한 고려

이제 앱이 어떻게 보일지 알아볼 시간이다. 어쩌면 애플리케이션의 UI를 디자인한다는 생각은 어려워 보일 수 있지만(디자인 경험이 없다면 특히나), UI 디자인에 더 노력하면 좋은 앱을 더 훌륭한 앱으로 탈바꿈시킬 수 있다. 그리고 모두 훌륭한 애플리케이션을 만들고 싶지 않은가?

이 장의 마지막 절에서는 효과적이고 매력적인 UI를 디자인하는 첫 번째 단계에 대해 배워본다.

수준 높은 흐름

앱의 구조를 잡는 첫 단계는 높은 수준의 흐름을 만드는 작업이다. 이는 사용자가 앱에서 다양한 작업을 완료하기 위해 지나야 하는 다양한 경로에 대한 기본 계획을 생각하는 것이다.

이름에서 이미 추측했겠지만 앱의 수준 높은 흐름을 나타내는 가장 대중적인 방법은 플로차트flowchart다. 플로차트를 어떻게 생성하느냐는 정하기 나름이다. 이미지 편집 소프트웨어를 사용해 숫자 차트를 생성해도 되고, 종이와 연필을 사용하는 전통적인 방법으로 할 수도 있다. 본인에게 가장 좋은 방법을 선택한다.

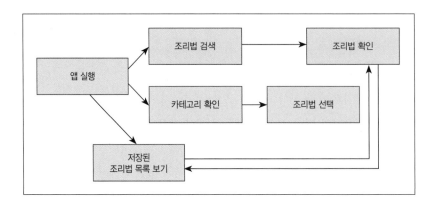

일반적으로 화면에 도형으로 표시하고 줄 또는 화살표를 사용해 방향을 표시한다. 특히 많은 수의 화면을 그린다면 플로차트의 화면에 번호를 매길 수 있다. 이 방법으로 와이어프레임을 생성할 때 플로차트의 스크린과 부합하는 와이어프레임의 스크린에 번호를 매길 수 있다.

사용자 경험을 향상시키는 방법을 찾기에 결코 이르지 않다. 초기 단계에서 앱의 UX를 판단하는 가장 쉬운 방법 중 하나는 사용자가 각각 다른 작업을 완성하기 위해 얼마나 많은 상호작용을 수행해야 하는지 보는 것이다.

플로차트는 화면을 제거하거나 화면의 순서를 변경하고 앱의 경로를 변경하는 등 작업을 완료하는 데 필요한 단계를 최소화하거나 간소화할 기회를 찾는 데 이상적이다. 예를 들어 A 화면에 메뉴를 포함할 수 있고 이로써 사용자는 E 화면과 F 화면으로 직접 이동할 수 있다.

어떤 화면이 앱의 메인 또는 홈 화면이 돼야 하는지도 확인한다. 홈 화면은 사용자가 앱의 주요 작업을 완료하도록 도움을 줘야 한다. 조리용 앱은 사용자가 빠르고 저렴하며 쉬운 조리법을 쉽게 찾을 수 있도록 디자인해야 하므로 **조리법 검색** 화면을 홈 화면으로 선택할 수 있다.

플로차트는 어느 부분에서 옵션이 너무 많아 사용자를 어쩔 줄 모르게 만드는지 확인하기에도 좋다. 검색 상자를 홈 화면에 포함한다면 모든 사용자의 저장된 조리법과 앱의 메인 **설정**을 홈 화면에 출력하는 것이 좋을까? 이 콘텐츠의 일부는 다른 화면으로 이동시키거나 사이드메뉴나 별도의 탭 내에 일시적으로 숨길 수 있다.

그 대신 앱을 충분히 조심해서 디자인하면 사용자를 혼란스럽게 하지 않으면서 모든 콘텐츠를 한 화면에 출력할 수 있다. 이 방법을 선택한다면 사용자 경험이 가능한 한 쉬워지도록 화면에 시간을 더 투자해야 한다고 메모를 남긴다.

비판하기

수준 높은 워크플로 작업을 하면서 다른 앱에서는 어떻게 마찰을 최소화해 사용자가 첫 화면에서 원하는 위치로 이동하게 하는지 비판적인 시선으로 살펴보는 것이 도움이 된다.

사용 중인 안드로이드 기기에 설치된 앱을 살펴보고 마음에 드는 앱이 있다면 그 앱의 플로차트를 만들어보자. 왜 그 흐름이 좋은지 살펴보자. 그다지 좋아하지 않는 앱의 흐름을 그려보는 것도 도움이 되고 왜 이 흐름이 본인에게 좋지 않은지 알아본다. 이 연습은 앱 플로차트를 효과적으로 분석하고 개선할 때 필수적인 애플리케이션의 흐름을 비판적으로 살펴보는 습관을 들이는 데 도움이 된다.

화면 목록 생성

고급 흐름을 만들었다면 사용자가 그들의 다양한 작업과 목표를 성취할 수 있도록 필요한 모든 화면의 목록을 만든다.

조리법 앱을 위한 화면 목록은 다음과 같다.

- 홈 화면
- 카테고리 목록
- 주어진 카테고리의 조리법 목록
- 저장된 조리법 목록
- 상세한 조리법 화면

- 검색 상자
- 검색 결과

화면 지도 생성

이제 플로차트와 화면 목록을 결합해 앱을 구성하는 모든 화면 간의 내비게이션 관계를 표현하는 화면 지도를 만들 시간이다.

확신이 서지 않는다면 플로차트를 다시 검토하고 앱에서 사용자가 선택할 수 있는 다른 경로를 검토한다.

다음은 조리법 앱의 화면 지도 예다.

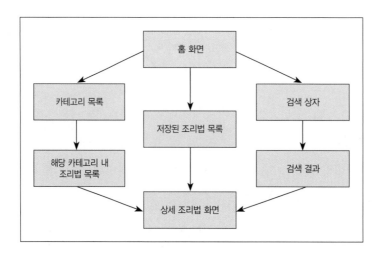

 한 화면이 하나의 액티비티와 같을 필요는 없다. 한 화면은 멀티 팬 레이아웃의 일부로 출력되는 하나의 프레그먼트에 해당한다.

화면을 멀티 팬 레이아웃으로 묶기

특정 안드로이드 기기를 염두에 두고 화면 지도를 디자인하지는 않겠지만, 안드로이드 앱은 작은 기기부터 큰 태블릿까지 서로 다른 다양한 종류의 기기에 적용될 수 있도록 유연해야 한다.

사용자에게 가장 효과적인 방법으로 콘텐츠를 보여주기 위해 연관성이 있는 화면을 함께 묶는 것이 좋다. 그러면 사용자의 기기와 화면 설정에 따라 이 **프레그먼트**를 서로 다르게 결합해 보여줄 수 있다.

작은 화면은 일반적으로 한 번에 한 팬의 콘텐츠를 보여주기에 적당하므로, 지도의 각 화면은 작은 기기에서의 한 화면에 해당한다.

하지만 가끔 사용자가 앱을 태블릿이나 패블릿, 또는 가로보기 모드의 안드로이드 스마트폰을 볼 때처럼 화면에 사용 가능한 공간이 더 있을 수 있다. 사용 가능한 공간이 더 있다면 앱은 이를 충분히 활용해야 하고 프레그먼트를 사용하는 것이 하나의 방법이 된다.

프레그먼트는 다양한 유형의 기기와 화면 크기, 화면 방향에 맞출 수 있는 앱을 만드는 데 유용하다. 또한 화면을 멀티 팬 레이아웃으로 결합하는 것은 사용자가 작업을 완료하기 위해 수행해야 하는 상호작용의 횟수를 최소화하는 데도 도움이 된다.

여러 프레그먼트를 하나의 멀티 팬 레이아웃에, 그리고 하나의 프레그먼트를 하나의 팬 레이아웃에 효과적으로 출력하기 위해 조리법 앱의 서로 다른 화면을 어떻게 묶어야 할까?

작은 화면에서는 조리법 앱의 홈 화면을 하나의 독립된 프레그먼트로 출력하는 것이 좋다. 하지만, 사용자가 큰 화면에서 앱을 본다면 홈 화면 프레그먼트 옆에 어떤 다른 정보를 보여주는 것이 좋을까?

사용자가 홈 화면에서 수행하려 할 수 있는 모든 작업을 미리 생각해보자. 아마 다음과 같은 일을 수행할 것이다.

- 카테고리 목록 접근
- 저장된 조리법 접근
- 검색 수행
- 조리법 접근

사용자가 홈 화면에서 어떤 작업이든 수행할 수 있으면 좋겠지만, 사용자가 조리법 앱에서 가장 일반적으로 수행하리라고 예상되는 작업인 검색이 어울릴 것이다. 그러므로 작은 화면의 사용자는 홈 화면을 보는 것이 좋지만, 큰 기기의 사용자는 홈 화면 프레그먼트와 검색 프레그먼트를 멀티 팬 레이아웃으로 보는 것이 좋다.

화면 지도에 대한 작업을 마치고, 큰 기기의 앱 사용자를 위해 화면을 멀티 팬 레이아웃으로 모으는 방법을 더 찾아보자.

 멀티 팬 콘텐츠를 보여줄 때 일반적으로 용인되는 관례는 콘텐츠를 왼쪽에서 오른쪽으로 점차 상세화해 정렬하는 것이다.

내비게이션

새로운 사용자라도 쉽게 앱을 내비게이션할 수 있을 정도로 앱의 내비게이션은 직감적이고 수고롭지 않아야 한다. 화면 지도를 만들었다면 앱의 내비게이션을 확인하는 것은 아주 쉽다.

앱 내에서 가장 중요한 목적지로의 내비게이션이 쉬워야 하고, 조리법 앱의 예에서는 홈 화면이 가장 중요하고 접근하기 쉬운 화면이어야 한다.

내비게이션 계층 구조에서 한 화면에 다른 화면보다 높은 우선순위를 매길 때 이 화면을 **부모**parent라 부른다. 일반적으로 덜 중요한 화면은 부모 화면 밑에 위치하고 **자식**children으로 불린다. 이 테마를 반복하면 부모가 같은 화면들은 형제고, 형제 화면들은 일반적으로 우선순위가 같다. 같은 부모를 공유하는 여러 스크린을 참조할 때도 이 용어를 들을 수 있다.

내비게이션은 다음과 같이 나눌 수 있다.

- **하향식 내비게이션**: 사용자가 애플리케이션을 더 깊이 탐색할 때 그들은 높은 계층에서 낮은 계층으로 내려간다. 부모에서 자식 화면으로 이동하는 것이 하향식 내비게이션의 예다.
- **수평적 내비게이션**: 사용자가 형제 화면 간 이동한다.

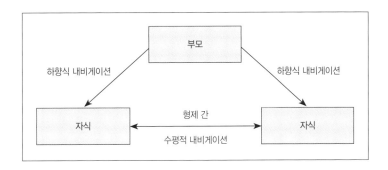

앱에 가장 적합한 내비게이션의 유형을 확인하기 위해 스스로에게 다음과 같은 질문을 해본다.

앱에서 가장 중요한 작업은 무엇인가?

사용자가 수행하고 싶어 하는 모든 작업을 식별하고 각 작업에 우선순위를 할당한다. 사용자가 우선순위 높은 작업을 사용하기 쉽게 앱의 내비게이션 계층에서 눈에 띄게 한다. 예를 들어 음악 앱을 디자인 한다면 현재 듣고 있는 음악의 링크를 트위터에 올리는 것 같은 내비게이션 계층 구조에서 하위에 있을 수 있는 우선순위가 낮은 작업 중에 음악을 재생하는 우선순위가 높은 작업을 쉽게 할 수 있어야 한다.

함께 묶을 수 있는 작업이 있는가?

연관성이 있는 기능 간에 일종의 내비게이션 관계를 만들어야 한다. 예를 들면 그 기능들을 같은 화면의 같은 메뉴 또는 같은 부모 화면에 연이은 탭으로 포함할 수 있다.

음악 앱의 예제에서 특정 아티스트로 검색하고 주간 상위 10개의 트랙을 보며 신간을 훑어보고 친구들이 지금 어떤 음악을 듣는지 확인하는 것은 모두 새로운 음악을 찾는 데 도움을 주는 기능이다. 그러므로 앱의 내비게이션 구조에서 이 기능들을 함께 모으는 것이 좋다.

내비게이션이 일관적인가?

일관성이 있어야 한다. 내비게이션을 가능한 단순하게 디자인했더라도 한 화면에서 다른 화면으로의 내비게이션이 서로 다르다면 결국 사용자를 혼란스럽고 불만스럽게 만든다.

일반적인 내비게이션 패턴

앱의 내비게이션을 설계할 때 어떻게 대상 사용자의 요구와 사용자가 애플리케이션에서 수행하려는 작업에 맞춰줄 것인가에 집중해야 한다. 하지만 개별적인 애플리케이션에 적합하도록 고유한 내비게이션 구조를 만드는 데 유용한 일반적인 내비게이션 패턴이 있다.

내장 내비게이션

앱이 단순한 구조라면 콘텐츠 내에 내장된 내비게이션을 선택할 수 있다. 내장 내비게이션으로 인해 애플리케이션의 콘텐츠를 보여줄 공간이 줄어들 수 있다는 단점이 있다. 그러므로 작은 화면에서는 이상적이지 않다.

버튼과 단순한 터치 대상

가장 단순한 내비게이션 패턴 중 하나는 앱의 부모 화면에 버튼과 같이 터치할 수 있는 대상을 포함하는 것이다. 사용자가 이런 대상 중 하나를 선택하면 자식 화면이 열리고, 자식 화면에도 추가로 터치할 수 있는 대상이 있을 수 있다.

이런 종류의 내비게이션은 이해하기 쉽지만 하나의 화면에 터치 대상이 많으면 작은 기기에서 앱을 내비게이션하기 힘들 수 있다.

목록

많은 글자를 출력해야 한다면 (고전적이고 글자 기반의 메뉴 같은) 수직 스크롤 목록이 앱을 내비게이션하는 쉬운 방법이다.

단 목록에서 또 다른 목록으로 연결되는 내비게이션 계층을 만드는 것은 주의한다. 이 종류의 내비게이션은 각 작업을 완료하기 위해 필요한 터치 횟수를 급증시키는 원인이 될 수 있기 때문이다.

그리드, 카드, 캐러셀(회전목마 컨트롤)

비디오나 사진 같은 시각적인 콘텐츠를 많이 출력할 때 수직으로 스크롤되는 그리드나 수평으로 스크롤되는 캐러셀 또는 카드를 사용할 수 있다.

그리드 기반 내비게이션의 예

탭

안드로이드의 전통적인 내비게이션 모델은 (부모 화면에서 자식 화면으로 이동하는) 계층식이더라도 수평으로 내비게이션하는 것이 더 나은 경우가 있는데, 특히 형제 화면이 많은 앱의 경우가 이에 해당된다.

탭은 수평적인 내비게이션의 일반적인 예다. 앱이 많은 그룹화된 콘텐츠나 형제 화면, 카테고리로 분류된 데이터 모음, 비슷한 중요도를 갖는 콘텐츠를 포함한다면, 하나의 부모 컨테이너에 여러 화면을 넣을 수 있는 탭이 이상적인 내비게이션 형식이다. 탭은 사용자가 다른 형제 화면에 접근하려 할 때 매번 부모 뷰로 되돌아가지 않고도 직접 모든 콘텐츠에 접근할 수 있다.

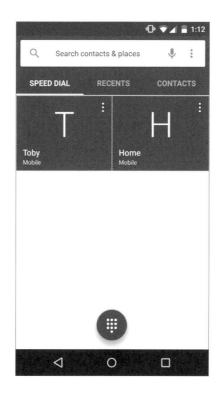

또한 탭은 사용자가 앱의 모든 형제 화면을 알 수 있는 유용한 방법이다. 화면 위쪽을 따라 앱의 모든 형제 화면이 탭으로 정렬되기 때문에 사용자는 숨겨진 메뉴를 탐색할 필요가 없다.

탭을 기반으로 하는 내비게이션을 선택했다면 기억해야 하는 몇 가지 모범 사례가 있다.

- 사용자가 탭을 선택할 때마다 새로운 콘텐츠가 보이지만 탭 자체는 변함없이 유지돼야 한다.
- 탭의 라벨은 아이콘이나 글자로만 구성한다. 글자 라벨을 선택했다면 가능한 짧아야 한다.
- 탭 간의 이동을 히스토리로 처리하지 않는다. 사용자가 A탭에서 B탭으로 바꾸고 기기의 **뒤로 가기**[Back] 버튼을 눌렀을 때 A탭으로 이동하지 않는다.

- 탭을 수평으로 화면 상단에 한 줄로 정렬한다. 탭은 화면 하단에 두지 않는다. 화면의 하단에 액션을 출력하고 싶다면 탭 대신 나눠진 액션 바를 사용한다.
- 탭 간의 내비게이션을 위해 스와이프 제스처를 남겨둔다. 사용자가 우연히 다른 탭으로 이동하지 않도록 스와이프 제스처를 지원하는 콘텐츠를 탭 내에 포함시키지 않는다.
- 탭 내부에 또 탭이 있는 콘텐츠를 포함하지 않는다. 영화 인셉션을 기억하는가? 누구도 탭-셉션을 원하지 않는다.
- 사용자가 탭 내의 콘텐츠를 비교하기 위해 반복적으로 탭 전환을 할 가능성이 높다고 의심되면 콘텐츠를 더 적은 수의 탭으로 결합해야 한다는 의미다. 아니면 탭이 그 앱을 위한 적절한 내비게이션 방법이 아닐 수 있다.
- 탭은 여러 형제 뷰를 보여주기에 훌륭하지만 하나의 부모 화면에 4개 이하의 탭으로 제한한다. 4개 이상의 형제 뷰를 출력해야 한다면 이번에도 탭이 그 앱에 적당하지 않은 것이다.

수평 페이지 전환(스와이프 뷰)

수평 페이지 전환은 또 다른 대중적인 형제 화면 간의 내비게이션 방법이고, 스와이프 뷰로 불리기도 한다. 수평 페이지 전환은 탭과 마찬가지로 여러 형제 화면이 있는 앱에 유용하다.

이름에서 추측했겠지만 스와이프 뷰는 한 번에 하나의 화면이 출력되는 내비게이션 형식으로, 사용자는 왼쪽 또는 오른쪽에서부터 스와이프하는 제스처를 사용해 형제 화면으로 이동한다.

수평 페이지 이동은 앱의 형제 화면의 수가 적을 때, 그리고 화면 간 정렬된 관계가 있을 때 가장 좋다. 일반적으로 달력 앱에서 다른 달로 이동하기 위해 수평 페이지 이동을 사용하는 것을 예로 들 수 있다.

소셜 레이어

조리법 앱에서 사용자가 그들이 좋아하는 조리법을 소셜 미디어를 통해 친구나 가족과 공유하는 것에 대해 간단히 언급했다. 이처럼 간단한 소셜 기능이라 하더라도 애플리케이션의 진짜 가치를 높여줄 수 있다. 그러므로 약간의 소셜 기능이 앱에 유익한지 고려해볼 가치가 있다. 적어도 사용자에게 소셜 미디어를 통해 앱의 콘텐츠를 공유할 수 있는 선택권을 주는 것은 애플리케이션을 홍보하는 빠르고 쉬운 방법이다.

 앱에 소셜 기능을 추가하는 것은 필수가 아니다! 어떻게든 앱의 가치를 높이는 경우에만 소셜 기능을 포함시켜야 하고, 모든 애플리케이션이 소셜 기능을 가져야 하는 것은 아니다.

소셜 레이어를 추가할지 결정할 때 다음과 같은 질문을 생각해본다.

- 제시된 소셜 기능으로 사용자는 무엇을 얻는가?
- 소셜 레이어는 어떻게 사용자 경험을 향상시키는가?
- 구체적으로 어떤 소셜 기능이 대상 사용자에게 가장 가치 있는가?
- 어떤 소셜 기능이 공동체 의식을 만드는 데 도움이 되는가?
- 제시된 소셜 기능은 사용자에게 얼마나 많은 노력을 요구하는가? 잠재적인 보상은 무엇인가? 사용자의 관점에서 이런 기능이 가치가 있는가?
- 앱에 소셜 레이어를 추가할 때의 이점은 무엇인가?
- 잠재적인 문제점은 무엇인가?

소셜 기능에 대해 생각할 때 페이스북이나 트위터 같은 소셜 미디어 앱을 떠올릴 가능성이 높다. 하지만 소셜 미디어 앱으로 바꾸지 않고 눈에 띄지 않게 앱에 소셜 기능을 통합하는 방법도 많다.

효과적으로 소셜의 특징을 갖는 비소셜 미디어 앱의 예로 구글 캘린더와 스포티파이[Spotify]가 있다.

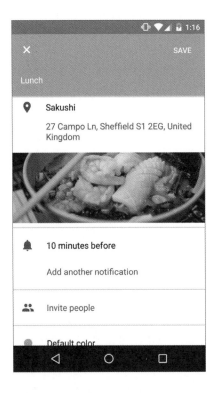

구글 캘린더에 새 이벤트를 추가할 때마다 앱은 기기의 **연락처**로 들어가 친구와 가족, 직장 동료를 이벤트에 초대하도록 유도한다. 초대를 받은 사람은 승낙하거나 거절할 수 있고, 초대를 승낙한 모든 사람은 이벤트가 가까워지면 이를 상기시키는 알림을 받는 안심 기능이 있다.

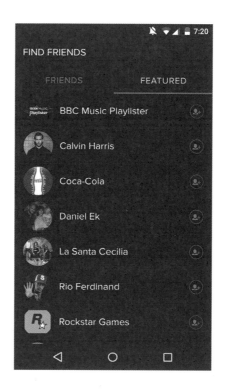

스포티파이는 감상할 수 있는 새로운 트랙을 찾기 위해 소셜 기능을 사용한다. 스포티파이를 열고 **액티비티**로 이동하면 스포티파이 내의 친구들이 들었던 모든 음악 목록을 찾을 수 있고, 스포티파이 내에 친구가 없다면 앱은 팔로우할 사람을 제안한다.

█ 요약

이 장에서는 사용자 목표와 제품 목표를 작성하고 대상 사용자를 식별함으로써 새로운 안드로이드 프로젝트를 위한 상세한 계획을 만들었다. 개념과 제품 정의 기술서, 기능 목록을 만들고 앱으로 수익을 내는 옵션에 대해 생각해봤다.

그다음으로 로드맵과 플로차트, 화면 목록, 완벽하게 내비게이션하는 화면 지도를 만들어 앱의 스케치를 시작했다. 6장에서는 이 대략적인 스케치를 자세하게 종이에 또는 디지털 와이어프레임으로 바꾸는 방법과 더미 콘텐츠로 와이어프레임을 채우는 방법을 알아본다.

6

스케치를
와이어프레임으로 바꾸기

5장에서는 스크린 맵과 플로차트 등을 만들면서 높은 수준의 화면 기획에 집중했다. 이 장에서는 높은 수준의 기획에서 앱을 채워줄 화면 설계로 넘어간다.

화면을 설계할 때 보통 다음의 단계를 따른다.

- **와이어프레임 초안 제작**: 종이와 연필로 빠르게 스케치해 화면 구도를 잡는다. 와이어프레임에는 앱의 레이아웃에 대한 시각적인 묘사를 자세히 하지 않는다. 와이어프레임은 뼈대나 아웃라인, 페이지 개요, 화면 청사진이라고 부르기도 한다. 화면의 레이아웃과 기능성, 사용성에 집중할 수 있도록 와이어프레임의 콘텐츠와 텍스트에서 모든 룩앤필 요소를 배제하는 것이 일반적이며, 적어도 초기에는 그렇게 작업한다.
- **디지털 와이어프레임**: 종이와 연필로 만든 와이어프레임이 만족스럽다면 소프트웨어를 활용해 이를 변환한다. 이 단계에서는 최종 화면에 보여주려는 콘텐츠와 텍스트를 더해가면서 초기 다지인과 표현하려는 내용이 일치하는지 확인한다.
- **프로토타입**: 다음으로 종이와 연필을 사용해 디지털 와이어프레임에 기반한 프로토타입을 만든다.
- **사용성 테스트**: 실제 사용자가 종이 프로토타입을 테스트하는 단계다. 이러한 유형의 테스트는 내비게이션에서 발생할 수 있는 문제를 두드러지게 하고, 사용자가 UI를 쉽게 이해할 수 있는 방법을 찾는 데 필수적이다.

 디자인에서 낮은 충실도(low-fidelity)라 함은 콘셉트와 디자인 대안(design alternatives), 화면 레이아웃에 대해 대략적으로 묘사하는 것을 말한다. 충실도가 낮은 프로토타입과 와이어프레임을 만들게 되면, 디자인 과정에서 불필요하게 많은 양의 시간과 노력을 들이지 않고도 다양한 아이디어를 테스트할 수 있다. 충실도가 높은 디자인에서는 전 단계인 낮은 충실도의 디자인에서 빠트린 세부적인 요소를 모두 채워넣는다. 이 장에서는 종이와 연필을 사용해 낮은 충실도의 와이어프레임을 만들고, 이 초안을 높은 충실도의 더 상세한 디지털 와이어프레임으로 개선해볼 것이다.

▌ 와이어프레임이란?

와이어프레임은 화면 계층에서 주요 UI 컴포넌트가 어떻게 배치돼야 하는지 설명하는 화면 레이아웃의 골격으로 생각할 수 있다. 와이어프레임의 목적은 기능성과 사용성, 동작, 콘텐츠의 위치와 우선순위 등에 집중할 수 있도록 하는 것이다. 와이어프레임은 그래픽 디자인을 말하는 것이 아니다. 실제로 이 단계에서는 디자인적인 요소를 모두 배제하는 것이 좋으며, 각 화면이 어떻게 보이는가가 아닌 각 화면이 어떤 역할을 해야 하는지에 대해 집중할 수 있도록 와이어프레임을 아주 거칠게 묘사하는 것도 무방하다.

와이어프레임에서는 UI의 특정 요소를 구분하기 위한 용도 이외에는 색상을 포함하지 않는다. 이를테면 색연필로 관련 있는 콘텐츠 그룹 주위로 박스를 그리거나, 화면상에 물리적으로 존재하지 않는 상호작용이나 동작과 같은 요소를 추가할 수 있다.

화이트보드에 종이와 연필로 와이어프레임을 만들거나, 다양한 유/무료 소프트웨어를 사용해 와이어프레임을 만들 수 있다. 하지만 처음 만드는 와이어프레임 초안은 종이와 연필로 빠르게 스케치하는 것이 좋다.

와이어프레임의 이점은?

와이어프레임은 단순하지만 간결한 스케치는 애플리케이션의 화면을 더 효과적으로 디자인하기 위한 중요한 과정이다. 다음은 연필과 노트북으로 애플리케이션의 와이어프레임을 만드는 작업이 주는 이점에 대한 설명이다.

- **다양한 레이아웃을 빠르게 확인해볼 수 있다.**
  쉽고 빠르게 스케치할 수 있다는 것은 와이어프레임이 아직 만들어지지 않은 여러 가지 다양한 레이아웃을 빠르게 확인해볼 수 있는 이상적인 방법이라는 것을 의미한다.

와이어프레임으로 UI 요소들을 다양한 크기와 위치에 창의적으로 적용해볼 수 있으며, 다양한 내비게이션을 시도해볼 수도 있다. 또한, UI 요소 간의 관계를 쉽게 설정할 수도 있다.

여러 다양한 와이어프레임을 만들어보면서 앱의 화면에 적합한 레이아웃을 찾아낼 수 있다.

디자인 과정의 매 단계마다 이 같은 확인 작업을 계속해서 엄격하게 수행하면서, 프로젝트에 시간과 노력을 들이면 들일수록 확인해야 할 새로운 아이디어와 대체 레이아웃은 줄어들게 된다.

여러 가지 다양한 레이아웃을 와이어프레임으로 만드는 동안 기억해야 할 것은 와이어프레임은 화면의 정적인 묘사라는 점이다.

와이어프레임은 상세한 인터랙티브나 요소의 움직임을 표현하기에는 적합하지 않다. 레이아웃상에 있는 모든 요소의 인터랙티브나 움직이는 방식에 대해 더 나은 아이디어를 얻고 싶다면 상상력을 동원하거나, 프로토타입을 만들고 레이아웃을 테스트하는 데 시간을 더 할애해야 하며 이 작업은 이 장의 후반부에서 더 살펴보기로 한다.

- **초기 디자인 단계에서 문제를 식별하는 데 도움이 된다.**

  삶의 모든 것이 그렇듯, 실제보다 이론상으로 더 잘 동작할 때가 있으므로, 스크린 맵상이나 머릿속에서 좋다고 생각했던 것은 곧바로 상세화하고 구현한다.

  앱에 대한 수정이 많든 적든 앱의 디자인을 수정하는 작업은 발생할 수밖에 없다. 따라서 잠재적인 문제를 가능하면 일찍 발견하는 것이 좋다. 와이어프레임은 이러한 디자인의 문제점을 아주 쉽고 빠르게 발견할 수 있는 방법이고, 와이어프레임을 변경하는 것이 충실도가 높은 목업mockup이나 이미 개발 단계에 있는 UI를 변경하는 것보다 훨씬 더 쉽다.

  와이어프레임을 만드는 단계에서 이슈를 발견하는 것은 이를 적절하게 해결하기 위해서 세세한 부분까지 수정해야 한다거나 그 어떤 것을 고치는 것이라도 모두 가능하다는 것을 의미한다. 작업을 더 진행하다가 이슈를 발견하게 되면 자연스럽게 우회 방법을 찾게 될 것이고 디자인을 많이 수정하지 않으면서 빠르게 해결하려 할 것이다. 이러한 접근 방법은 단기적으로 편할지 모르나 장기적으로 사용자를 만족시킬 수 없게 된다.

- **흔들리지 않는 완벽한 디자인을 얻어낼 수 있다.**

  앱이 어떠해야 한다라는 명확한 생각을 가지고 있는가? 그렇다면 기획을 시작하기 전 단계임에도 어떤 비전을 가지고 있는 것이다. 하지만 그렇다고 해도 역시 비전을 종이 위에 붙잡아둬야 한다.

  머릿속의 그림은 경계가 불명확한 경향이 있고 가끔은 종이에 붙잡아두기 전까지 얼마나 불명확한지조차 정확히 파악할 수도 없다. 머릿속에서 이해한 것을 재구성하다 보면 특정 부분에 디자인에 대한 의문점이 여전히 존재한다는 것을 알게 될 수도 있다.

  디자인을 진행할 때는 머릿속에서 맴도는 이미지를 가지고 작업하는 것보다 눈앞에 보이는 것을 수정 및 보완하는 것이 훨씬 더 쉽다.

- **모든 사람들이 공통된 하나의 디자인으로 소통할 수 있다.**

  기본적으로 와이어프레임은 꼬리표를 붙이고 설명을 추가해 묘사한 것이기 때문에 모두가 이해할 수 있다는 것이 핵심이다. 공동으로 작업해야 하는 앱을 만들 때, 와이어프레임은 개발자나 디자이너의 언어를 사용하지 않고도 개발과 디자인의 간극을 메꿔줄 수 있다.

  의뢰를 받아 앱을 개발한다면 와이어프레임은 의뢰인에게 프로젝트가 어떻게 진행될 것인지 명확하게 이해시킬 수 있는 좋은 방법이다. 의뢰인의 의견을 받고 디자인에 대한 의사 결정을 받아본 후에 다음 단계로 진행할 수 있어 시행착오를 줄일 수 있다.

  대부분의 사람들은 선천적으로 누군가가 몇 시간 혹은 며칠을 들여 만든 디자인의 문제점을 지적하기를 꺼린다. 팀 구성원의 감정을 이해해주는 것은 좋지만, 이는 장기적으로 앱을 만드는 데 도움이 되지 않는다. 와이어프레임을 빠르게 스케치하고, 아주 점잖은 팀 구성원일지라도 자연스럽게 문제점을 지적할 수 있도록 해야한다.

- **내비게이션에 대한 생각을 좀 더 구체적으로 만들어준다.**

  완성되지 않은 내비게이션 디자인이 가져올 부정적인 영향은 매우 치명적이다. 사용자가 쉽게 앱을 사용할 수 없다면 즉시 앱을 종료하게 될 것이다. 5장에서 내비게이션을 다뤘으나 지금까지의 내비게이션은 스크린 맵상에서 상하좌우 화살표의 집합에 불과했다. 와이어프레임은 앱의 내비게이션 구현에 대해 생각해볼 수 있는 좋은 기회를 제공한다. 사용자는 어떻게 홈 화면에서 설정 화면으로 이동할까? 탭이나 액션 바를 사용할까? 아니면 기기마다 있는 뒤로 가기 버튼은 어떤가? 와이어프레임을 만드는 것은 내비게이션을 효과적으로 디자인하기 위한 기본적인 단계다. 이 장의 뒷부분에서 보게 되겠지만 실제로 와이어프레임을 만들 때마다 처음으로 할 일은 화면상의 어떤 구성 요소를 탐색할 것인지 결정하는 것이다.

와이어프레임 만들기

와이어프레임 제작은 아주 간단해 보일지도 모른다. 아무나 몇장의 스케치를 대충 만들 수 있다. 정말 그럴까? 와이어프레임을 만드는 것은 쉽고 빠르지만, 와이어프레임의 이점을 최대한 살리기 위해서는 와이어프레임에 가능한 많은 아이디어를 집어넣으려고 할 것이다.

초기 와이어프레임을 만드는 가장 효과적인 방법은 종이와 연필을 사용해 화면을 단순히 스케치하는 것이다. 몇 가지 버전의 화면을 종이에 각각 스케치해 아이디어를 테스트하는 것이 가장 빠르고 이상적인 방법이다. 스케치를 모두 마치고 나서 스케치를 나란히 놓아두고 어떤 디자인이 더 나은지 결정하거나, 완벽한 레이아웃을 만들기 위해 여러 가지 스케치를 조합하는 결정을 할 수도 있다.

디지털 와이어프레임을 선호하고 컴퓨터 앞에 앉아서 마음에 드는 편집 프로그램을 실행하고 싶겠지만, 먼저 이러한 거친 스케치에 시간을 들여야 한다. 이런 거친 스케치는 아이디어의 흐름을 완벽하게 만들어주며, 시간이 많이 드는 디지털 와이어프레임을 제작 과정으로 들어가기 전에 다양한 디자인을 빠르게 확인할 수 있게 해준다.

첫 번째 와이어프레임 만들기

와이어프레임을 만드는 단계에서는 스크린 맵을 가까이에 두고 참고하는 것이 도움이 된다. 프로젝트는 사용자가 앱을 실행하고 나서 보게 되는 첫 화면부터 시작한다. 요리 앱에서는 홈 화면이다.

화면의 윤곽을 적당히 그린다. 그런 다음, 포함시킬 내비게이션 요소를 도출한다. 요리앱의 홈 화면은 다음과 같다.

- 사용자가 홈 화면에 접근할 수 있는 화면. 기본적으로 사용자가 어떻게 이전 화면으로 돌아갈 수 있을지에 대한 고민이 필요하다. 대부분은 기기마다 가지고 있는 **뒤로 가기**Back 버튼에 의해 자동적으로 처리된다. 하지만 **이전 화면으로 돌아가기**Return to previous screen 버튼과 같이 액션 바나 UI 요소의 왼쪽 방향 캐럿(<)을 통해서 이전으로 가는 동작을 제공할 수도 있다. 단순하게 하기 위해, 뒤로 가는 동작은 기기의 **뒤로 가기**Back 버튼에 의해서 자동으로 처리되는 것으로 가정한다.
- 사용자가 탐색할 수 있는 화면. 요리앱 예제에서는 저장된 요리 목록과 카테고리 목록, 검색 화면이다. 모든 옵션을 간결하게 표현하기 위해서 다음과 같이 화면 왼쪽에 보이는 메뉴에 옵션을 추가했다.

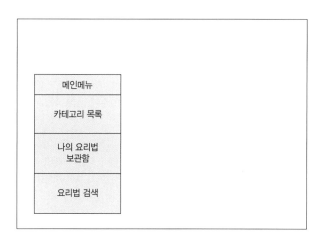

다음으로 어떤 콘텐츠를 보여줄 것인지 결정한다. 이미지와 제목, 부제목, 그 밖의 큰 덩어리의 콘텐츠와 같은 중요한 내용을 더해준 다음 콘텐츠 계층 구조를 살펴본다.

다음과 같이 홈 화면에는 앱 제목과 로고가 출력되고 앱에 포함된 요리법을 따라 만들 수 있는 괜찮은 음식 사진 몇장을 추가한다.

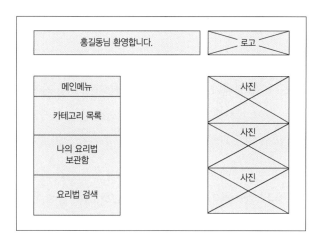

밋밋하다고 느껴지는가?

창의적인 부분에 집중하고 있다면 다른 앱을 비판적으로 살펴보는 것이 창작을 위한 좋은 방법이고, 영감을 얻기 위해서는 구글 플레이 스토어나 구글에서 제작한 앱을 살펴보는 것이 좋다. 후자는 최신 모범 사례와 디자인 원칙에 대한 좋은 예고, 특히 머티리얼 디자인 시 유용하다.

여러 화면을 훑어보면서 스스로에게 각각의 화면 레이아웃 중에 어떤 부분이 마음에 들고, 어떤 부분을 수정하면 개선할 수 있을지 자문한다. 이는 자신이 선호하는 모든 화면의 와이어프레임을 만드는 데 도움을 주고, 자신의 와이어프레임에서 사용할 수 있는 유사성이나 요소들, 일반적인 디자인 원리를 찾는 데 도움이 된다.

와이어프레임 더 살펴보기

매번 와이어프레임을 만들 때마다 만들고자 하는 앱의 유형과 표현하려는 콘텐츠, 화면의 목적, 소비자층의 상황에 따라 절차는 조금씩 달라진다. 하지만 여러 앱에서 반복적으로 사용되는 유사한 특징과 UI 요소를 통해서 화면의 유형을 구별해낼 수 있다.

요리 앱의 홈 화면 와이어프레임을 예로 들어보자. 많은 앱의 홈 화면은 몇 가지 형태로 분류되며 제목과 로고, 메인 메뉴와 같은 요소를 특징으로 갖는다. 이 요소들은 요리 앱의 홈 화면에도 있을 것이다. 요리 앱은 홈 화면 외에도 몇 가지 일반적으로 사용되는 유형의 화면을 보여주는 좋은 예다. 프로젝트 진행 중에 이러한 화면을 만났다고 가정하고 각 화면의 와이어프레임을 어떻게 만들면 좋을지 살펴보자.

상세 화면이라고 부르는 화면에서부터 시작한다. 사용자가 이전 화면에서 아이템을 선택하면 나타나는 화면으로, 앱에서는 선택한 아이템에 대한 상세 정보를 포함하고 있는 새로운 화면을 보여준다. 요리 앱에서는 각 요리법을 포함하는 화면이 상세 화면이 된다. 사용자는 요리법 목록을 스크롤하다가 맘에 드는 것을 발견하고 선택한다. 이때 사용자는 요리를 만들기 위해 필요한 모든 정보가 있는 별도의 화면을 보게 된다.

스크린 맵에서는 이 화면을 상세 요리법 뷰라고 한다.

상세 화면 와이어프레임 만들기

이름에서 말해주듯, 상세 화면은 보통 텍스트와 이미지나 영상, 음성 정보와 같은 매체를 화면에 표시하는 것을 말한다. 홈 화면의 와이어프레임을 만들 때와 동일한 과정으로, 먼저 추가할 내비게이션 요소를 확인한다. 스크린 맵을 보기 위해 다음 화면을 추가한다.

- 사용자가 상세 요리법 화면에 접근할 수 있는 화면. 홈 화면 와이어프레임에 뒤로 가기 내비게이션을 적당히 배치했으므로 여기서 좀 더 자세히 살펴볼 것이다. 사용자는 스크린 맵을 따라 검색 결과 화면이나 카테고리별 요리법 목록, 저장한 요리법 목록에서 상세한 요리법 화면으로 접근할 수 있다. 이전 화면으로 돌아가기 위해서는 기기의 **뒤로 가기** 버튼을 탭해야 하지만, 와이어프레임에서는 여러 가지 조건을 확인할 수 있으므로 다양한 시도를 해보기 위해 **이전 화면으로 돌아가기** 버튼을 와이어프레임에 추가한다.

- 사용자가 탐색할 수 있는 화면. 스크린 맵에서는 상세 요리법 화면이 이 앱의 최종 화면처럼 보이지만, 모바일 앱에서 이러한 종류의 막다른 경로는 거의 없다. 사용자가 자신이 저장한 요리법 목록에 요리법을 추가할 때 사용자의 온라인 스크랩북으로 이동시켜 준다면 저장된 요리법을 모두 볼 수 있으므로 유용하다. 이 같은 효과를 주기 위해 **스크랩북에 추가하기**Add to scrapbook 버튼을 추가하고, 사용자가 이 버튼이 누를 때마다 해당 기능이 동작해 온라인 스크랩북으로 이동하게 된다.

이제 콘텐츠를 살펴보자. 화면에서 다음 내용이 특정한 순서 없이 표시되도록 한다.

- 요리법 제목

- 요리법의 난이도

- 요리에 걸리는 소요 시간

- 식재료의 비용

- 요리의 양

- 매혹적이고 군침 돌게 만드는 요리 사진

- 요리법

 상세 화면이 정말 필요한가?

상세 화면을 만드는 황금의 규칙은 상세 화면이 화면을 분리해야 할 만큼의 정보를 충분히 가지고 있느냐 하는 것이다. 예를 들어, 근처 영화관에서 상영 중인 영화를 확인할 수 있는 앱을 다운로드했다고 가정해보자. 첫 번째 화면은 영화와 상영 시각을 나란히 보여주는 상영시간표가 있다.

상영시간표에 있는 영화를 탭하면 선택한 영화에 해당하는 새로운 화면을 불러오게 된다. 이 화면에 알고 싶은 새로운 정보가 있는가? 시놉시스나 주연 여자 배우 혹은 남자 배우는? 별점이나 리뷰를 보고 이 영화를 팝콘을 먹으면서 상영관에서 큰 화면으로 볼 것인지, 아니면 넷플릭스(Netflix)로 나올 때까지 기다릴 것인지 결정할 수 있는가?

자 이제, 상세 화면에 이러한 추가적인 정보가 아무것도 없고, 이미 메인 화면에서 봤던 정보만 단순 반복하고 있다고 생각해보자. 이 앱을 훌륭한 사용자 경험을 제공하는 디자인이 잘된 앱이라고 볼 수 있는가? 대답은 분명히 "아니요"다. 상세 화면을 추가하려고 한다면 반드시 상세 화면에 새로운 어떤 정보가 있어야 한다. 만약 그렇지 않다면 무의미하므로 앱에 포함시키지 말아야 한다.

여느 때처럼, 가장 중요한 콘텐츠를 와이어프레임에 첫 번째로 추가한다. 이 예제에서는 다음과 같이 **제목**Heading과 최종 결과물의 사진, **요리법**Recipe이다.

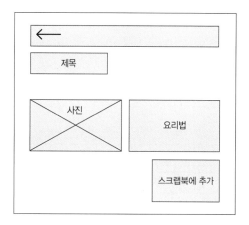

콘텐츠 구조를 살펴보다 보면, 화면 레이아웃의 여러 위치에서 사용할 수 있는 콘텐츠를 발견하게 될 수도 있다. 그렇다면 지금이 여러 가지 와이어프레임을 만들어 다양한 레이아웃을 시험해볼 수 있는 좋은 시점이다. 그림을 나란히 놓고 어떤 레이아웃이 마음에 드는지 정하거나, 여러 가지 레이아웃의 요소를 조합해 완벽한 레이아웃을 만든다. 다음 그림은 여러 가지 와이어프레임에서 하나를 선택해 만든 요리법 상세 화면이다.

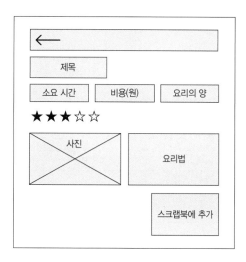

이 와이어프레임은 다양한 곳에 사용할 수 있을 것으로 여겨지는 몇 가지 요소가 포함돼 있다. 세부적으로는 "소요 시간"과 "재료 비용", "요리의 양", 요리법의 "별점"을 포함하는 텍스트 박스가 포함된다. 와이프레임을 사용해 여러 가지 다양한 위치에 요소를 쉽고 빠르게 적용해볼 수 있다.

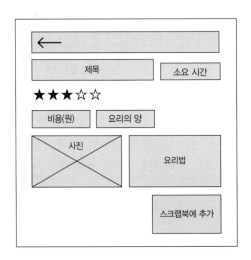

다양한 위치에 요소를 적용한 와이어프레임을 만들 때, 다음과 같이 주요 콘텐츠 영역은 일관성을 유지한다.

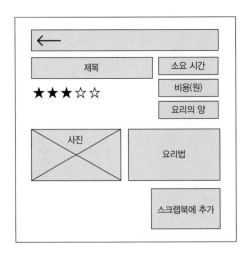

이 화면에 더 많은 콘텐츠를 추가할 수 있다. 예를 들면, 코멘트를 덧붙일 수 있도록 하거나 사진을 업로드한다거나 사용자에게 10점 이상 평가를 받은 요리법에 상을 줄 수 있도록 만드는 것도 좋다. 완성작 사진을 여러 장 올릴 수 있게 만들고 사용자가 사진을 스크롤할 수 있는 것도 좋다. 이 장에서는 와이어프레임에 이 모든 옵션을 적용하지는 않겠지만, 창의적인 느낌을 받았다면 종이 몇 장과 연필을 가지고 이러한 콘텐츠를 더해보면서 자신만의 와이어프레임을 만들어본다.

검색 화면 와이어프레임 만들기

일반적으로 앱에는 특정 형태의 검색 기능이 있으며 요리 앱도 예외는 아니다. 따라서 검색 화면 와이어프레임에 대해 살펴본다.

이제 어떻게 해야 할지 알고 있을 것이다. 스크린 맵을 보고 포함시킬 다음의 내비게이션 요소를 모두 산출한다.

- 사용자가 검색 화면으로 접근할 수 있는 모든 화면. 스크린 맵에 따라서 홈 화면에서만 검색 화면에 접근할 수 있다.
- 사용자가 이동할 수 있는 모든 화면. 사용자가 검색 화면에서 이동할 수 있는 유일한 화면은 검색 결과 화면이다.

이전 와이어프레임에서는 기기에 내장돼 있는 **뒤로 가기** 버튼과 **이전 화면으로 돌아가기** 버튼을 만들어 이전 화면으로 내비게이션하는 것을 다뤘으며, 이번에는 조금 다른 방법으로 액션 바에 있는 왼쪽 방향 케럿(<)을 사용한다.

 실무에서 안드로이드 앱을 만들때 이 장에서 사용하고 있는 여러 가지 조합보다는 한 가지 내비게이션 방법을 앱 전반에 걸쳐 사용하는 것이 일반적이다. 여러 가지 다양한 내비게이션을 옵션을 사용해보고 있지만 실무 프로젝트에서 사용자에게 불만이나 혼란을 주지 않으려면 한 가지 내비게이션 형태를 선택하고 앱 전반에 걸쳐 적용해야 한다는 것을 기억한다.

검색 기능을 만들어보자. 간단히 설명하기 위해 다음의 내용을 사용한다.

- EditText를 사용해 사용자가 검색하기 위한 키워드를 입력받는다.
- 사용자는 버튼을 눌러 검색어를 전송하도록 한다. 이 버튼이 어떤 목적인지 사용자가 직관적으로 알 수 있도록 이 버튼에 표준 검색 시스템 아이콘 라벨을 붙인다.

이전 와이어프레임에서는 제목 박스나 이미지와 같이 일반적인 용어로 이야기했었다면 이제는 전문 용어인 EditText를 사용하고 있다는 것을 눈치챘을 것이다. 이는 와이어프레임을 만들 때 엄격한 규칙이 없기 때문이다. 따라서 이미 특정 UI 요소를 어떻게 만들 것인가에 대한 아이디어가 있고, 그 정보를 와이어프레임에 추가하고 싶다면 그렇게 하면 된다.

 단 한 가지 다른 사람에게 자신의 와이어프레임을 공유하려 할 때는 예외적이다. 특히 그 대상이 안드로이드 개발자가 아니라면 더욱 그렇다. 안드로이드 프로젝트가 아니면, 효과적인 협업을 위해 와이어프레임을 만들 때 텍스트 박스나 이미지와 같이 보통 사람이 사용하는 용어를 사용해야 한다.

이 레이아웃에 잘못된 곳이 없다는 것은 아주 초기 상태임을 말해준다. 사용자가 다음과 같은 여러 가지 조건으로 검색할 수 있다면 좀 더 발전된 모양이 될 것이다.

- 얼마나 쉽게 요리를 만들 수 있는지
- 재료 구입에 드는 비용은 얼마인지
- 얼마나 많은 사람이 먹을 수 있는지

이 기능을 구현하기 위한 방법은 아주 많지만 문득 떠오른 두 가지 방법은 다음과 같다.

- 검색 화면 와이어프레임에 다양한 조건을 선택할 수 있는 체크박스를 추가해 사용자가 직접 조건 검색을 할 수 있도록 한다. 사용자는 검색하고자 하는 단어를 입력하고 병렬로 적절한 체크박스를 선택한다. 예를 들면, "새우 마드라스"라는 단어를 입력하고 체크박스는 재료비를 **"삼천원에서 오천원 사이"**, 요리 시간은 **"15분에서 20분 사이"**를 선택한다.
- 단순 조회 화면을 그대로 사용하지만 검색 결과 화면에 필터를 추가한다. 사용자가 일반적인 방법으로 검색어를 조회하고 나면 검색 결과를 좁히기 위한 추가적인 필터가 있는 검색 결과 화면으로 넘어간다.

이 두 가지는 모두 실행 가능한 방법이므로 빠르게 각각의 접근 방식을 와이어프레임으로 만들었다. 이는 와이어프레임으로 다양한 레이아웃을 어떻게 빠르게 확인하는지 보여주는 좋은 예다.

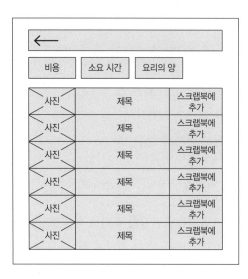

이 와이어프레임에서 사용자는 평소처럼 검색을 하겠지만 검색 결과 화면에는 여러 조건으로 검색 결과를 걸러주는 세 가지 버튼(비용, 소요 시간, 요리의 양)이 신규로 추가된다.

다음 와이어프레임은 사용자가 평범하게 EditText에 검색어를 입력하는 검색 화면이지만 그 다음으로 찾고자 하는 검색 결과를 좀 더 상세화하기 위해서 여러 가지 체크박스를 사용하는 새로운 버전의 검색 화면이다.

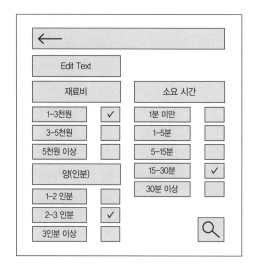

검색 화면의 분할

디자인과 개발의 어느 단계에서나 어떻게 하면 다양한 안드로이드 기기를 가능한 많이 지원할 수 있을지 항상 고민해야 한다.

와이어프레임을 만드느라 바쁘다 보면 머릿속에 한 가지 기기만 생각하며 디자인하는 오류를 범하기 쉽다. 그렇게 되면 당장 와이어프레임을 만들기는 쉽겠지만 길게 보면 아주 효율적인 UI는 될 수 없다.

가로 모드와 세로 모드 와이어프레임
와이어프레임을 만드는 동안 콘텐츠의 크기와 위치를 조정하면서 작업하다 보면 다양한 화면 구성을 좀 더 잘 지원하는 방법을 알아낼 수 있을 뿐만 아니라 가로보기와 세로보기 모드에서 모두 잘 동작하는 앱을 디자인하는 데도 도움이 된다.

다양한 화면을 기획한다는 것은 다양한 화면을 구성하는 여러 개의 와이어프레임을 만들거나 또는 콘텐츠를 분할하고 다양한 방법으로 조합하는 것을 의미하기도 한다.

앞의 장에서, 소형 기기에서 독립적으로 동작하는 검색 화면을 표시하는 것에 대해 언급했었으나, 여기서는 기기의 큰 화면에 홈 화면과 함께 분할된 검색 화면을 나란히 표시하는 것에 대해 살펴본다. 이미 첫 번째 기능을 와이어프레임으로 만들었으므로, 검색 화면을 어떻게 멀티 팬 레이아웃^{multi-pane layout}의 일부분으로 동작하도록 할 것인가에 대해 와이어프레임으로 만드는 것이 좋겠다.

이 단계를 빠르게 진행하기 위해, 이전에 만들었던 홈 화면 와이어프레임과 원본인 기본 검색 화면 와이어프레임을 재활용한다.

언제나처럼 내비게이션부터 시작한다. 홈 화면 와이어프레임의 내비게이션 요소 중 좌측 메뉴에 있는 **요리법 검색**^{Search for recipes} 항목을 제외한 대부분은 여전히 유효하다. 이 시나리오에서 검색은 홈 화면과 함께 표시되기 때문에 메뉴에서 이 항목을 제거한다.

비슷하게, 원본의 검색 와이어프레임에는 더 이상 필요 없는 왼쪽 방향 캐럿(<)을 포함하고 있는 액션 바가 있다. 분할된 방식이 홈 화면에 적용된 후부터 사용자에게 앱을 종료하는 것 외에 이전 화면으로 이동하는 방법을 제공하지 않으며, 그러한 사용자의 조작을 지원하지 않는다.

내비게이션이 정리됐으니 콘텐츠를 살펴볼 차례다. 원본 홈 화면과 검색 와이어프레임의 모든 콘텐츠는 여전히 의미가 있기 때문에 우리가 만드는 멀티 팬 레이아웃에 포함시킨다.

다음의 완성된 결과물을 살펴보자.

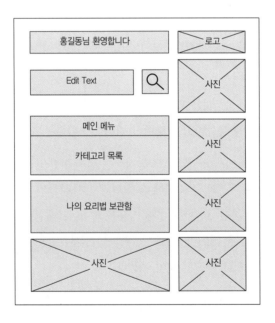

 너무 어렵다고 느껴지는가?
다양한 기기를 대상으로 디자인을 하면서 각 요소들에 대한 최적의 위치를 찾아내려고 하다 보면 빈 종이를 노려보고 있게 되거나 어디서부터 시작해야 하나 하는 의문을 갖게 될 수 있다. 어렵게만 느껴진다면 일종의 초안이라고 생각하면 좋다.

맨 처음 초안을 잡을 때는 여러 기기를 지원해야 하는 것에 대한 부담을 갖지 않고 와이어프레임을 만들 수 있다. 대신 앱의 상태가 "자연스럽게" 동작하는 상태가 되도록 정리하는 데 집중하게 된다. 휴대용 소형 기기의 부족한 공간에 대한 걱정할 필요가 없다면 제목 영역은 얼마나 넓게 가져가는 것이 좋을까? 버튼의 위치는 화면 가장자리에서 얼마만큼 떨어져야 이상적인가? 또는 이미지 두 개를 나란히 보여주는 것이 정말로 좋을지, 이미지 세 개가 더 낫지 않을지, 아니면 넷이나 다섯은?

걱정은 일단 접어둔 채 연필을 잡고 와이어프레임을 만들어보자. 멋지게 첫 번째 초안을 만들어낸 스스로에게 잘했다고 격려한 후, 어떻게 이 와이어프레임을 다양한 기기에 적용할 수 있을지 고민을 시작하면 된다.

디지털 와이어프레임

종이로 만든 와이어프레임이 만족스러운 상태가 됐다면, 이를 좀 더 개선을 해보자. 미더운 종이와 연필을 사용해 조심스럽게 스케치를 좀 더 상세화하거나, 또는 종이로 만든 와이어프레임을 디지털 와이어프레임으로 바꾸는 것을 말한다.

와이어프레임을 디지털화하기로 결정했다면, 포토샵이나 일러스트레이터, 파이어웍스와 같이 전문적인 이미지 편집 프로그램에서부터 피도코^{Pidoco}나 액슈어^{Axure}, 인디자인^{InDesign}, 스케치^{Sketch}, 옵니그래플^{Omnigraffle}, 발사믹 목업$^{Balsamiq\ Mockups}$ 등 특수하게 와이어프레임을 만들기 위해 제작된 도구들까지 수많은 와이어프레임 소프트웨어를 찾아볼 수 있다.

이 이미지는 발사믹이라는 디지털 와이어프레임 도구로 만든 요리앱 홈 화면 예시다.

어떤 도구를 사용할지 정하지 못했다면 구글 검색을 통해서 사용할 수 있는 와이어프레임 소프트웨어 목록을 찾을 수 있다. 하지만 그때부터는 너무 많은 선택지 중에서 선택해야 하는 또 다른 문제에 직면하게 될 것이다.

몇 가지 와이어프레임 도구 후보를 두고 선택에 어려움을 느낀다면 다음 질문을 스스로에게 던져본다.

- 필요한 기능을 모두 가지고 있는가? 결정을 내리기에 앞서 선택하려는 도구에 특정 프로젝트에서 사용할 와이어프레임을 쉽고 빠르게 만들 수 있는 기능이 모두 포함돼 있는지 확인한다. 전문적인 와이어프레임 소프트웨어를 현금으로 구매하고자 한다면 특히 중요하다. 무료 와이어프레임 소프트웨어를 다운로드해보고 나서 자신과 맞지 않다는 것을 알게 될 수도 있겠지만, 적어도

어렵게 번 돈을 낭비하지는 않게 된다. 또한 웹사이트의 현란한 광고 문구에 휘둘리지 않기 위해서는 자신이 생각하는 와이어프레임 도구가 가지고 있어야 할 기능을 모두 메모해둔다. 그래야 각각의 도구에 자신이 원하는 기능을 포함하고 있는지 여부를 확인할 수 있다. 그런 다음, 다음 질문으로 넘어간다.

- 변경이 가능한가? 자신이 원하는 대로 와이어프레임 프로그램을 변경할 수 있다는 것은 언제나 긍정적이며, 일반적이지 않거나 맞춤형 UI를 만들고 있다면 이는 특히나 중요하다.

- 재사용 요소들을 저장할 수 있는가? 액션 바와 메뉴, 버튼과 같이 다양한 화면에 걸쳐 사용되는 여러 가지 UI 요소를 보통 사용한다. 와이어프레임을 만드는 과정에 속도를 붙이기 위해서 시각적인 요소를 쉽게 저장하고 재사용할 수 있는 도구를 알아본다.

- 도구를 배우는 데 걸리는 시간은 어떤가? 전문가용 벡터 일러스트레이션 도구는 프로젝트에 꼭 필요한 도구 같아 보이지만, 이러한 복잡한 도구들은 머리만 아프게 만들게 되고 특히나 디자인 분야에 정말 익숙하지 않은 경우라면 더욱 더 그렇다. 와이어프레임을 만드는 목적은 다양한 레이아웃을 빠르게 확인해봄으로써 시간을 절약하는 데 있다. 하지만 실제로 와이어프레임을 만드는 것보다 소프트웨어 사용자 설명서를 보는 데 시간을 낭비하게 된다면 이 모든 활동이 정말 쓸모 없게 되는 것이다.

- 와이어프레임 제작 소프트웨어를 잘 다루는가? 프로그램이 최신이 아니거나 기능이 많지 않더라도 합리적인 시간 내에 효율적으로 와이어프레임을 만들 수 있다면 새로운 소프트웨어를 다루기 위해 시간을 들이는 것보다 오랫동안 사용해오던 것을 사용해도 좋다.

너무 다양한 와이어프레임 도구로 인해 어려움을 느낀다면 성급하게 전문가용 이미지 편집 도구를 구매하기보다 무료 와이어프레임 도구에 관심을 두는 것도 좋다. 무료 도구의 큰 장점은 많은 비용 지불로 금전적인 손실 없이 몇 가지 소프트웨어를 다운로드해보면서 자신에게 맞는지 여부를 빠르게 직접 확인할 수 있다는 점이다.

와이어프레임에 콘텐츠 추가하기

지금까지는 와이어프레임에 콘텐츠를 일부러 추가하지 않았다. 그러나 때가 되면 화면의 동작 방식과 표현하고자 하는 콘텐츠가 잘 맞는지 여부를 확인해야 한다. 디지털 와이어프레임이 만족스럽다면 콘텐츠가 와이어프레임에 맞는지 또는 와이어프레임을 고쳐야 하는지 확인할 시간이다.

문구가 주를 이루는 콘텐츠는 그 어떤 플랫폼에서도 환영받지 못한다. 모바일 기기에서는 더욱 그렇다. 스마트폰이나 태블릿의 작은 화면에서 차별성 없고 더 크게 보이기까지 하는 거대한 텍스트 영역이 만들어질 수 있다.

앱의 문구를 고급스럽게 표현하려면 디자인에 아이디어를 더해야 하며, 와이어프레임은 이를 시작하기에 더할 나위 없는 곳이다.

디지털 와이어프레임에서 제목과 부제목 포함, 다양한 폰트, 텍스트 크기, 글머리 기호, 번호 서식과 같은 디자인 요소부터 확인한다. 기본적으로 사용자가 정말 읽고 싶고 톡톡 튀며 호감 가는 문구에 사용자가 좋아할 만한 표현 방식과 디자인을 더한 UI가 최종 결과물이다.

만약 자신 앞에 놓인 최종 화면 디자인에 콘텐츠와 문구 디자인의 문제가 남아 있다면, 큰 문제가 아니라고 스스로를 설득하거나, 또는 최적의 화면 디자인은 아니더라도 쉽고 빠른 대안을 찾으려 할 가능성이 크다.

와이어프레임에 콘텐츠를 추가할 때, 실제 콘텐츠가 어떠했는지 기억하는 것이 중요하다. 이는 와이어프레임에서 동일한 비율의 크기와 길이의 텍스트를 사용하도록 만들어준다. 아쉽게도, 아주 운이 좋은 경우가 아니라면 실제 콘텐츠 작업과는 전혀 다르겠지만 와이어프레임에서 사실적인 텍스트를 사용해야 한다.

클래식한 Lorem ipsum 라틴 필러 텍스트나 더미 콘텐츠를 사용할 수도 있겠지만, 레이아웃이 보여주려는 콘텐츠와 잘 맞는지 확인하기 위해서는 최종적으로 화면에 보이게 될 문구와 동일한 문구를 사용하는 것이 가장 좋다.

요리앱의 경우에, 각 상세 요리법 화면의 텍스트가 다양하기 때문에 문제가 될 수 있다. 예를 들어, 요리법 제목의 길이가 제각각이라면 어떻게 모든 제목을 정해진 공간에 맞춰 넣을 것인가?

답은 제목 텍스트 박스에 맞춰야 하는 제목의 길이를 모두 확인하고 평균 길이를 구하는 것이다. 또한 어색한 콘텐츠를 찾아내 UI에서 이 같은 경우 어떻게 지원할 것인지 방안을 생각해내야 한다. 이 경우는 가장 긴 요리법 제목과 가장 짧은 요리법 제목을 찾은 다음 효과적으로 보여줄 방법을 찾는 것이다.

상세 요리법 화면에서 짧은 제목을 보여줘야 할때, 제목 텍스트 박스의 크기는 고정돼야 할까? 아니면 동적으로 변경돼야 할까? 만약 동적이라면 이때 박스 주위에 빈 공간이 많이 생기지 않도록 할 수 있는 방법은 무엇일까? 흔치 않은 긴 제목의 요리법까지 수용하기 위해 박스 크기를 늘려야 할까?

모든 경우의 수를 와이어프레임에 녹일 필요는 없지만, 문구와 콘텐츠의 변경으로 인해 레이아웃에 발생할 수 있는 중대한 문제를 확인하는 것은 필요하다. 그래야 일반적이지 않은 문구나 콘텐츠를 수용할 수 있는 아주 유연한 와이어프레임을 만들 수 있다.

▌ 종이 프로토타입이란?

만족할 만한 디지털 와이어프레임이 완성됐다면 종이 프로토타입을 가지고 이 디자인을 시험해보는 것이 좋다.

종이 프로토타입이란 여러 장의 종이에 앱의 각 화면을 대표하는 대략적인 그림을 그리는 것이다. 다음으로 이 종이 프로토타입을 사용자(혹은 복수의 사용자) 입장에서 테스트한 다음, 사용자의 피드백을 디지털 와이어프레임에 적용한다. 이 사용성 테스트 기법은 단순해 보이지만 실제로 디자인을 다듬고 검토하는 데 아주 유용하기 때문에 가능하면 하는 것이 좋다.

종이 프로토타입 제작은 다음의 두 가지 이유로 디자인 과정에서 중요하다.

- **지나칠 수 있는 사용성의 문제를 모두 발견해낼 수 있는 장점이 있다.** 디자인에 어쩌다 발생하는 문제를 매번 찾아내기란 쉽지 않다. 종이 프로토타입은 단 한 줄의 코드도 작성하지 않고 대상 사용자가 앱을 테스트할 수 있는 방법을 제공한다. 또한 이미 이야기한 것처럼 디자인 결함을 미리 확인하고 쉽게 수정할 수 있다.

- **앱의 내비게이션을 미리 확인해볼 수 있다.** 쉽고 막힘 없는 내비게이션을 디자인하는 것은 성공적인 앱을 만드는 가장 기본적인 부분이다. 하지만 실제로 내비게이션을 해보기 전까지는 내비게이션에 대한 정확한 측정이 어렵다. 프로토타입은 내비게이션을 가지고 시운전해보면서, 사용자가 자신의 앱을 내비게이션하는 것이 얼마나 쉽고 어려울지 직접 확인해보는 방법이다. 만약 종이 프로토타입 단계를 생략한다면 실제로 자신의 앱을 빌드해보기 전까지는 내비게이션의 문제점을 알 수 없으므로 위험하다. 또한 내비게이션은 앱의 전반에 걸쳐 일관성을 유지해야 하기 때문에, 만약 하나의 화면에서 내비게이션을 수정해야 한다면 모든 화면의 내비게이션을 바꿔야 할 수도 있으며, 이 같은 문제를 프로젝트 막바지에 발견하고 싶지는 않을 것이다. 종이 프로토타입을 사용하면 처음부터 정확한 내비게이션을 만들 수 있는 확률이 높아진다.

사용성 테스트

종이 프로토타입은 사용성 테스트하기에 아주 적합하다. 자신의 프로토타입을 실사용자가 시험하는 것이 이상적이겠지만, 디자인 과정에 참여하지 않은 동료나 친구, 가족이 좋은 대역이 될 수 있다.

가장 효과적인 사용성 테스트는, 일반 사용자가 구글 플레이 스토어에서 앱을 다운로드해 사용할 때처럼 자신의 앱에 대해서 아무것도 모르는 상태로 접근해 실제적인 반응을 보이는 사람이 필요하다.

사용성 테스트할 때, 테스터가 종이 프로토타입으로 상호작용하면 사용자의 동작에 반응하도록 프로토타입을 조작한다. 예를 들어, 사용자가 홈 화면으로 이동^{Go to home screen} 버튼을 탭하면 페이지를 홈 화면 프로토타입으로 바꿔 보여준다. 좀 우스꽝스럽게 들릴지 모르지만 이 또한 앱을 개발하고 디자인하는 데 많은 시간을 들이지 않으면서 잠재적인 사용성 문제를 발견할 수 있는 아주 효과적인 방법의 하나기 때문에 좀 바보 같아 보이더라도 그럴 만한 가치는 충분히 있다.

사용자에게 종이 프로토타입으로 상호작용했던 피드백을 요청하고 각각의 행동을 한 이유와 다음에 무슨 일이 일어나기를 기대했는지 반드시 설명하도록 한다. 또한 UI에서 헷갈리거나 마음에 들지 않은 부분을 모두 말할 수 있도록 격려한다. 사용자가 다음 화면으로 내비게이션하는 방법을 이해하고 있는가? 각각의 새로운 화면을 사용하기 위해 무엇을 해야 할지 바로 이해하는가 아니면 사용을 멈추고 생각해야 하는가?

디지털 와이어프레임을 수정하기 위해서는 타당한 정보를 충분히 수집하는 것이 좋다. 만약 와어이프레임에 어떠한 중대한 변경이 생겼다면 새로운 종이 프로토타입을 만들고 동일한 사용자가 테스트하도록 한다. 테스터가 종이 프로토타입으로 쉽게 내비게이션할 수 있고 추가적인 피드백이나 제안이 없어질 때까지 이 과정을 반복한다.

이 단계에서 디지털 와이어프레임에 대한 확신이 생기게 된다. 다음 장에서는 디지털 프로토타입을 더 상세하게 만들기 위해 이 와이어프레임을 사용할 것이다.

빠르게 프로토타입 만들기

협업해야 하는 앱이라면 빠르게 프로토타입을 만드는 방법 중 하나인 종이 프로토타입의 사용을 고려해야 한다.

빠르게 프로토타입을 만드는 방법에서는 모든 팀 구성원이 사용자가 돼서 종이 프로토타입을 만들고 이를 시험한다. 다음으로 팀 구성원은 자신의 의견과 생각을 나눈 후 각 구성원은 두 번째 프로토타입을 만든다. 다시 만나서 모든 프로토타입을 사용자가 돼 테스트한 후 서로의 의견을 공유한다. 그리고 수집된 피드백에 기반해 자신의 디지털 와이어프레임을 업데이트한다. 이는 다수의 사용자로부터 피드백을 수집해 가치 있는 정보를 디자인에 결합하기 위한 아주 쉽고 빠른 방법이다.

요약

안드로이드 앱에 개발에 관해서라면 기획의 가치를 과소평가할 수 없다.

이 장에서는 앞의 장에서 만들었던 높은 수준의 기획을 실제 화면 디자인으로 변환하는 방법을 살펴봤다. 빠르게 종이와 연필로 와이어프레임을 만든 후, 콘텐츠와 문구로 완성되는 상세 디지털 와이어프레임의 바탕으로 사용했다. 마지막에는 종이 프로토타입을 만든 다음, 최상의 화면 디자인을 만들 때 유용하게 사용할 수 있는 사용성 테스트 방법까지 살펴봤다. 다음 장에서 안드로이드 스튜디오와 안드로이드 SDK를 사용해 더 복잡하고 세련된 디지털 프로토타입을 만드는 방법을 살펴볼 것이다.

만약 이 장에서 처음으로 와이어프레임과 프로토타입을 접했다면 아직 어려움이 많겠지만 중요하게 기억할 것은 어떤 형태의 와이어프레임이나 프로토타입을 만들더라도, 이미 이전에 할 수 있었던 것보다 더 많이 기획하고 있다는 것이다.

한 가지 주의 사항은 디자인 과정의 초기부터 화면 디자인을 완벽하게 하기 위해서 너무 많은 시간과 노력을 들이지 말라는 것이다. 디자인은 윤곽에서 부터 아주 거칠게 시작돼 다양한 기획 단계를 거치면서 점진적으로 수정되고 상세화된다.

만약 여전히 확신이 없다면, 이 장에서 포함하고 있는 요리법 와이어프레임을 다시 살펴보고 스스로에게 "어떻게 이 디자인을 개선할 것인지" 질문해보자. 그리고 그 결과를 와이어프레임으로 만들어보자. 이 와이어프레임에 기초한 프로토타입을 만들어볼 수도 있다. 또다른 방법으로는 자신이 좋아하는 안드로이드 앱을 실행한 다음 메인 화면의 와이어프레임과 프로토타입 버전을 모두 만들어보는 것이다. 이 두 가지 모두 실제 안드로이드 프로젝트를 기획할 수 있게 될 때까지 자신의 기술을 향상시킬수 있는 좋은 방법이며, 와이어프레임과 프로토타입의 전문가가 될 수 있을 것이다.

지금까지 애플리케이션을 대략적으로 디자인했으며, 더 개선하는 작업 단계로 나아갈 시간이다. 7장에서는 안드로이드 스튜디오를 사용해 와이어프레임과 종이 프로토타입 기반의 동작하는 디지털 프로토타입을 만들어본다.

7
프로토타입 만들기

6장에서 초기 디자인 작업의 많은 부분을 진행했다. 이제 이전 단계에서 작성한 디자인을 가지고 개발 초기 단계로 들어간다. 그 첫 번째 작업은 디지털 프로토타입 제작이다.

여러 벌의 와이어프레임과 종이 프로토타입 작업을 해봤으니 이제 본격적인 개발 작업을 시작하고 싶어 몸이 근질근질할지도 모르겠으나 디지털 프로토타입 제작은 디자인 과정에서 매우 중요한 단계다.

디자인에 이미 투입된 모든 시간과 노력에도 불구하고 이 디자인은 아직 여전히 기획안이다. 디지털 프로토타입을 통해 실제 환경에서 이 기획안이 동작할 수 있을지 여부를 확인해볼 수 있다. 또한 디지털 프로토타입을 만들면 아무런 코드도 작성하지 않고 동작하는 버전의 앱을 빨리 확인해볼 수 있다.

이 장의 마지막 즈음에는 앱이 동작하는 디지털 프로토타입을 완성하게 될 것이다. 또한 좀 더 상세한 앱 기획을 통해 그래픽 디자인을 시작할 수 있는 확정된 디자인도 얻게 될 것이다.

안드로이드 개발 환경이므로 이 장에서는 안드로이드 스튜디오를 활용해 디지털 프로토타입을 만드는 데 초점을 둔다. 안드로이드 스튜디오가 설치돼 있지 않다면 http://developer.android.com/sdk에서 받을 수 있다. 그 밖에 이클립스 같은 IDE를 사용하고자 한다면 디지털 프로토타입을 포함한 모든 과정이 유사하므로 선택한 IDE에서도 따라 할 수 있다.

▌안드로이드 스튜디오에서 프로토타입 만들기

안드로이드 프로토타입 제작에 적합한 안드로이드 스튜디오와 같은 도구를 이미 설치했을 수도 있다.

이 IDE는 디지털 프로토타입을 빠르게 만들기 위해 필요한 고급 레이아웃 편집기 기능을 가지고 있다. 이 레이아웃 편집기는 안드로이드 스튜디오의 XML 레이아웃 리소스 파일을 열 때마다 자동으로 실행된다.

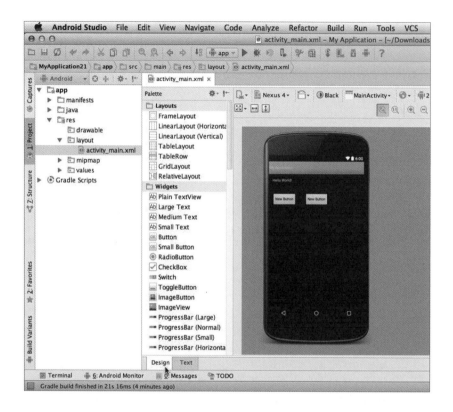

디지털 프로토타입을 가장 빠르게 만드는 방법은 편집기의 **디자인**Design 탭을 선택하는 것이다(스크린샷의 커서가 있는 곳). 새로운 영역에 앱 레이아웃의 **캔버스**canvas 미리 보기 화면과 **위젯**widgets이라고 하는 미리 만들어진 여러 가지 UI 요소를 포함하고 있는 **팔레트**Palette가 열린다. 이 팔레트의 위젯을 끌어다 캔버스에 올리면 프로토타입을 빠르게 만들 수 있다.

프로토타입을 만들 때(보통 안드로이드 앱의 경우), 아주 타당한 이유가 아니라면 디폴트 위젯을 사용해야 한다. 미리 제작된 위젯은 개발자가 더 쉽게 개발할 수 있도록 도와줄 뿐만 아니라 대부분의 안드로이드 사용자에게도 이미 친숙하다. 따라서 사용자는 앱의 UI에 있는 어떤 요소와 상호작용해야 하는지 바로 알 수 있다.

앱의 레이아웃을 더 자세하게 수정하고 싶다면 **텍스트**Text 탭을 선택해 레이아웃의 기초가 되는 XML 코드를 수정한 후, 다시 **디자인**Design 탭을 선택해 캔버스에서 바뀐 부분을 확인한다. 이같은 방법으로 동작하는 프로토타입을 단시간에 얻을 수 있으며, 안드로이드 기기나 에뮬레이터에서 테스트할 수 있다.

또한 안드로이드 스튜디오에서 프로토타입을 만드는 것은 여러 가지 다양한 화면 설정에서 자신의 디자인이 어떻게 보이고 동작하는지 확인할 수 있는 아주 좋은 방법이다. 만약 여러 종류의 안드로이드 기기가 있다면 이 모든 기기에 프로토타입을 설치할 수 있겠으나, 대부분의 안드로이드 개발자는 여러 가지 **AVDs**Android Virtual Devices를 사용해 다양한 기종에서 자신의 프로젝트가 잘 동작하는지 확인한다.

 8장에서 디지털 프로토타입을 배포하고 시험하는 부분을 좀 더 자세히 살펴볼 것이다.

또한 안드로이드 스튜디오에 내장된 **미리 보기**Preview를 통해 다양한 기기에서 자신의 프로토타입이 어떻게 보이는지 빠르게 확인할 수 있다. 이 창을 사용하기 위해서 **텍스트**Text 탭을 선택한 다음 화면의 오른쪽에 있는 **미리 보기**Preview 탭을 클릭한다(스크린 샷에서 마우스 포인터가 가리키는 곳).

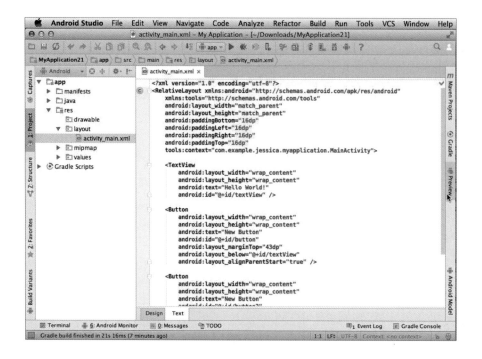

이 탭을 열면 안드로이드 기기에 나타난 앱의 미리 보기를 확인할 수 있다. 다양한 안
드로이드 기기에서 레이아웃이 어떻게 보일 것인지 확인하기 위해서는 현재 선택된 기
기의 이름을 확인(다음 스크린 샷에서 포인터가 위치한 곳)한 후 업/다운 메뉴에서 새로운
기기를 선택한다. 드롭다운 메뉴의 Preview all screen sizes를 선택하면 다양한 기기에
대한 UI를 한 번에 미리 확인할 수도 있다.

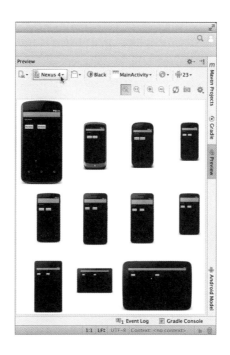

첫 번째 프로토타입 만들기

앱의 어떤 화면이나 프로토타입이 될 수 있지만, 사용자가 앱을 실행할 때 처음 보게 되는 화면으로 시작하는 것이 좋다. 예를 들어 요리앱에서는 홈 화면이 처음 보게 되는 화면이고, 이 화면으로 프로토타입을 만들 것이다.

요리 앱의 와이어프레임을 생각해보면, 앱을 구성하는 요리법에 대한 사진과 환영 인사 메시지가 홈 화면에 포함돼 있다. 또한 메뉴도 포함돼 있으며 사용자가 앱의 주요 화면을 대부분 쉽게 찾아갈 수 있다. 특히 이 메뉴에는 검색 화면과 사용자의 요리법 스크랩북, 여러 가지 요리법 카테고리로 가는 링크가 모두 포함돼 있다.

이 메뉴에 상당수의 옵션을 추가해야 하므로 내비게이션 드로어navigation drawer를 사용한다. 내비게이션 드로어는 스크롤을 할 수 있고 더 이상 필요 없을 때는 보이지 않게 접히기 때문에 깔끔하고 효과적이다.

내비게이션 드로어의 개념에 익숙하지 않다면 구글의 안드로이드 머티리얼 디자인 가
이드라인 중에서 내비게이션 드로어에 대해 설명하고 있는 부분을 살펴보기 바란다.
https://material.google.com/patterns/navigation-drawer.html

안드로이드 스튜디오를 실행하고 새로운 프로젝트를 만든다. 자신의 프로젝트에 가장 적합한 설정을 선택한다. 이 예제에서는 **내비게이션 드로어**^{Navigation Drawer} 템플릿을 선택한다. 이름에서 이미 눈치를 챘겠지만 이 템플릿에는 홈 화면의 디지털 프로토타입을 좀 더 쉽게 만들 수 있는 내비게이션 드로어가 내장돼 있다.

다음으로 넘어가기 위해 **피니시**^{Finish} 버튼을 클릭하고, 프로젝트를 생성한다. 기본적으로 이 프로젝트에는 이미 상당한 코드와 리소스가 포함돼 있다. 자동으로 생성된 이 모든 코드와 홈 화면 와이어프레임이 일치하도록 수정하는 것이 목표다. 화면에 환영 메시지와 이미지를 생성하고 추가하는 아주 간단한 작업부터 시작해보자.

프로젝트의 content_main.xml 파일을 열고 RelativeLayout을 부모 컨테이너로 사용한다. 다음으로 **디자인**^{Design} 탭을 선택하고 **팔레트**^{Palette}에서 TextView 하나와 ImageView 위젯 두 개를 끌어다가 캔버스 위에 올려 놓는다.

다음으로, 이 위젯에 텍스트와 이미지를 채운다. 그리고 맘에 드는 환영 메시지를 넣을 문자열 리소스를 만든다. 사용하려는 이미지 두 개를 프로젝트의 drawable 폴더에 추가한다(예제에서는 mushroomtoast.jpeg와 sundayroast.jpeg를 사용한다). 다음으로 문자열 리소스를 표시하기 위해 TextView를 업데이트하고, 선택한 이미지를 표시하기 위해 ImageViews를 업데이트한다.

디지털 프로토타입에 시간을 낭비하지 마라!

이 단계에서 최종 앱의 모양과 똑같이 ImageView와 TextView의 위치를 잡는 데 많은 시간을 들일 수도 있다. 하지만 프로토타입을 완벽하게 만드는 데 너무 많은 시간을 들이지 않도록 경계해야 한다.

중요하게 기억해야 할 것은 디지털 프로토타입의 목적이 프로젝트 초기 버전을 만드는 것이 아니라 개념적인 디자인을 검증하는 데 있다는 것이다. 디지털 프로토타입을 완벽하게 만드는 데 너무 많은 시간을 들인다면 차라리 초기 버전 앱을 만드는 것이 더 나을 것이다.

디지털 프로토타입은 디자인의 잠재적인 문제점을 드러내준다. 즉 이전 단계로 되돌아가 와이어프레임을 수정하거나 완전히 재작업하게 만들 수도 있다는 것이다. 만약 이러한 일이 발생하더라도 실제 앱을 만드는 단계로 접어든 다음에 디자인의 문제점을 발견하는 것보다 초기 단계에서 발견하는 것이 더 낫다는 것을 알기에 위안으로 삼을 수 있다. 프로토타입을 완벽하게 만드는 데 많은 시간을 소모하지 않아야만, 디지털 프로토타입이 초기 검출 기법 중에서 가장 강력하면서 시간을 절약해주는 도구가 될 수 있다. 세부 사항을 완벽하게 만들기 위해 고민의 늪에 빠지는 일이 없도록 주의하고, 될 수 있는 대로 빠르게 프로토타입을 만들도록 한다. 이것은 일반적으로 완성된 최종 화면이 어떻게 보일 것인지 간략하게 보여주는 화면으로, 기능이 거의 없거나 전혀 없는 화면을 만드는 것을 말한다.

다음은 홈 화면 프로토타입에 대한 XML이다. 프로토타입이 하나이므로 모든 UI 요소를 정렬하는 데 아주 많은 시간이 걸리지는 않는다.

```
<?xml version="1.0" encoding="utf-8"?>
<RelativeLayout xmlns:android="http://schemas.android.com/apk/res/android"
  xmlns:app="http://schemas.android.com/apk/res-auto"
  xmlns:tools="http://schemas.android.com/tools"
  android:layout_width="match_parent"
  android:layout_height="match_parent"
  android:paddingBottom="@dimen/activity_vertical_margin"
  android:paddingLeft="@dimen/activity_horizontal_margin"
  android:paddingRight="@dimen/activity_horizontal_margin"
  android:paddingTop="@dimen/activity_vertical_margin"
```

```
        app:layout_behavior="@string/appbar_scrolling_view_behavior"
        tools:context="com.example.jessica.myapplication.MainActivity"
        tools:showIn="@layout/app_bar_main">

    <ImageView
        android:layout_width="175dp"
        android:layout_height="225dp"
        android:id="@+id/imageView2"
        android:src="@drawable/mushroomtoast"
        android:layout_below="@+id/textView2"
        android:layout_toEndOf="@+id/textView2" />

    <ImageView
        android:layout_width="175dp"
        android:layout_height="225dp"
        android:id="@+id/imageView3"
        android:src="@drawable/sundayroast"
        android:layout_below="@+id/imageView2"
        android:layout_alignStart="@+id/imageView2" />

    <TextView
        android:paddingTop="10dp"
        android:layout_width="wrap_content"
        android:layout_height="wrap_content"
        android:textSize="40sp"
        android:text="@string/welcome!"
        android:id="@+id/textView2"
        android:layout_alignParentTop="true"
        android:layout_alignParentStart="true" />

</RelativeLayout>
```

에뮬레이터나 안드로이드 기기에서 다음과 같이 보이는지 확인한다.

다음으로 내비게이터 드로어에 메뉴 항목 추가하는 단계는 더 복잡하다.

프로젝트의 res/menu/activity_main_drawer.xml 파일에서 내비게이션 드로어 코드를 모두 볼 수 있다. activity_main_drawer.xml에 꽤 많은 코드가 있지만, 이 코드는 내비게이션 드로어에 아이템을 추가하는 방법을 잘 나타내고 있으므로 그냥 삭제하기보다는 탬플릿으로 사용한다.

현재 activity_main_drawer.xml 파일은 다음과 같다.

```
<?xml version="1.0" encoding="utf-8"?>
<menu xmlns:android="http://schemas.android.com/apk/res/android">

    <group
```

// 내비게이션 드로어에 <items>관련 그룹을 지어주는 보이지 않는 컨테이너며 선택 사항이다 //

```
android:checkableBehavior="single">
```

// <item> 요소의 android:checkable 속성을 사용해 개별적인 메뉴 항목에 대해 체크하는 행위를 정의하거나, <group> 요소의 android:checkableBehavior를 사용해 전체 그룹에 대해 체크할 수 있는 행위를 정의할 수 있는 요소로 선택 사항이다. 이 예제에서는 <group> 내부에 모든 <items>를 체크할 수 있도록 만든다. "single"은 사용자가 그룹 내의 항목을 한 번에 하나만 선택할 수 있다는 의미다. 그 밖에 사용할 수 있는 값으로는 사용자가 아무 항목도 체크할 수 없는 "none"이나 여러 개의 항목을 언제나 체크할 수 있는 "all"이 있다 //

```
        <item
```

// 새로운 메뉴 항목 생성 //

```
            android:id="@+id/nav_camera"
```

// 고유한 리소스 ID를 메뉴 항목에 할당해, 사용자가 선택한 메뉴의 항목을 앱에서 인식할 수 있도록 한다 //

```
            android:icon="@drawable/ic_menu_camera"
```

// 이 항목의 아이콘으로 사용할 drawable을 정의한다 //

```
            android: />
```

// 그 밖에 내비게이션 드로어에 보여주고 싶은 항목을 정의한다 //

```
            <item
            . . . . . . . . . . .
            . . . . . . . . . . .
            . . . . . . . . . . .

        </group>
```

// 특정 그룹의 마지막임을 의미한다 //

```
        <item android:>
            <menu>
```

// 새로운 그룹의 시작임을 의미한다 //

```
          ..........
          ..........
          ..........

        </menu>
      </item>

</menu>
```

이미 말한 것처럼, 추가할 메뉴 항목은 스크랩북과 검색 화면, 다양한 요리법 카테고리가 있다. 첫 번째로 각 메뉴 항목에 사용할 아이콘을 정한다.

대부분의 사용자에게 이미 익숙하고 무슨 의미를 갖고 있는지 잘 알기 때문에 가능하면 모든 위치에 시스템 아이콘을 사용한다. https://design.google.com/icons/에서 머티리얼 디자인 가이드의 시스템 아이콘 전체 목록을 확인할 수 있다.

이 많은 아이콘 중에서 표준 검색Search 아이콘을 사용할 것이므로 해당 이미지를 다운로드해 프로젝트의 Drawable 폴더에 넣는다. 그 외의 항목에 맞는 아이콘을 찾는 작업이 쉽지만은 않지만, 단지 프로토타입이기 때문에 여기서는 대체 아이콘을 사용한다. 스크랩북이나 노트처럼 보이는 Description 아이콘을 사용한다. 그리고 각각의 요리법 카테고리에 대해서는 나이프와 포크 아이콘을 사용한다.

이러한 모든 이미지가 drawable 폴더에 잘 들어가 있다면, 다음과 같이 내비게이션 드로어 코드에 몇 가지 내용을 새롭게 추가한다.

```xml
<?xml version="1.0" encoding="utf-8"?>
<menu xmlns:android="http://schemas.android.com/apk/res/android">

  <group android:checkableBehavior="single">
    <item
        android:id="@+id/breakfast"
        android:icon="@drawable/ic_local_dining"
        android: />
```

```
<item
    android:id="@+id/lunch"
    android:icon="@drawable/ic_local_dining"
    android: />
<item
    android:id="@+id/dinners"
    android:icon="@drawable/ic_local_dining"
    android: />
<item
    android:id="@+id/healthy"
    android:icon="@drawable/ic_local_dining"
    android: />
<item
    android:id="@+id/lightmeals"
    android:icon="@drawable/ic_local_dining"
    android: />
<item
    android:id="@+id/vegan"
    android:icon="@drawable/ic_local_dining"
    android: />
<item
    android:id="@+id/budget"
    android:icon="@drawable/ic_local_dining"
    android: />

</group>

<item
    android:id="@+id/scrapbook"
    android:icon="@drawable/ic_scrapbook"
    android: />
<item
    android:id="@+id/search"
    android:icon="@drawable/ic_search"
    android: />
```

```
. . . . . . . . . . .
. . . . . . . . . . .
. . . . . . . . . . .
</menu>
```

여기까지 했다면, 안드로이드 기기나 애뮬레이터에서 최종 프로토타입을 실행한다. 이 때 화면을 드래그하면 내비게이션 드로어가 열리게 되고, 다음과 같이 드로어에 새롭게 추가된 것을 볼 수 있다.

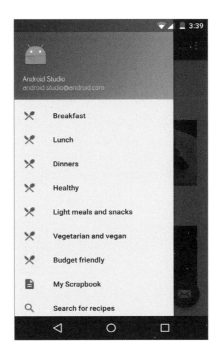

두 번째 프로토타입 만들기

와이어프레임은 UI를 좀 더 명확하게 만들어주지만, 가끔은 와이어프레임으로도 특정 화면의 버전이 매번 어떻게 바뀌게 될지 효과적으로 표현할 수 없을 때도 있다. 앱의 검색 결과 화면이 그러한 경우며, 사용자가 무엇을 검색하는가에 따라 다양한 결과가 나타나기 때문이다. 하나의 프로토타입으로 검색 결과 화면을 효과적으로 표현하려면 어떻게 해야 할까?

답은 유연한 프로토타입 레이아웃을 만들고 여기에 약간의 임의의 데이터를 추가하는 것이다. 이 데이터는 실제 콘텐츠, 즉 화면에서 최종적으로 보여주고자 하는 범위 내에서 표현돼야 한다. 앱의 콘텐츠 중에서 가장 어색한 부분을 찾기 위해 노력해야만 정말로 디자인을 테스트하는 단계로 넘어갈 수 있다. 요리법 앱을 예로 들면 너무 길거나 너무 짧은 요리법 제목을 사용하는 것이 여기에 해당된다.

까다로운 검색 결과 화면에 대한 프로토타입을 만들기 위해서 ListView를 만들고, ListView에 담을 간단한 요리법 제목과 이미지 배열을 생성한다. ListView는 이 배열이 마치 실제 검색 결과인 것처럼 레이아웃에 보여준다.

첫 번째 프로토타입을 만들었다면 해당 프로젝트에 화면을 더 추가하거나 또는 별도의 프로젝트로 그 이후의 프로토타입을 만들 수 있다. 후자가 더 단순하게 생각되므로, 빈 템플릿을 사용해 검색 결과 프로토타입을 새 프로젝트로 만든다.

별도의 프로젝트로 각 화면의 프로토타입을 만들려면 각 프로젝트마다 패키지 이름을 다르게 사용해야 동일한 안드로이드 기기에 모두 설치하고 확인할 수 있다.

다시 와이어프레임으로 돌아오면, 검색 결과 화면에는 요리법 제목과 헤더가 있는 첨부 이미지 목록을 추가돼야 한다는 것을 알 수 있다. 먼저 아주 단순한 작업인 헤더부터 만든다. 다음과 같이 프로젝트의 string.xml 파일을 열고 검색 화면의 헤더 텍스트로 사용할 문자열을 정의한다.

```
<string name="sResults">Search Results...</string>)
```

activity_main.xml 파일을 열고 부모 컨테이너의 LinearLayout이 세로가 되도록 한다. TextView를 만들고 sResults 문자열이 표시되도록 설정한다.

다음으로 검색 결과 화면처럼 화면의 프로토타입 제작을 더욱 어렵게 만드는 와이어프레임에 대해 살펴볼 차례다. 앞서 말한 것처럼 ListView를 만들고 임의의 데이터를 채우기 위해, 먼저 다음과 같이 레이아웃 리소스 파일에 ListView를 추가한다.

```xml
<?xml version="1.0" encoding="utf-8"?>
<LinearLayout xmlns:android="http://schemas.android.com/apk/res/android"
    android:layout_width="match_parent"
    android:layout_height="match_parent"
    android:orientation="vertical" >

    <TextView
        android:id="@+id/textview"
        android:text="@string/sResults"
        android:textSize="30dp"
        android:layout_width="match_parent"
        android:layout_height="wrap_content"
        android:paddingTop="10dp"
        android:paddingLeft="10dp"/>

    <ListView
        android:id="@+id/listview"
        android:layout_width="match_parent"
        android:layout_height="match_parent"
        />

</LinearLayout>
```

ListView와 list item, adapter

ListView는 항목을 스크롤할 수 있는 목록을 세로로 보여주는 뷰 그룹이다. 사용자의 탭 동작으로 목록의 항목을 모두 선택할 수 있으므로, ListView는 사용자가 제목을 선택하면 요리법 화면으로 넘어가는 검색 결과 화면을 보여주기에 알맞다. ListView의 실제 적용 사례를 확인하려면 안드로이드 기기에 내장된 **연락처** 앱을 살펴보자. 이 앱의 전체 연락처 목록은 스크롤할 수 있고 목록의 항목을 탭하면 연락처의 상세 정보를 볼 수 있다. 익숙하지 않은가?

ListView 한 가지를 알아봤으니 이제 ListView가 거의 모든 곳에 사용되고 있다는 것을 발견하게 될 것이다. 기기에 설치된 앱을 살펴보다 보면 ListView가 많은 곳에 사용된다는 사실에 놀랄 것이다.

ListView는 list item으로 구성돼 있다. 각 list item은 ListView의 열(row)로 표시되며 별도의 XML 파일에 정의된 고유의 레이아웃을 갖는다. list item을 사용하기 위한 단순한 레이아웃을 만들거나, 또는 RelativeLayout를 사용해 다양한 텍스트와 이미지를 보여주는 좀 더 복잡한 list item을 만들 수도 있다.

퍼즐의 마지막 조각은 adapter로, ListView와 데이터를 이어주는 역할을 한다. adapter는 배열과 같은 특정 소스에서 콘텐츠를 가져와 뷰에 넣는다. 다음으로 이 adapter는 각각의 뷰를 ListView의 각 열에 배치한다.

이 장에서는 adapter 중 하나로 XML파일에 정의된 뷰에 정적인 데이터를 매핑할 수 있는 SimpleAdapter를 활용한다. 이 어댑터는 아주 단순하지만 한 가지 알아야 할 것은 SimpleAdapter는 ListView에 각 열을 정의하기 위해 Maps의 ArrayList 정보를 필요로 한다는 것이다.

더 많은 ListView와 다양한 종류의 adapter에 대해 알아보려면 다음의 공식 안드로이드 문서를 살펴보자. https://developer.android.com/guide/topics/ui/layout/listview.html

ListView에서 보여주려는 항목과 열의 레이아웃을 정의한다. 다음과 같이 simple_list_layout.xml 리소스 파일을 만들고 요리법 제목과 첨부 이미지를 담을 TextView와 ImageView를 만든다.

```xml
<?xml version="1.0" encoding="utf-8"?>
<LinearLayout xmlns:android="http://schemas.android.com/apk/res/android"
```

```
    android:layout_width="match_parent"
    android:layout_height="match_parent"
    android:orientation="horizontal"  >

    <ImageView
        android:id="@+id/images"
        android:layout_width="250dp"
        android:layout_height="150dp"
        android:paddingTop="10dp"
        android:paddingRight="5dp"
        android:paddingBottom="10dp"  />

        <TextView
            android:id="@+id/recipe"
            android:layout_width="wrap_content"
            android:layout_height="wrap_content"
            android:textSize="20dp"
            android:paddingRight="10dp"/>

    </LinearLayout>
```

다음으로 임의의 검색 결과에 해당하는 이미지를 모두 추가한다. 프로젝트의 drawable 폴더에 다음과 같이 추가한다.

- blueberrypancake.jpg
- brownies.jpg
- calamari.jpg
- chilli.jpg
- fryup.jpg
- kashmiricurry.jpeg
- pie.jpeg
- redberrypancake.jpeg
- scallops.jpeg

- surfandturf.jpg

- sweetandsourprawns.jpeg

- tuna.jpeg

이러한 이미지뿐만 아니라 해당 요리법 제목도 별도의 배열에 추가한다. 다음으로 adapter를 통해서 이 배열을 ListView에 포함시킨다.

 이 예제는 첫 번째 프로토타입보다 복잡하다. 따라서 신속한 진행을 위해 최대한 코드는 빠르게 작성하고 대한 효율성과 최적화는 어느 정도 양보한다.

프로젝트의 MainActivity.java를 열고 다음과 같이 추가한다.

```
package com.example.jessica.myapplication;

import java.util.ArrayList;
import java.util.HashMap;
import java.util.List;

import android.app.Activity;
import android.widget.ListView;
import android.os.Bundle;
import android.widget.SimpleAdapter;

public class MainActivity extends Activity {

    String[] recipes = new String[] {
// 요리법 배열 생성 //
            "Easy veggie chilli",
            "Deep fried calamari with garlic and lemon mayo",
            "Best-ever chocolate brownies",
            "Everyday fish pie with cheesy sauce",
            "Seared tuna with stir-fried veggies",
```

```
        "American style blueberry pancakes with strawberry and banana",
        "Full English fry up",
        "Kashmiri curry",
        "Red berry pancakes with cream",
        "Sticky sweet and sour prawns",
        "Surf and turf for two"
    };
```
// 요리법 배열에 제목 추가 //

```
    int[] images = new int[]{
```
// 이미지 배열 생성 //

```
        R.drawable.chilli,
        R.drawable.calamari,
        R.drawable.brownies,
        R.drawable.pie,
        R.drawable.tuna,
        R.drawable.blueberrypancake,
        R.drawable.fryup,
        R.drawable.kashmiricurry,
        R.drawable.redberrypancake,
        R.drawable.sweetandsourprawns,
        R.drawable.surfandturf
    };
```
// 이미지 배열에 이미지 파일 추가 //

```
    @Override
    public void onCreate(Bundle savedInstanceState) {
        super.onCreate(savedInstanceState);
        setContentView(R.layout.activity_main);

        List<HashMap<String,String>> aList = new
        ArrayList<HashMap<String,String>>();
```
// aList 배열 리스트 생성 //

```
        for(int i=0;i<10;i(대)){
```

```java
        HashMap<String, String> myMap = new
        HashMap<String,String>();
        myMap.put("recipe", recipes[i]);
        myMap.put("images", Integer.toString(images[i]) );
        aList.add(myMap);
    }
```

// aList에 요리법과 이미지 추가 //

```java
    String[] from = { "images","recipe", };

    int[] to = { R.id.images,R.id.recipe};
```

// simple_list_layout.xml의 ImageView와 TextView 사용 //

```java
    SimpleAdapter adapter = new
    SimpleAdapter(getBaseContext(), aList,
    R.layout.simple_list_layout, from, to);
```

// SimpleAdapter를 만들고 세 가지 파라미터를 추가한다. 첫 번째 파라미터는 컨텍스트 참조
(getBaseContext)고, 두 번째는 보여주려는 데이터의 목록(aList), 세 번째는 각 열에서 사용하려는 레
이아웃(simple_layout_list.xml)이다 //

```java
    ListView listView = ( ListView )
    findViewById(R.id.listview);
```

// ListView 객체 획득 //

```java
     listView.setAdapter(adapter);
```

// ListView객체에 adapter 할당 //

```java
  }
}
```

안드로이드 기기를 컴퓨터에 연결하거나 에뮬레이터를 실행하고 다음과 같은 결과가
나오는지 살펴본다.

272

안드로이드 스튜디오의 미리 보기 기능을 활용하거나 여러 가지 AVD를 만들어 다양한 화면 구성에서 프로토타입의 상호작용이 어떠한지 시간을 들여 확인한다.

이제 동작하는 두 개의 프로토타입을 갖게 됐다. 이러한 프로토타입을 더 개선할 수 있는 부분이 있는지 스스로에게 질문해보자. 특히 다양한 화면 구성이 가능한 멀티 팬 레이아웃으로 조합할 수 있도록 UI를 나눌 수 있는 여지가 있는지 자세히 살펴본다.

디지털 프로토타입에 대한 새로운 아이디어가 있다면, 그 아이디어를 종이 위에 와이어프레임으로 작성해본다. 종이 위에 연필로 그린 와이어프레임이 가능성이 보인다면, 마찬가지로 이전 장에서 살펴봤던 동적 디지털 와이어프레임과 종이 프로토타입, 사용성 테스트 단계를 밟는 것이 이상적이다. 적어도 새로운 디자인의 디지털 프로토타입을 만들고 이 프로토타입을 최대한 여러 가지 화면 구성에서 테스트하는 데 시간을 들여야 한다.

이전 단계를 반복하는 느낌이 들 수도 있으나, 할 수 있는 최선의 디자인이라는 것을 증명하는 매우 중요한 단계다. 또한 앱을 개선할 수도 있으므로 시간을 들이는 것이 좋다. 만약 기본적인 디자인의 개선이 필요한 상태로 첫 번째 버전의 앱을 출시한다면 자신과 사용자 모두 불편한 시간을 보내게 될 것이다.

또한, "두 번째 기회에 첫인상을 심어줄 수 없다"는 말도 적용된다. 일반적인 사용자라면, 예전에 사용해봤지만 썩 좋지 않았던 앱의 2.0 버전보다는 어느 날 갑자기 나타난 멋진 앱에 더 흥미를 느낄 것이다.

아이디어를 살펴보면서 원래 디자인에서 추구하던 바가 바뀌게 되더라도, 최소한 최선을 다해 앱을 출시했다는 것에는 자부심을 가질 수 있다. 결론적으로 디지털 프로토타입을 통해 새로운 아이디어가 떠올랐다면 그 아이디어를 자세히 들여다 보자.

 새로운 와이어프레임과 프로토타입을 만들고자 한다면, 언제나 다른 사람의 의견을 확인하는 것이 좋으므로 사용자 테스트를 진행하는 것을 고려한다. 특히 앱에 대한 서로 다른 두 가지 디자인의 방향성 사이에서 고민이 된다면 더욱 그렇다.

디지털 프로토타입에 100% 만족한다면 디자인을 확정한다.

디자인 확정

지금쯤 자신의 디자인에 대한 핵심을 확실히 이해하고 있어야 한다. 어떤 UI 요소가 각 화면에 보여야 할지, 화면의 어느 위치에 보이게 할 것인지, 사용하려는 내비게이션 패턴이 어떠한지 알아야 한다. 하지만 이것으로 앱의 상세 룩앤필look and feel을 고려했다고 보기는 어렵다. 어떤 종류의 폰트를 제목에 사용할 것인가? 버튼은 어떤 색으로 할 것인가? 배경 음악이나 사운드 효과는 줘야 할까? 엘리베이션elevation이나 쉐도우shadow 같은 구글 머티리얼 디자인 가이드의 디자인 속성을 앱에 어떻게 적용할 것인가?

다음은 디자인을 확정할 때 필요한 몇 가지 고려 사항이다.

시각적인 요소

UI 요소를 보여주는 방식에 대한 세부 사항이다. 가능한 모든 곳에 안드로이드 표준 위젯을 사용하려고 노력해야 하겠지만, 표준 요소에 자신의 생각을 가미할 수 있는 부분이 여전히 많이 존재한다. 예를 들면 버튼과 메뉴의 색상이나 엘리베이션과 쉐도우 같은 구글 안드로이드 머티리얼 디자인 가이드의 요소에서 말이다.

시각적인 콘텐츠의 비율도 중요하다. 자신의 화면에서 다수의 이미지와 애니메이션을 보여줘야 한다거나 많은 양의 텍스트를 보여줘야 하는가? 늘 그랬던 것처럼, 대상이 되는 특정 사용자가 매력을 느낄 수 있도록 디자인해야 한다. 많은 이미지를 포함하거나 밝고 진한 색상의 앱은 나이 어린 사용자를 대상으로 하는 흥미 위주의 앱에는 적합하겠지만 바쁜 직장인들이 은행 잔고 확인용으로 사용하는 앱에서는 그렇게 적절해 보이지 않는다.

배경 음악과 사운드 효과

사운드는 분위기를 설정해주고 감성적인 반응을 불러일으키며 사용자가 앱에 기대하는 바를 바로 알 수 있도록 만들어주는 아주 강력한 장치다.

하지만, 사운드를 앱에 꼭 포함해야 하는 것은 아니다. 조용하다고 해서 잘못된 것은 아니며, 마찬가지로 완벽하게 조용한 앱이 오히려 나을 수도 있다. 특히 소음이 나면 안 되거나 방해가 될 수 있는 곳에서 앱을 사용하는 경우라면 더욱 그렇다.

만약 어떤 형태의 사운드를 포함해야 한다면 어떻게 하면 꼭 필요한 최소한의 사운드로 사용자가 앱과 상호작용할 수 있을지 항상 생각해야 한다. 일반적인 방법으로 사용자가 볼륨을 키우거나 줄이는 것에 영향을 받지 않고 앱을 사용할 수 있어야 한다. 또는 복잡한 레스토랑이나 바에서처럼 앱의 소리를 명확하게 들을 수 없는 곳이라고 해도 앱을 사용할 수 있어야 한다.

한 가지 예외는 앱이 본질적으로 사운드에 의존적인 경우다. 이를테면 음악 스트리밍 앱이나 내비게이션, 특정 게임용 앱이 그렇다. 이러한 경우에는 볼륨을 키우지 않고 앱을 사용하려는 사용자는 아무도 없을 것이다.

텍스트

텍스트는 사용자와 소통할 수 있는 가장 직접적인 방법이다. 텍스트를 사용할 때는 시각적으로 보이는 부분에 따라 텍스트의 내용을 고려해야 한다.

텍스트의 모양은 텍스트 사용자가 얼마나 쉽게 읽고 이해할 수 있는가에 지대한 영향을 미친다. 또한 텍스트의 미묘한 의미를 사용자에게 전달할 수도 있다. 예를 들어, textSize를 사용해 텍스트의 중요도를 지시할 수도 있으며, 제목이나 사진의 설명, 코드 블록 등 텍스트가 어떤 카테고리에 속하는지 알려줄 수 있다.

사용자와 잘 소통할 수 있는 텍스트 스타일을 만들기 위해서 다음 속성을 사용한다.

- **텍스트 크기**Text size: 모든 화면에서 일일이 텍스트 유형별 크기를 결정하지 않고 디자인을 시작할 때 앱 전체적으로 사용할 주요 텍스트의 유형별 크기를 결정한다. 미리 정한 크기로 제한을 두고 지속적으로 사용하게 되면 사용자는 각각의 textSize가 의미하는 바가 무엇인지 빠르게 학습하게 된다. 그러고 나면 사용자는 앱에서 새롭게 보게 될 모든 화면을 이해하는 데 이 정보를 활용할 수 있게 되고 어떤 텍스트가 부제목이고 본문인지 등을 크기를 통해서 곧바로 알 수 있게 된다. 폰트 크기를 android:textSize 속성에 명시한다. 예를 들면 android:textSize="10sp."와 같이 사용한다. textSize를 미리 설정하는 방법은 테마와 스타일이 가장 일반적이며 이 장의 후반부에서 살펴보겠다.
- **텍스트 스타일**Text style: 안드로이드에서 볼드와 이탤릭, 언더라인 효과를 제공하는데, 이를 적절하게 사용해야 한다. 이러한 효과를 너무 자주 사용하게 되면 시각적으로 너무 지저분하며 텍스트를 읽기가 어려워지고 결과적

으로 효과가 주는 영향이 줄어들게 된다. android:textStyle 속성을 사용해 볼드와 이탤릭, 언더라인, 볼드+이탤릭 효과를 줄 수 있다. 예를 들면 android:textStyle="bold."처럼 사용한다. 언더라인 텍스트는 조금 더 복잡하다. 문자열 리소스를 만들고 이 리소스의 텍스트에 언더라인을 적용한다. 예를 들면 <string name="main_title"><u>언더라인 텍스트</u>일반 텍스트</string>와 같이 사용한다. 그러고 나서 이 리소스를 프로젝트 레이아웃 리소스 파일에서 android:text="@string/main_title"와 같이 참조하면 UI에 언더라인 효과가 나타난다.

- **대문자 사용** Capitalization : 볼드나 이탤릭, 언더라인 효과처럼 대문자도 적절하게 사용해 효과를 감소시키지 않도록 한다. 전체가 대문자인 텍스트는 보통 고함을 지르는 것으로 해석될 뿐 아니라 읽기도 쉽지 않기 때문에 이 또한 피해야 한다.

다음으로 고려할 사항은 스타일을 적용한 텍스트로 말하고 싶은 것이 정확히 무엇인가 하는 것이다.

텍스트를 앱의 목소리라고 생각해보자. 이 목소리는 앱의 전체적인 디자인과 어울려야 한다. 만약 경쾌한 음악과 함께 색체가 풍부하고 밝은 디자인이라면 텍스트도 마찬가지로 밝게 해야 한다. 윤곽이 뚜렷하게 디자인됐다면 텍스트도 그래야 한다.

하지만 여기에 너무 집중하지 않도록 한다. 대부분 텍스트를 통해 완벽하게 이해시키기는 쉽지 않기 때문에 중립적인 어조로 설명하는 것이 좋다. 텍스트의 내용과 어조는 앱 디자인의 모든 부분에 반영돼야 한다. 만약 목표 완수를 중점에 두고 UI를 최적화했다면 텍스트도 같은 관점이 돼야 한다.

이도 저도 아니라면 중립적인 어조를 사용한다.

앱의 특성

이 절에서 설명할 요소는 지금까지 다룬 모든 부분에 조금씩은 포함돼 있는 약간 모호한 개념이다.

앱의 특성이란 여러 가지 다양한 디자인 요소나 시각적 요소, 배경 음악, 텍스트의 어조 등의 조합이라고 할 수 있다.

사용자에게 앱이 명확하고 뚜렷하다는 인상을 주고 싶다면, 이러한 여러 가지 요소가 모두 매끄럽게 연결돼야 한다. 이러한 디자인 요소에 일관성이 없다면 어딘가 이상한 앱에 사용자는 불편함을 느끼게 되고 사용하지 않게 될 것이다.

앙증맞은 이미지로 가득 차 있고, 텍스트는 세 번 이상의 감탄사를 사용하며 모든 글이 명랑하고 긍정적으로 마무리되는 중립적이면서 예쁜 파스텔 색상의 앱이, 배경 음악은 스래시 메탈^{thrash metal}(매우 빠르고 불협화음을 내는 헤비메탈의 일종)인 앱을 만들었다고 생각해보라!

지금까지 디자인하면서 내린 의사결정을 다시 한번 짚어보자. 모두가 조화롭게 하나가 됐는가? 아니면 하나 이상의 요소가 지나치게 눈에 띄었는가?

규칙은 깨지라고 있는 것이다!

대부분의 시간을 디자인의 일관성을 맞추는 데 사용하겠지만 가끔은 사용자에게 의도적으로 앱의 다른 부분과 어울리지 않는 요소를 사용해 주의를 환기시키는 것도 좋다. 가끔은 이러한 기법이 아주 강력한 효과를 만들어주기도 한다. 예를 들면 발랄한 색상과 열정적인 텍스트를 불안정한 음악과 조합해 으스스하고 불안한 분위기를 만든다거나 앙증맞은 이미지와 건조하고 반어적인 텍스트를 조합해 사용자의 웃음을 끌어낼 수도 있다.

규칙을 깨기로 결정했다면 달성하고자 하는 목표와 방법에 대한 확실한 생각이 있어야 한다.

앱의 전체적인 성격을 어떻게 할 것인지 결정하는 데 어려움을 느낀다면 대상이 되는 사용자에게 어떤 부분을 중점적으로 알리고 싶은가를 생각해보자.

늘 그랬듯이 좋은 생각이 떠오르지 않는다면 구글 플레이 스토어에 들어가서 자신의 프로젝트와 유사하거나 대상 사용자가 동일한 앱을 살펴본다.

요리법 앱은 학생들의 관심을 얻는 것이 목표이므로 플레이스토어에서 학생이라는 단어를 포함하고 있는 앱을 검색한다. 곧바로 수많은 일정 관리 앱과 대학생을 대상으로 하는 대화방 앱, 숙제장 앱 등을 볼 수 있을 것이다. 여기서 가장 많은 다운로드 수를 기록한 앱을 몇 가지 다운로드하고 얼마 동안 사용해보면서 앱의 성격을 파악한다. 앱을 사용하면서 파악된 내용을 요리법 앱의 룩앤필에 적용하기 전에, 사용자에게 가장 높은 평가를 받은 앱도 몇 가지 다운로드해 사용해본다.

▌ 테마와 스타일 만들기

이제 UI의 세부 사항에 관한 결정을 내렸으니 구현 방법을 생각할 차례다. 뷰나 액티비티 등 앱 전반에 걸쳐 일관성 있는 디자인을 사용하기로 결정했다면 이를 쉽고 빠르게 구현하기 위해 테마와 스타일을 사용하도록 한다.

디자인이 결정됐다면 일관성을 유지하면서 쉽게 구현할 수 있는 테마나 스타일을 만든다.

테마와 스타일은 근본적으로 동일한 속성을 갖고 있으며, 속성은 텍스트의 색상이나 ImageView의 크기, "wrap_content" 속성을 포함한 그 어떤 것이라도 가능하다. 차이점은 속성의 집합을 만드는 방법에 있지 않고, 다음과 같이 프로젝트에 적용하는 방법에 있다.

- 스타일은 뷰의 모양을 제어할 수 있는 속성의 그룹이다. 예를 들어 TextView 특정 스타일을 적용하려면 여기에 포함된 모든 텍스트의 크기와 색상을 명시하면 된다.

- 테마는 하나 또는 앱 전체에 액티비티를 적용하기 위한 속성의 그룹이다. 하나의 액티비티에 테마를 적용하면, 그 액티비티 내의 모든 뷰에서는 적용된 모든 속성을 사용하게 된다. 만약 테마를 앱에 적용하게 되면, 앱에 포함돼 있는 모든 뷰는 이 테마에서 적용된 모든 속성을 사용하게 된다. 테마를 처음부터 새로 만드는 것보다는 비슷한 다른 테마를 확장하는 것이 일반적이다.

스타일과 테마는 약간의 사전 작업이 필요하다. 테마와 스타일을 만드는 데 이러한 노력을 들어야 하는 이유는 무엇이고, 언제 뷰에 속성을 적용할 수 있는지 여기에서 그 이유를 몇 가지 살펴본다.

- **효율적이다**: 만일 앱에서 같은 속성의 집합을 여러 번 사용하고자 한다면, 속성을 미리 정의해 적용하는 것이 실제로 `style="@style/captionFont"`를 작성하는 것보다 훨씬 쉽다.
- **일관성이 있다**: 스타일이나 테마의 속성 집합을 정의함으로써 일관성 있는 룩 앤필을 유지할 수 있다. 그리고 이미 언급한 것처럼 사용자는 일관성 있는 것을 선호한다.
- **유연하다**: 디자인 변경은 결코 피할 수 없는 현실이다. 따라서 전체 개발 과정에 걸쳐 앱의 시각적인 부분은 수정될 수 있다고 생각해야 한다. 테마와 스타일을 사용하면 단 한 번의 수정으로 앱 전체에 바로 적용할 수 있다. 제목을 10dp 크게 하려면 단순히 `style="@style/heading"`의 `android:textSize` 속성을 늘려주면 된다.

 textSize 속성을 어디서 설명했는지, 몇 가지 텍스트 크기만 사용하는 방법이 사용자가 UI를 이해하는 데 어떤 도움을 줬는지 생각해보자. 이 같은 규칙도 마찬가지로 스타일에 적용된다. 만일 몇 가지 스타일만 제한적으로 사용한다면 사용자는 금세 이러한 스타일의 의미를 알게 되고, 새로운 화면을 이해하는 데 이 정보를 활용하게 될 것이다. 스타일의 장점을 최대한으로(또는 테마를 최대한 적게) 사용하기 위해서는 "적을수록 좋다"는 말을 기억하자.

스타일 정의하기

하나 또는 그보다 많은 스타일을 만들기 위해서 프로젝트의 res/values 폴더에 styles.xml 파일을 만들어야 한다. 이미 이 파일이 존재한다면 그대로 사용한다

다음과 같은 형식의 스타일을 만든다.

```
<?xml version="1.0" encoding="utf-8"?>
<resources>

// <Resources>는 styles.xml 파일에서 항상 루트 노드여야 함 //

    <style name="FooterFont" parent="@android:style/FooterText">

// 새로운 스타일 생성 및 이름 할당. 이 예제에서는 FooterFont를 사용함 //

        <item name="android:layout_width">match_parent</item>

// <item> 요소를 사용해 각각의 속성을 스타일에 추가 //

        <item name="android:layout_height">wrap_content</item>

// 각 <item>의 값은 문자열이나 색상, 리소스 참조, 그 밖의 가능한 값을 사용할 수 있다. 다음은
<item> 요소로 사용할 수 있는 예를 보여준다 //

        <item name="android:layout_width">wrap_content</item>
        <item name="android:textColor">#ffff0000</item>
        <item name="android:textSize">12sp</item>
        <item name="android:typeface">sans_serif</item>

    </style>

// FooterFont 스타일의 끝 //

<style name="CodeFont" parent="@android:style/TextAppearance.Medium">

// 새로운 CodeFont 스타일의 시작 //

        . . . . . . . . . . . .
```

```
       ...........
       ...........
// CodeFont의 속성을 정의할 위치 //

   </style>

// CodeFont 스타일의 끝 //

</resources>
```

해야 할 것이 많아 보이지만, 사용하려는 스타일을 단번에 만들 수는 없다. 미리 하나의 스타일을 정의한 다음 프로젝트 전체에서 반복적으로 사용하는 것이 보통이다. 또한 하나의 스타일을 정의한 다음 이와 유사한 스타일을 만들기 위해 상속을 사용할 수도 있다. 이 부분은 이 장의 후반부에서 더 자세하게 살펴볼 것이다.

 이름이 왜 중요할까?

스타일의 이름은 다른 스타일과 관계나 목적에 대한 중요한 정보를 제공할 수 있기 때문에 각각의 스타일을 어떻게 부를 것인지 정해야 한다. UI를 바꾸면 바뀌는 앱의 겉모습보다는 목적과 관련 있는 이름을 짓는 것이 좋다.

한 예로, CaptionStyle은 좋은 이름이지만 ItalicsLightCaption은 밝은 이탤릭체의 텍스트와 UI의 나머지 부분이 더 이상 어울리지 않게 되면 바뀔 수 있기 때문에 좋은 이름이 아니다. 이러한 경우 선택할 수 있는 두 가지 선택지가 있다. 하나는 일관성이 없는 이름을 계속 사용하는 것인데, 이는 잠재적인 혼란의 여지를 남겨두게 되고 특히 다른 사람과 협업을 하는 경우는 혼란이 더욱 가중될 수 있다.

아니면 styles.xml에 스타일의 새로운 이름을 부여한 후 수동으로 프로젝트 전체에서 이 스타일을 참조하는 위치를 찾아서 바꾸는 것이다. 하지만 둘 다 좋은 해결 방법은 아니다.

스타일을 만들었다면 이 스타일을 뷰에 적용하는 것은 간단하다. XML 레이아웃 리소스 파일을 열고 다음과 같이 @style 속성을 주고 이어서 적용할 스타일의 이름을 작성한다.

```
<TextView
    style="@style/CodeFont"
    android:text="@string/helloworld" />
```

모든 뷰에서 동일한 스타일 속성을 사용할 수 있는 것은 아니다. 예를 들어 ImageView 는 android:textAlignment를 사용할 수 없다. 공식 안드로이드 문서를 통해 특정 뷰 에서 지원되는 속성이 무엇인지 확인할 수 있으며, 특히 XML 속성 지원 목록에서 뷰 의 해당 클래스 참조를 확인할 수 있다. 예를 들어 텍스트 스타일을 만들고자 한다면 다 음 경로에서 TextView 클래스 참조를 살펴본다. https://developer.android.com/ reference/android/widget/TextView.html 뷰는 다른 뷰를 상속할 수 있다. EditText는 TextView 클래스를 상속받았기 때문에 EditText에 적용하기 위한 스타일 을 만들려면 TextView 클래스 참조도 확인하는 것이 좋다.

가끔은 실수로 뷰에 사용할 수 없는 속성을 적용하는 경우가 있으며, 특히 전체 액티비 티에 한 가지 스타일이나 테마를 적용하려고 할때 이러한 실수를 할 수 있다. 그렇다면 어떤 일이 발생할까. 결론은 아무일도 생기지 않는다. 뷰는 뷰에서 지원하는 속성만을 받아들이며 나머지는 무시하기 때문이다.

 뷰에 스타일을 적용하는 경우 이 스타일은 뷰에만 적용된다. 만약 ViewGroup에 스타 일을 적용한다면 자식 뷰 요소는 스타일의 속성을 상속받지 않는다. 여러 개의 뷰에 동 시에 하나의 스타일을 적용하려면 스타일을 테마로 적용해야 한다.

몇 가지 스타일 속성은 모든 뷰에서 지원하지 않으므로 이러한 속성을 테마로 액티비 티에 적용하거나 전체 앱에 적용한다. 예를 들어 애플리케이션 제목을 숨기는 속성은 하나의 뷰에 적용했을 때 아무런 영향이 없다. windowNotTitle이나 windowTitleSize, windowNoDisplay와 같은 속성은 모두 window로 시작하기 때문에 찾아내기 쉬우며, 다 음 URL에서 공식 안드로이드 문서의 일부로 제공되는 R.attr에서 전체 목록을 확인할 수 있다. https://developer.android.com/reference/android/R.attr.html

상속

부모 스타일의 속성을 상속받음으로써 쉽고 빠르게 기존 스타일의 변형을 만들 수 있다.

<parent> 속성을 사용해 상속받고자 하는 스타일을 지정한다. 그런 다음 속성을 추가하고 기존 속성을 새로운 값으로 재정의한다. 자신이 만든 스타일에서 상속받거나 또는 다음과 같이 안드로이드 플랫폼에 내장된 스타일을 상속받을 수도 있다.

```
<style name="MyAppTheme" parent="Theme.AppCompat.Light.DarkActionBar">
```

// Theme.AppCompat.Light.DarkActionBar 플랫폼 테마를 상속받는 MyAppTheme라는 이름의 새로운 스타일/테마를 생성한다. MyAppTheme는 부모의 모든 특징을 상속받는다 //

```
  <item name="colorPrimary">@color/colorPrimary</item>

  <item name="colorPrimaryDark">@color/colorPrimaryDark</item>
  <item name="colorAccent">@color/colorAccent</item>
```

//추가하거나 변경하고자 하는 속성을 정의한다. 여기서는 부모 테마의 colorPrimary와 colorPrimaryDark, colorAccent 값을 프로젝트의 colors.xml 파일에 정의한 값으로 재정의한다 //

```
</style>
```

만약 자신의 정의한 스타일을 상속받으려 한다면 <parent> 속성을 사용할 필요가 없다. 하지만 부모 스타일의 이름을 새로운 스타일의 이름에 접두어로 붙이기 위해서 마침표로 이 둘을 분리하는 것이 모범 사례며 일반적이다.

다음과 같이 이미 만들어진 사용자 정의 FooterText 스타일을 상속받아 텍스트 크기를 12sp에서 20sp로 늘린 새로운 스타일을 만든다고 생각해보자.

```
<style name="FooterText.Large">
```

// `<style>`태그 안에 부모 속성이 없다. 대신에 기존 스타일의 이름(`FooterText`)을 사용하고 새로운 스타일의 이름(`Large`)을 추가한다 //

```
    <item name="android:textSize">20sp</item>
</style>
```

다른 모든 스타일과 정확히 동일한 방식으로 상속받은 스타일을 참조한다. 이 예제에서는 `style="@style/FooterText.Large"` 부분이다.

이와 같이 원하는 만큼 계속 상속하고, 마침표를 추가해 스타일 이름도 변경한다. `FooterText.Large.Blue`과 `FooterText.Large.Italic`, `FooterText.Large.Blue.Bold` 등 원하는 대로 만들 수 있다.

하지만 모든 스타일 이름을 정확하고 쉽게 기억되도록 만들려고 집중하는 것은 별로 좋은 생각이 아니다. 결국 `FooterText.Large.Blue.Bold.Underlined.Monospace`와 같이 이름을 짓는 것이 제일 기억하기 쉬운 방법은 아니라는 것이다.

 스타일 이름을 변경해 속성을 상속받는 방법은 자신이 만든 스타일에서만 동작한다. 만약 안드로이드의 내장 스타일을 상속받으려면 parent 속성을 사용해야 한다.

테마로 작업하기

이쯤에서 왜 테마에 대해서 살펴보지 않고 스타일에 많은 시간을 할애한 이유가 무엇인지 의문이 생길지도 모른다. 그 이유는 바로 스타일을 정의하는 방법과 테마를 정의하는 방법이 정확히 같기 때문이다. 앞서 정의했던 스타일을 사용해 테마에 적용할 수 있다.

테마를 적용하기 위해서 프로젝트의 Manifest.xml을 열고 다음의 둘 중 하나에 android:theme 속성을 추가한다.

- **<application> 태그**: 앱 전체에 테마를 적용하려면 <application> 태그를 찾아서 android:theme 속성과 스타일 이름을 추가한다. 예를 들면 <application android:theme="@style/FooterFont">와 같다.
- **<activity> 태그**: 특정 액티비티에 테마를 추가하기 위해서는 해당 <activity> 태그에 android:theme를 추가한다.

테마를 적용할 때 액티비티나 앱의 범위 안에 있는 모든 뷰는 테마 속성에서 지원되는 모든 속성을 사용할 수 있다. 액티비티에 FooterFont를 적용하면 이 액티비티의 범위 안에 있는 모든 TextView(그리고 TextView의 확장된 뷰)는 이 속성의 집합을 사용할 수 있다. 앱에 FooterFont를 적용하면 TextView와 TextView를 확장한 뷰는 모두 이 속성을 갖게 되지만, FooterFont 속성을 지원하지 않는 모든 뷰는 이를 무시하게 된다. 뷰에서 FooterFont 속성을 선택적으로 지원한다면 지원되는 속성은 적용되고 나머지는 적용되지 않는다.

시간과 노력을 절약하기 위해 안드로이드 플랫폼에서는 구글 디자인 가이드에서 제공되는 머티리얼 테마를 포함한 미리 정의된 여러 가지 테마를 제공한다. 다음 경로에 있는 공식 안드로이드 문서의 R.style 에서 활용할 수 있는 스타일의 전체 목록을 확인할 수 있다. https://developer.android.com/reference/android/R.style.html

플랫폼 스타일과 테마를 모두 사용하려면 스타일 이름에 있는 언더스코어를 마침표로 모두 변경한다. 예를 들어 Theme_Dialog는 "@android:style/Theme.Dialog"로 바꾼다.

내장된 테마를 자신에 맞게 변경하려면 다음과 같이 자신이 수정하는 테마의 <parent> 태그에 해당 테마를 포함시킨 다음 원하는 속성을 추가하거나 이미 존재하는 속성을 재정의한다.

```
<style name="MyTheme" parent="android:Theme.Light">

// android:Theme.Light 플랫폼 테마를 상속받은 MyTheme을 생성한다 //

    <item name="android:windowBackground">@color/custom_theme_color</item>

// 이곳에 자신이 원하는 속성을 추가하거나 기존 속성을 재정의한다 //

    <item name="android:colorBackground">@color/custom_theme_color</item>

</style>
```

마지막 단계로 프로젝트의 Manifest를 새로운 테마로 갱신한다. 특정 액티비티에 MyTheme를 사용하려면 다음과 같이 작성한다.

```
<activity android:theme="@style/CustomTheme">
```

전체 앱에서 MyTheme을 사용하려면 다음과 같이 사용한다.

```
<application android:theme="@style/CustomTheme">
```


▌오류에 대한 준비

완벽한 세계의 사용자는 이상적인 상태에서만 앱과 상호작용할 것이다. 만약 인터넷으로 콘텐츠를 받아오는 앱이라면 사용자는 인터넷이 번개처럼 빠른 연결 상태일 때 앱을 실행하고, 앱은 중간에 성가시게 걸려오는 전화나 문자메시지와 같은 것들을 전혀 처리하지 않으며, 사용자는 자신의 이름과 패스워드를 부정확하게 입력하는 일도 전혀 없을 것이다.

애석하게도 이런 일은 현실 세계에서는 일어나지 않는다. 사용자는 실수하고 저장 공간은 점점 줄어들고 인터넷 연결 상태는 끊기고 자신이 만든 RPG 게임 앱에서 마지막 보스와 한창 전투 중일 때 사용자에게 전화가 걸려온다. 앱에서는 이렇게 전혀 이상적이지 않은 상황과 에러를 모두 처리해야 한다.

오류에 대한 계획을 세운다는 것이 이상하게 보일지 모르겠지만 안타깝게도 오류는 대부분 발생한다. 따라서 앱에서는 발생하는 오류에 대한 처리가 필요할 뿐만 아니라 또한 적절해야 한다.

이 장의 마지막에서 실제 환경에서 발생하는 오류에 대응할 수 있는 앱 디자인 방법에 대해 살펴볼 것이다.

사용자 입력 오류

사용자 입력 오류는 사용자가 잘못된 정보를 입력하거나 입력하지 않고 넘기는 것을 말한다. 일반적으로 이러한 오류는 로그인 화면이나 결제 화면에서 대부분 발생한다.

사용자에게 어떤 정보를 입력해야 하는지 명확하게 전달했다는 가정하에, 이러한 오류는 엄밀히 자신의 책임은 아니다. 하지만 이러한 종류의 오류를 대처할 수 있도록 앱을 설계해야만 한다.

사용자 오류가 발생하게 되면 앱에서는 어떤 일이 일어났는지 명확하게 알려주고 이 문제를 바로잡을 수 있는 충분한 정보를 제공해야 한다. 단순히 오류 팝업을 보여주는 것이 전부가 아니다.

에러 메시지에는 사용자가 오류를 바로잡을 수 있는 동작을 포함하는 것이 이상적이다. 팝업 예제에서 사용자가 팝업을 닫게 되면 앱에서는 사용자가 부정확한 정보를 입력한 EditText를 자동으로 선택해주고 입력받을 준비를 한다.

실제로 앱에서 지원하는 동작만 제시해야 한다. 저장 공간이 부족해 발생한 오류에 재시도 버튼을 제시하는 것은 문제를 해결하지 못한다. 사용자가 문제를 해결하도록 도와줄 수 없다면, 사용자가 실망해서 앱을 더 이상 사용하지 않게 할 수도 있는 무의미한 동작을 제공하기보다는 오류가 무엇이고 원인이 어떤 것인지, 어떻게 오류를 바로잡을 수 있는지 설명하는 편이 더 낫다.

앱에서 오류가 발생할 때 사용자가 입력한 정보를 가능한 한 많이 유지해야 한다. 만약 사용자가 패스워드를 부정확하게 입력했으나 나머지 정보는 모두 입력을 했다면, 패스워드를 부정확하게 입력했다는 내용을 사용자에게 알려줌과 동시에 정확히 입력한 이름과 주소, 그 외의 항목은 유지해야 한다.

하지만 사용자의 입력 오류를 처리하는 동안에도 좋은 디자인의 중요성을 간과해서는 안 된다. 앱에 이것을 적용하는 데 실패했다면 스타일 역시 망친 것이다. 잘 디자인된 오류 메시지는 앱과 자연스럽게 어울린다. 팝업 예제에서 전체적인 앱의 색상을 더 나은 색상으로 변경하거나 폰트를 변경하거나 앱의 성격을 반영한 사운드 효과를 팝업에 적용할 수 있다.

예제로 팝업 메시지를 사용해봤지만, 최대한 단순하면서 사용자가 인지하기 쉬운 디자인의 오류 메시지를 만드는 방법을 지속적으로 찾아야 한다. 이러한 방법은 대부분 언더라인이나 강조, 부정확하게 입력한 항목 자동 선택, 발생한 오류를 설명해주는 텍스트가 추가된 화면을 다시 불러오는 것, 사용자를 잘못된 정보를 입력한 화면으로 다시 돌아가게 하는 것을 포함한다.

사용자 입력이 가장 일반적인 오류의 원인 중 하나지만 거기에는 다음과 같은 종류의 오류와 앱에서 처리해야 하는 전혀 합리적이지 않은 상황이 있다.

- **연결성의 결여**: 사용자가 오프라인 상태에서 인터넷이나 네트워크 접속이 필요한 기능에 접근하려고 한다면, 이 동작을 마무리하기 위해서 인터넷 연결이 필요하다는 것을 설명하는 단순한 메시지를 표시해야 한다.
- **공존할 수 없는 상태**: 이러한 오류는 사용자가 오프라인 상태일 때 메시지 앱을 통해서 메시지를 보내려고 하는 것과 같이 서로 충돌하는 동작을 실행하려고

할 때 발생한다. 이 에러가 발생하면 앱에서는 사용자에게 이 오류를 설명하는 메시지를 표시하고 현재 상태를 변경할 수 있는 쉬운 방법을 제공하는 것이 이상적이다.

- **권한의 불일치**: 사용자가 특정 권한을 필요로 하는 동작을 선택했다면 앱에서는 사용자에게 알리고 해당 권한을 부여받을 수 있는 선택권을 제공해야 한다. 사용자가 이러한 권한 요청을 거부한다면, 해당하는 모든 기능이 비활성화되기 때문에 사용자는 현재 앱에서 제공할 수 없는 기능에 더 이상 접근하지 않게 된다. 마찬가지로 사용자가 마음을 바꾸는 경우에 이전에 거부했던 권한을 부여받을 수 있는 쉬운 방법을 제공해야 한다. 만약 특정 권한이 앱의 사용에 필수적이라면 그러한 권한을 미리 요청해야 한다. 모범 사례 및 앱 보안을 다루는 10장에서 권한에 대해 좀 더 상세한 내용을 살펴볼 것이다.

- **비어 있는 상태**: 앱에서 콘텐츠를 지속적으로 표시할 수 없을 때 발생한다. 아무런 검색 결과도 없는 ListView를 예로 들 수 있다. 콘텐츠가 없는 이러한 상황을 처리하기 위한 효과적인 방법은 상황이나 콘텐츠의 유형에 따라 달라지겠지만, 이러한 경우에 대처할 수 있도록 앱을 디자인해야만 한다. 검색 결과 예제에서는 **"검색 결과 없음"** 화면 만들거나 또는 자동으로 검색 질의어를 확장해 가장 근사치의 콘텐츠를 보여줄 수 있다. 이를테면 사용자가 "부리토"를 검색한다면 앱에서는 아무것도 없는 화면 대신에 "부리토"라는 단어를 포함하는 요리법을 모두 보여준다.

  만약 근사치를 보여주는 방법을 사용하려면 정확하게 일치하는 콘텐츠는 찾지 못했다는 것을 알려야 한다. 검색 결과 예제에서는 **"부리또에 대한 검색 결과를 찾지 못했습니다. 부리토를 찾으시나요?"**라는 문장의 메시지를 표시할 수 있다.

- **사용할 수 없는 콘텐츠**: 앱에 표시할 수는 있으나 사용할 수 없는 콘텐츠를 포함하는 것으로 비어 있는 상태와는 약간 차이가 있다. 예를 들어 UI에 인터넷에서 내려받아야 하는 이미지나 동영상을 포함하고 있다고 가정해보자. 그런데

사용자는 현재 오프라인이다. 만약 이러한 종류의 콘텐츠가 앱에 포함돼 있다면, 해당 콘텐츠를 사용할 수 없는 상태일 때 레이아웃을 보여주기 위한 플레이스홀더를 만들어야 한다. 그렇지 않으면 언젠가 모바일 기기에서 느리게 로딩되는 웹페이지를 탐색할 때 봤던 것처럼 콘텐츠가 활성화되면서 레이아웃에 추가될 때 갑자기 레이아웃이 이리저리 움직이는 현상이 발생할 위험이 있다. 또한 플레이스홀더를 사용하면 콘텐츠의 일부가 빠지더라도 콘텐츠를 원래 의도한 구조대로 유지할 수 있다.

▌ 요약

이 장에서는 와이어프레임을 기반으로 디지털 프로토타입을 빠르게 만드는 방법을 배웠다. 앞서 종이 프로토타입을 만들어봤지만 디지털 프로토타입은 특히 자신의 화면 디자인이 실제 안드로이드 기기와 다양한 화면 구성에서 어떻게 보이고 동작하는지 확인하는 데 유용하다.

이 장에서 배운 가장 중요한 것은 화면이 이론적으로 어떻게 보이고 동작할 것인지를 기획하는 기법이 와이어프레임이라면 디지털 프로토타입은 그 이론을 확인하는 기법이라는 것이다. 때로는 이론과 실제가 다르다는 것을 발견하기도 하고 와이어 프레임을 조금 손보거나 전체를 다시 작업해야 할 수도 있지만, 디자인의 문제를 발견하는 것은 모두 최고의 앱을 만들기 위한 과정이기 때문에 나쁘지 않다.

디자인을 확정됐으니 다음 8장에서는 이 확정된 디자인을 가능한 한 아주 다양한 안드로이드 기기로 정확하게 변환시키는 방법에 대해서 자세히 살펴볼 것이다.

8

다양한 기기 지원으로
더 많은 사용자에게
다가가기

안드로이드는 하드웨어에 제약이 거의 없는 모바일 운영체제다. 제조사는 원하는 대로 DSLR급 카메라와 대용량 내장 메모리, 가볍고 빠른 CPU 같은 고급 하드웨어를 탑재한 안드로이드 기기를 만들거나, 예산에 따라 기본적인 하드웨어만 탑재된 안드로이드 기기를 만들 수도 있다. 또한 안드로이드 기기의 화면도 다양한 크기와 모양, 화면 해상도를 갖는다.

이 모든 기기의 유일한 공통점은 모두 안드로이드 운영체제에서 동작한다는 것이다. 그러나 이마저도 안드로이드 스마트폰과 태블릿 간의 일관성은 없다. 현재 안드로이드 스마트폰과 태블릿 시장은 구 버전에서 최신 안드로이드까지 아주 다양한 버전의 안드로이드 운영체제로 구성돼 있다. 만약 두 기기가 모두 정확하게 동일한 안드로이드 버전에서 실행된다고 해도 제조사에서 관례적으로 안드로이드 운영체제를 수정해 자체 OEM^{original equipment manufacturer} 버전을 만들기 때문에 정확하게 같은 동작이 보장되지는 않는다. 같은 안드로이드 7.0에서 동작하는 삼성 스마트폰과 소니 스마트폰이 다를 수 있다.

이러한 유연성은 새롭고 혁신적인 하드웨어와 소프트웨어, 화면 구성을 내놓음으로써 경쟁사보다 돋보이는 기기를 출시해야 하는 제조사에게는 더할 나위 없이 좋다. 또한 원하는 제품을 둘러보고 정확히 자신에게 딱 맞는 안드로이드 기기 찾을 수 있으므로 사용자에게도 좋은 소식이다.

그렇다면 과연 개발자에게도 그럴까? 어느 정도는 그렇다.

이러한 하드웨어와 소프트웨어, 화면 구성의 다양성은 혁신적이고 매우 독창적인 앱을 출시할 수 있는 기회가 많다는 것을 의미한다. 하지만 앱에서 여러 가지 다양한 하드웨어와 소프트웨어, 화면 구성에 대해 일관성 있는 사용자 경험을 제공하도록 만들어야 하는 숙제도 남아 있다. 안타깝게도 묘책이 없다. 결론적으로 유연한 UI를 만드는 방법은 앱이 동작하게 될 다양한 하드웨어와 소프트웨어, 화면 구성, 언어, 지역 설정에 최적화된 대체 리소스를 폭넓게 제공하는 것이며, 이 과정은 안드로이드 앱 개발에서 가장 많은 시간을 소비하게 될 것이 자명하다. 이 장에서는 가능한 여러 가지 다양한 안드로이드 기기와 호환되는 유연한 앱을 만들 때 알아야 할 중요한 부분을 모두 다룬다.

▌다양한 안드로이드 버전 지원하기

새로운 버전의 안드로이드 플랫폼은 대부분 앱에 적용하면 좋을 것 같은 새롭고 흥미로운 기능을 소개하고 있지만 대상 사용자를 폭넓게 가져가려면 가능한 한 많은 구 버전의 안드로이드 플랫폼을 지원해야만 한다.

이는 양쪽의 균형을 잘 맞춰야 하는 작업이다. 오래된 안드로이드 플랫폼 버전을 지원하는 것은 시간과 노력이 들며 더 나아가 구 버전의 안드로이드 플랫폼에서 앱이 아주 잘 동작하게 하는 것은 더욱 어렵다.

아주 오래된 안드로이드 버전을 지원하기 위해 지속적인 노력을 기울이다 보면 어느 순간 원래 만들려고 했던 종류의 앱을 지원하기에 불충분한 안드로이드 버전을 마주하게 되고 불가피하게 앱의 UI와 기능, 일반적인 사용자 경험에 대한 절충안을 찾아야 할 때가 온다. 요리법 앱에서 사용자가 검색할 때마다 여러 장의 고해상도 이미지를 불러오려면 충분한 성능의 기기가 필요하다. 만일 사용자의 안드로이드 운영체제가 아주 오래된 버전이라면 이 이미지 처리 때문에 검색 결과 화면이 아주 느려질 수 있다. 비록 이 같은 문제가 사용자의 기기 때문이라고 해도 보통의 안드로이드 사용자는 자신의 스마트폰이나 태블릿을 탓하기보다 앱에 문제가 있다고 할 가능성이 더 크다.

이미지 크기를 줄이거나 완전히 제거할 수도 있겠지만 완성된 요리의 사진을 본 적이 없는데 그 요리법을 시도해보고 싶을까? 이쯤에서 이러한 시간과 노력, 절충안이 정말로 소용이 있는지 스스로에게 다시 질문을 던져보아야 한다.

어떤 안드로이드 버전까지 지원하는 것이 좋을 것인지 그 지점을 찾아내기 위해서 현재 안드로이드 시장을 살펴볼 필요가 있다. 특히 기기별로 어떤 안드로이드 버전이 사용되고 있는지 통계를 확인한다. 이러한 정보가 확보됐다면 구 버전의 안드로이드 지원이 더 이상 의미 없는 지점을 명확하게 결정할 수 있다.

이러한 정보를 제공하는 곳 중에 하나로 안드로이드 대시보드가 있으며, 다음 링크에서 각 안드로이드 버전별 동작하는 기기의 수량을 백분율로 제공한다(https://developer. android.com/about/dashboards/index.html). 이 정보는 아주 상세하게 수집된다. 기본적으로 최근 7일 동안 구글 플레이 스토어에 접속한 모든 기기를 기반으로 한 기록이다. 이 데이터는 구글 플레이 앱을 통해서 수집되며, 전체 안드로이드 시장의 현재 상태를 대표하기에는 불충분하다. 또한 구글 플레이 앱은 안드로이드 2.2 이상만 호환되므로 안드로이드 2.2보다 낮은 버전이 동작하는 기기에 대한 데이터는 모두 포함돼 있지 않다는 것도 주목한다. 하지만 2013년 8월 구글 자료에 의하면 안드로이드 2.2보다 낮은 버전에서 동작하는 기기는 겨우 1%에 그치는 매우 적은 비율이다.

이 대시보드 데이터를 살펴보는 데 어느 정도 시간을 들인 다음에 어떤 안드로이드 버전을 지원하고 어떤 버전을 지원하지 않을 것인지에 대한 판단을 내리도록 한다.

최솟값과 대상 API 레벨 지정하기

어떤 안드로이드 버전을 지원할 것인지 정했다면 프로젝트에 그 정보를 포함시킨다. 추가하는 방법은 사용하는 IDE에 따라 여러 가지가 될 수 있으며 다음의 파일 중에서 하나를 연다.

- Manifest 파일 (이클립스)
- 모듈 레벨 `build.gradle` 파일 (안드로이드 스튜디오)

다음 절에서 이 파일에 대한 컴포넌트를 다룬다.

minSdkVersion

이 속성으로 앱이 호환되는 API 레벨의 최솟값을 지정한다. 예를 들면 `minSdkVersion` 16과 같이 지정할 수 있다. 구글 플레이에서는 앱의 `minSdkVersion` 속성 값을 사용해 사용자의 기기에 설치 가능 여부를 결정한다.

minSdkVersion의 값을 어떻게 할 것인지 고민할 때, 대시보드에서 제공하는 잠재적인 대상 사용자에 대한 정보를 확인하는 것이 좋다. 결국은 추가적으로 지원하려는 대상 사용자가 시간과 노력을 들일 만한 가치가 있는지 판단해야 한다.

targetSdkVersion

이 속성으로 앱을 테스트한 API 레벨의 최고 값을 확인한다.

targetSdkVersion 값은 향후 호환성 때문에 아주 중요하다. 앱의 targetSdkVersion 값이 갱신되기 전까지는 새롭게 출시된 안드로이드 변경 사항의 적용을 받지 않는다. 최신 안드로이드 기능을 앱에서 잘 동작하게 하려면 targetSdkVersion 값을 가장 최신 버전의 안드로이드로 설정하는 것이 좋다. 구글에서 신규 안드로이드 버전을 출시할 때마다, 신규 SDK를 사용하는 앱의 업데이트는 항상 우선순위가 높겠지만 반드시 출시된 최신 SDK로 앱을 충분히 테스트한 후에 진행한다. 이러한 확인 과정 없이 targetSdkVersion 값을 무턱대고 바꾸면 안 된다.

targetSdkVersion과 compileSdkVersion 값은 항상 가장 최신 버전의 안드로이드 SDK와 일치시키는 것이 이상적이다.

compileSdkVersion

이 속성은 어떤 안드로이드 버전을 앱을 컴파일하는 데 사용하면 되는지 그래들^{Gradle}에 알려준다. compileSdkVersion 값은 순수하게 컴파일 타임에만 사용되고 APK 내에 포함되지 않는다. compileSdkVersion 값을 변경하는 것으로 런타임의 동작이 바뀌지 않기 때문에 항상 최신 SDK로 컴파일하는 것을 권장한다.

런타임에 버전 확인

때로는 앱에서 구 버전의 안드로이드 운영체제의 지원을 언제 중단해야 하는지 그 시점을 명확히 알 수도 있다. 하지만, 보통 명확하게 선을 긋기는 어렵다.

안드로이드 5.0 이하의 버전에서 지원되지 않는 부가 기능이 앱에 포함돼 있고, 이 기능과 별개로 앱은 구 버전의 안드로이드와 호환된다고 생각해보자. 마시멜로 이상의 버전에서 동작하는 기능이 필수가 아니므로, 안드로이드 5.0 이하의 버전에서 이 앱의 설치와 동작을 막는 것은 적절하지 않다. 이 경우, 상위 버전의 API가 활성화되는 경우에만 해당 API에 의존적인 코드가 실행되게 하면 기능은 비활성화된다. 기본적으로 안드로이드 5.0 이하의 버전을 사용하고 있는 사용자에게 이 기능이 활성화되지 않더라도 사용자는 앱을 설치하고 사용할 수 있다.

Build 상수 클래스를 통해 연관된 코드가 동작해야 할 시점을 명시해주면 된다. 예를 들면 다음과 같은 코드로 앱이 롤리팝 이상의 버전에서 동작하는지 여부를 확인할 수 있다.

```
if (Build.VERSION.SDK_INT >= Build.VERSION_CODES.LOLLIPOP)
```

안드로이드에서는 각 플랫폼에 해당하는 유일한 코드를 제공하며 Build 상수 클래스와 함께 사용한다(이 예제에서 코드는 LOLLIPOP이다). 전체 코드 목록은 다음 안드로이드 공식 문서에서 확인할 수 있다(https://developer.android.com/reference/android/os/Build.VERSION_CODES.html).

▌ 다양한 화면 지원하기

안드로이드 기기는 아주 다양한 모양과 크기를 갖고 있다. 개발자가 할 일은 보급형 스마트폰에 제공되는 좁은 공간에서도 최고급 안드로이드 태블릿의 큰 화면에서 동작하는 것과 동일한 UI를 만들어내는 것이다.

상세하게 살펴보자. 안드로이드는 다음의 두 가지 방식으로 화면을 구분한다.

- **화면 크기**: 전통적으로 안드로이드에서는 small과 normal, large, xlarge의 네 가지 범용 화면 크기를 제공했으나, 안드로이드 3.2(API level 13)부터 화면 크기를 더 세분화할 수 있는 새로운 구성 한정자를 제공한다.
- **화면 밀도**: 기기의 화면 밀도는 해상도와 화면 크기의 조합이며 dpi^{dots per inch}로 측정한다. 각각의 개별 픽셀의 크기가 더 작은 고해상도 기기의 dpi는 아주 선명하고 더 세밀하다. 안드로이드에서는 low(ldpi)와 medium(mdpi), high(hdpi), extra high(xhdpi), extra-extra-high(xxhdpi), extra-extra-extra-high(xxxhdpi)의 여섯 가지의 밀도를 제공한다.

앱은 다양한 화면 크기와 밀도를 갖는 기기에 설치될 것이다. 따라서 목표를 높게 잡아야 한다. 이러한 다양한 화면 구성에 호환되도록 하는 것에 그치지 않고, 사용자의 화면 크기나 밀도에 관계 없이 사용자의 화면에 정확히 맞도록 앱이 설계됐다는 것에 감동을 줘야 한다.

이 절에서는 앱에서 다양한 화면 크기와 밀도를 처리하는 방법에 대해 살펴볼 것이다. 앱의 레이아웃^{layout}과 드로어블^{drawables}은 해당 화면에 적절한 크기로 렌더링돼야 한다는 것을 기본적인 주제로 자주 이야기하게 될 것이다. 안드로이드 시스템은 이러한 렌더링 작업을 대부분 자동으로 할 만큼 충분히 똑똑하고 레이아웃과 리소스를 현재 화면의 크기와 밀도에 맞도록 조정할 수 있지만, 안드로이드 시스템에서 이같은 어려운 작업을 모두 처리하도록 두면 안 된다.

안드로이드의 자동 렌더링만으로는 사용자에게 최상의 사용자 경험을 제공하기 어렵다. 다양한 화면 크기와 밀도에 최적화된 다양한 버전의 앱 리소스를 제공하기 위해 추가적인 작업을 해야 한다. 리소스는 문자열이나 레이아웃, 이미지, 그 밖에 앱에서 사용해야 하는 정적인 리소스가 해당된다.

이러한 리소스를 프로젝트에 추가하려면 프로젝트 디렉토리에 대체 버전 디렉토리를 만든 다음 해당하는 구성 한정자 태그를 붙인다. 예를 들어, 어떤 레이아웃이 가로 모드에 최적화돼 있다면 res/layout-land 디렉토리를 만든 후 가로 모드 레이아웃 파일을 이 디렉토리에 포함시킨다. 다음으로 사용자가 앱을 실행하면 안드로이드 시스템에서는 자동으로 기본 레이아웃이나 가로 모드에 최적화된 res/layout-land 레이아웃 중에서 현재 화면 구성과 가장 잘 맞는 리소스를 불러온다.

구성 한정자

안드로이드에서는 프로젝트 리소스 디렉토리명에 붙여서 사용할 수 있는 다양한 구성 한정자configuration qualifiers를 제공한다. 이러한 구성 한정자는 시스템에서 어떤 리소스 버전을 표시해야 할 것인지 제어하는 데 중요한 열쇠가 된다.

구성 한정자는 "특정 화면 크기와 화면 밀도에 사용하기 위해 디자인된 이미지"와 같이 리소스의 용도에 대한 특징을 설명한다. 공식 안드로이드 문서에서 사용 가능한 구성 한정자 목록을 확인할 수 있으며, 다음 경로의 **표 2**를 참고한다(https://developer. android.com/guide/topics/resources/providing-resources.html#AlternativeResources).

사용하게 되는 구성 한정자는 앱이나 대상 기기에 따라서 달라지겠지만 다양한 화면 구성에 대해 최적화된 드로어블 리소스와 레이아웃을 제공하기 위해서는 적어도 크기와 밀도, 화면 방향 한정자를 사용하는 것이 일반적이다.

구성 한정자를 사용하려면 프로젝트의 res/디렉토리 내에 새로운 디렉토리를 만들고 디렉토리명에 다음과 같은 형식의 붙여준다.

```
<resources_name>-<config_qualifier>
```

가로 모드 기기에 최적화된 레이아웃 디렉토리를 만들려면 land 한정자를 사용하고 res/layout-land 디렉토리를 만든 다음 이 디렉토리에 최적화된 레이아웃을 추가한다.

한정자는 대시로 구분해 하나 이상을 사용할 수 있다. res/drawable-en-hdpi 디렉
토리를 예로 들어 보면 언어는 영어(en)로 시작하고 화면 밀도는 고밀도 화면 기기
를 대상으로 설계된 드로어블 리소스를 포함한다는 의미다. 여러 가지 한정자를 사
용한다면 디렉토리명에 작성하는 순서가 중요하다. 다음 경로의 리소스 페이지에서
제공하는 순서를 사용해야 한다(https://developer.android.com/guide/topics/resources/
providing-resources.html#AlternativeResources).

만약 한정자의 순서가 정확하지 않다면 안드로이드 시스템은 디렉토리를 인식하지 못
하고 포함된 모든 리소스를 무시하게 된다.

리소스 컴파일러는 디렉토리명을 소문자로 바꾼 다음 처리하므로 디렉토리명의 대소
문자 구분에 대해서 고민할 필요가 없다. 만약 프로젝트의 디렉토리명이 여러 가지 구
성 한정자를 갖는 아주 긴 이름이라면 이러한 자동 변환 기능의 장점을 살려서 디렉토
리명을 쉽게 읽을 수 있도록 대소문자를 활용한다.

디렉토리에 포함할 리소스의 이름도 중요하다. 동일한 리소스를 갖는 여러 가지 버전
을 만들려고 한다면 기본 리소스처럼 완벽하게 같은 이름을 사용해야 한다. 조금이라
도 달라진다면 안드로이드 시스템에서는 동일한 리소스의 대체 버전이라고 인식하지
못한다.

안드로이드에서 정확한 리소스를 선택하는 방법

앱에서 동일한 리소스를 다양한 버전으로 제공한다면 안드로이드 시스템은 엄격하게 정해진 규칙에 따라 런타임에 어떤 버전을 보여줄지 결정하게 된다.

안드로이드 시스템에서 화면 크기나 밀도 기반의 리소스를 탐색할 때, 크기 조정 없이 보여줄 수 있는 정확히 일치하는 리소스를 먼저 찾는다. 만약 정확히 일치하는 크기나 밀도를 갖는 특정 버전을 못 찾으면 안드로이드는 대안으로 현재 화면보다 작은 화면 용도로 설계된 버전을 탐색한다.

만약 유일하게 가능한 리소스조차 현재 화면보다 더 크다면 시스템에서는 리소스의 기본 버전을 대신 사용하게 된다. 안드로이드 시스템은 프로젝트의 기본 리소스가 "normal 크기와 medium 밀도"와 같이 화면 크기와 밀도 기반으로 설계돼 있다고 가정한다. 따라서 시스템에서는 기본 리소스를 고밀도나 큰 화면에 맞춰 크기를 키우거나 저밀도 화면에 맞게 조정하게 된다.

만일 시스템에서 알맞은 밀도에 해당하는 리소스를 찾을 수 없거나 요청된 리소스 기본 버전마저 찾을 수 없다면 앱은 오류를 발생하게 된다. 이와 같은 이유 때문에 반드시 모든 리소스의 기본 버전을 제공해야 한다.

프로젝트에 필요한 대체 리소스를 모두 제공했다고 확신한다고 해도, 앱이 예측하지 못한 하드웨어나 소프트웨어, 화면 크기, 화면 밀도, 언어 설정을 갖는 기기에 설치될 가능성이 있으며, 결국은 거기에 맞는 리소스는 제공되지 않는다. 이 시나리오에서 시스템은 프로젝트에 있는 기본 리소스를 사용해 대체하려고 하겠지만, 앱에 기본 리소스가 포함돼 있지 않다면 오류가 발생한다.

 기본 리소스는 res/drawable와 같이 구성 한정자가 없는 디렉토리에 포함된 리소스를 말한다.

별명 리소스 만들기

가끔 하나의 리소스가 둘 이상의 구성 한정자에 해당되는 경우가 있다. 예를 들면 하나의 드로어블을 프로젝트의 res/drawable-hdpi 디렉토리와 res/drawable-xhdpi 디렉토리 양쪽 모두에 포함하려는 경우다.

 동일한 리소스 유형의 구성 한정자를 여러 번 사용한 디렉토리는 만들 수 없으므로 res/drawable-hdpi-xhdpi와 같은 디렉토리를 만드는 것은 불가능하다.

리소스를 복사해 붙여 넣는 방법으로 양쪽 디렉토리에 모두 포함할 수는 있지만, 이 방법은 아주 비효율적일 뿐만 아니라, 리소스를 복사하는 것은 프로젝트 크기도 증가시키기 때문에 좋지 않다. 최선은 방법은 **별명**alias을 사용하는 것이다.

hdpi와 xhdpi 화면에서 사용하기 위한 scene.png 드로어블이 있다고 가정한다. 별명을 사용할 수 있는 좋은 기회다. 이 시나리오에서 보통 때와 마찬가지로 프로젝트의 res/drawable 폴더에 기본 버전을 포함시킨다. 다음으로 hdpi와 xhdpi 화면에서 사용하고자 하는 이미지의 버전을 기본 리소스의 이름과 다르게 지정해 res/drawable 폴더에 저장한다. 예를 들면 scenery_alias.png와 같다.

여기서는 다음과 같은 두 개의 드로어블이 된다.

- res/drawable/scenery.png
- res/drawable/scenery_alias.png

다음으로 두 가지 밀도에 해당하는 디렉토리에 XML 파일을 생성한다. XML 파일 안에 프로젝트의 res/drawable/scenery_alias.png 리소스의 위치를 가리키는 코드를 다음과 같이 추가한다.

```xml
<?xml version="1.0" encoding="utf-8"?>
<bitmap xmlns:android="http://schemas.android.com/apk/res/android"
android:src="@drawable/scenery_alias" />
```

안드로이드 시스템에서 res/drawable-hdpi나 res/drawable-xhdpi의 scenery 리소스를 불러올 때 별명을 인식하고 res/drawable/scenery_alias.png를 대신 보여준다. 이러한 조그만 XML 파일을 사용해 메모리 과다 점유와 비효율적인 리소스의 복제 문제를 해결할 수 있다.

또한 다음과 같이 다양한 디렉토리에서 동일한 레이아웃 리소스 파일을 재사용할 때도 별명을 사용할 수 있다.

1. 기본 레이아웃(main.xml)을 만들고 프로젝트의 res/layout 디렉토리에 만든 파일을 포함시킨다.
2. 여러 디렉토리에서 사용하기 위한 레이아웃을 만든다. 이 레이아웃을 기본 레이아웃의 이름과 다른 이름으로 지정(여기서는 main_alias.xml을 사용)하고 프로젝트의 res/layout 디렉토리에 포함시킨다.
3. layout_alias.xml 파일을 사용하고자 하는 모든 디렉토리 내에 XML 파일을 만든다.
4. layout_alias.xml을 참조하는 XML 코드를 다음과 같이 추가한다.

```xml
<?xml version="1.0" encoding="utf-8"?>
<merge>
    <include layout="@layout/main_alias"/>
</merge>
```

간혹 사용되는 경우지만, 문자열이나 그 밖의 단순한 값에 대한 별명을 다음과 같이 만들 수도 있다.

```xml
<?xml version="1.0" encoding="utf-8"?>
<resources>
    <color name="yellow"> #ffff00
</color>
    <color name="highlightColor">@color/yellow</color>
</resources>
```

이 예제에서, highlightColor는 yellow에 대한 별명이 된다. 또한 문자열에 대한 별명은 다음과 같이 만들 수 있다.

```xml
<?xml version="1.0" encoding="utf-8"?>
<resources>
    <string name="title">Student Recipe</string>
    <string name="appTitle">@string/title</string>
</resources>
```

여기서 appTitle은 title의 별명이다.

화면 밀도

UI를 디자인할 때 **밀도 독립**Density independence을 지향해야 한다. 화면 밀도를 통해 안드로이드 시스템은 다양한 화면 밀도를 갖는 화면에서 UI 요소의 물리적인 크기를 유지시켜준다.

좋은 사용자 경험을 제공하기 위해서 밀도 독립은 아주 중요하다. 고밀도 화면은 인치당 더 많은 픽셀로 이뤄져 있으며 이는 동일한 양의 픽셀이 더 작은 공간에 들어간다는 의미다. 저밀도 화면에서는 픽셀을 덜 갖고 있으므로 동일한 양의 픽셀로 더 넓은 공간을 채우게 된다. 만약 픽셀로 UI 요소를 정의하는 것과 같이 절대 측정 단위를 사용한다면 UI 요소는 저밀도 화면에서는 더 커 보이고 고밀도 화면에서는 더 작게 보이게 된다.

동일한 화면 해상도를 갖는 기기는 당연히 같은 화면 밀도를 갖고 있을 것이라고 생각하는 것은 흔히 하게 되는 오해다. 두 기기가 같은 화면 해상도를 갖는다고 하더라도 화면의 크기는 서로 다를 수 있다. 이는 각 화면에서 다양한 dpi를 갖는 서로 다른 크기의 공간에 콘텐츠를 표시한다는 것을 뜻한다.

만약 UI 요소의 크기를 여러 가지 기기에 맞도록 바꾼다면 레이아웃과 사용성에 대한 문제가 발생하며 사용자 경험에 좋지 않은 영향을 주는 것이 보통이다.

대부분의 경우에 밀도 독립적 픽셀Density-independent Pixels("dips"라고 발음)로 레이아웃 크기의 단위를 정의하고, "wrap_content"나 "match_parent"와 같이 좀 더 유연한 요소로 정적이고 하드코딩된 크기를 대체함으로써 밀도 독립을 보장한다.

드로어블에 관해서는 안드로이드에서 모든 드로어블을 현재 화면 밀도에 맞게 자동으로 조정하기 때문에 자신의 드로어블도 현재 기기에 해당하는 적당한 물리적 크기로 렌더링된다. 하지만 이와 같은 자동 조정으로는 이미지가 흐리게 보이거나 픽셀화된 결과를 보게 될 수도 있다. 드로어블을 잘 표시되도록 하기 위해서는 여러 화면 밀도에 최적화된 드로어블의 대체 버전을 각각 만들어야 한다.

문제는 안드로이드 시장에는 지원하고자 하는 것보다 더 많은 화면 밀도가 존재하고, 혹시 지원이 가능하다고 하더라도 너무 많은 대체 드로어블을 제공하는 것은 프로젝트 크기를 제어할 수 없게 만드는 원인이 되고 보통의 안드로이드 스마트폰이나 태블릿에는 넣는 것을 어렵게 한다.

이것이 바로 안드로이드의 화면 밀도가 다음의 일반화된 밀도로 그룹 지어진 이유다.

- **ldpi**(low-density): 120dpi
- **mdpi**(medium-density): 160dpi
- **hdpi**(high-density): 240dpi
- **xhdpi**(extra-high-density): 320dpi

- xxhdpi(extra−extra−high−density): 480dpi
- xxxhdpi(extra−extra−extra−high−density): 640dpi

유연한 레이아웃의 첫 번째 단계는 이 같은 밀도에 해당하는 디렉토리를 만드는 것이다. 예를 들면 res/drawable-ldpi나 res/drawable-mdpi 등으로 만든다. 다음으로 밀도에 해당하는 리소스별 버전을 만들고 나면 나머지는 안드로이드 시스템에서 처리하게 된다.

각 밀도에 최적화된 드로어블을 만들려면 여섯 가지 일반화된 밀도에 해당하는 3:4:6:8:12:16 축척 비율을 적용해야 한다. 최상의 결과물을 만들기 위해서는 먼저 가장 큰 밀도에 해당하는 이미지의 버전을 생성하고 이 이미지를 그 다음의 밀도에 맞게 비례해서 줄여준다.

 보통 가장 큰 밀도에 해당하는 이미지는 만든다는 것은 xxxhdpi가 아닌 xxhdpi 밀도에 해당하는 이미지를 만드는 것을 말한다. xxxhdpi 디렉토리는 런처 아이콘에서 사용하기 위해 예약돼 있기 때문이다.

dpi와 픽셀 간 변환하기

다양한 화면에 여러 가지 픽셀 밀도가 적용된 이후부터 동일한 양의 픽셀은 여러 기기에서 다양한 물리적인 크기로 변환된다. 픽셀은 밀도에 독립적인 측정 단위가 아니며, 따라서 40픽셀이 모든 기기에서 같은 크기로 보이지 않는다. 이같은 이유 때문에 거리나 크기를 정의하는 데 절대 픽셀 단위를 사용해서는 안 된다. 때로는 dpi 값을 픽셀 값으로 변환하거나 혹은 그 반대로 변환해야 한다. "dpi = (픽셀 너비 * 160) / 화면 밀도"와 같은 공식을 사용해 변환할 수 있다.

안드로이드에서는 mdpi(160dpi)를 기본 밀도로 사용하며, 하나의 픽셀은 정확히 하나의 밀도 독립 픽셀과 대응된다. 공식에 있는 160은 여기서 나온 값이다.

다음은 특정 픽셀 수를 변환해본 예다.

```
(180 px × 160) / 120 = 240 dpi
```

dpi 값을 온라인(http://jennift.com/dpical.html)에서 변환할 수도 있다.

dpi 값을 픽셀로 바꾸고 싶다면 다음과 같은 공식을 사용한다.

```
dp * (dpi / 160) = px
```

예는 다음과 같다.

```
120 × (240 / 160) = 180
```

다양한 화면 크기에 맞는 다양한 레이아웃 제공하기

안드로이드에서는 광범위한 화면 크기를 지원하고 자동으로 현재 화면에 맞도록 UI의 크기를 조정해준다. 하지만 이미 언급한 것처럼 이러한 자동 변환 기능은 때로 태블릿 크기의 기기처럼 큰 화면의 공간 활용에는 적합하지 않기 때문에 안드로이드 시스템에서 이러한 작업을 모두 처리하도록 두는 것은 좋지 않다.

만약 여러 AVD와 에뮬레이터를 사용해 광범위한 화면 크기에서 자신의 앱을 확실히 테스트하게 된다면 앱이 특정 화면에서 정확하게 표시되지 않거나 기능이 동작하지 않는 것을 보게 될 수도 있다. 예를 들어 기기의 화면 dips가 특정 dpi보다 낮다면 안드로이드의 자동 조정 기능은 UI를 좁아 보이게 만들 수 있다. 또 다른 한편으로는 태블릿이나 그 이상 큰 화면에서 UI에 아주 커다란 공백이 생길 수 있다.

만약 특정 화면 크기에서 UI에 문제가 생긴다면 해당 화면에 최적화된 레이아웃을 만들어야 한다.

대체 레이아웃을 제공하는 과정은 대체 리소스를 제공 과정과 모두 동일하다. 적절한 구성 한정자를 사용해 디렉토리를 만든 다음 특정 화면 크기에 최적화된 레이아웃 리소스 파일을 생성한다. 그리고 나서 레이아웃에 기본 레이아웃과 대응되는 동일한 이름을 할당한다. 그리고 나면 안드로이드 시스템에서 현재 화면 구성에 해당하는 적절한 레이아웃을 선택하게 된다.

하지만, 안드로이드 3.2에서 소개된 몇몇 새로운 구성 한정자와 마찬가지로 레이아웃의 너비나 높이를 dpi 단위로 지정할 수 있는 화면 크기 구성 한정자는 밀도 구성 한정자보다 복잡하다. 이 같은 새로운 구성 한정자로 리소스를 제어하기는 더 좋아졌지만 그만큼 이해하기가 더 어려워졌다.

 안드로이드 3.2 이전 버전에서는 small과 normal, large, xlarge의 화면 크기 그룹을 제공했다. 더 다양해진 화면 크기를 지원하기 위해서 안드로이드 팀은 이러한 화면 크기를 새로운 구성 한정자로 대체했다. 이 장에서는 새로운 구성 한정자에 초점을 맞추고 있지만 현재 사용되지 않는 화면 크기에 대한 더 많은 정보를 확인하고 싶다면 다음 주소의 공식 안드로이드 문서에서 찾아볼 수 있다. https://developer.android.com/guide/practices/screens_support.html

이러한 강력한 새로운 구성 한정자에 대해 다음 절에서 살펴본다.

smallestWidth – sw⟨N⟩dp

이름에서 알 수 있듯이 smallestWidth 한정자는 최소 너비를 dpi 단위로 지정할 수 있으며, 반드시 안드로이드 시스템에서 특정 레이아웃이 사용되기 전에 적용해야 한다. 예를 들어 최소한 700dpi가 필요한 레이아웃이라면 smallestWidth 구성 한정자는 sw700dp가 된다. 이 시나리오에서는 res/layout-sw700dp 디렉토리를 만들고 레이아웃을 포함시키면 된다. 안드로이드 시스템에서 현재 기기에서 사용할 수 있는 너비가 최소 700dpi라고 인식되면 이 레이아웃을 사용하게 된다.

특히 이 한정자는 레이아웃 디자인 시 너비가 중요할 경우에 유용하다. 대부분의 앱은 세로로 스크롤되며, 가로로 스크롤되는 UI는 거의 없다. 대부분의 앱에서는 최소 가로 공간에 대한 제약이 엄격하며 구성 한정자에서는 이 최솟값을 dpi 값으로 지정하는 방법을 제공한다.

기기의 너비는 사용자가 가로 모드와 세로 모드를 전환해도 변경되지 않고 고정되는 특징이 있다. 사용자가 화면의 너비나 높이를 인식하는 것은 달라질 수 있다. 하지만 시스템에서 인식하는 기기의 smallestWidth은 절대 바뀌지 않으며, 사용자가 기기를 세로 모드에서 가로 모드로 바꾸거나 또는 그 반대로 하는 경우도 마찬가지다.

사용 가능한 화면 너비 – w⟨N⟩dp

때로는 앱에서 현재 사용 가능한 너비나 높이가 얼마인가에 따라 반응해야 하는 경우가 있으며, 이는 기기의 현재 방향 모드에 따라 동작한다는 의미다. 예를 들어, 멀티 팬 레이아웃 중에 두 부분이 나란히 표시되는 조건의 UI를 생각해보자. 만약 사용자가 가로 모드로 앱을 보고 있다면 여러 장의 레이아웃을 표시하기는 어렵지 않겠지만, 이 사용자가 곧바로 기기를 세로 모드로 변경한다면 분할된 레이아웃을 나란히 보여줄 수 있는 가로 공간이 충분하지 않게 된다.

이때 w<N>dp 구성 한정자를 사용한다. 리소스에서 필요한 최소 너비를 설정하기 위해 이 한정자를 사용할 수 있다. 예를 들면 res/layout-w700dp와 같다. 하지만 smallest Width 한정자와는 다르게 w<N>dp는 화면의 방향에 따라 현재 UI에서 사용할 수 있는 너비를 말한다. 앱에서는 기기의 고정된 smallestWidth 값이 아닌, 현재 활용 가능한 너비에 따라 반응할 수 있다.

사용 가능한 화면 높이 – h⟨N⟩dp

앞서 언급한 것처럼, 일반적으로 안드로이드 앱에서 필요한 최소 높이는 매우 유동적이지만, 레이아웃이나 리소스에서 필요한 최소 화면 높이를 지정해야 한다면 h<N>dp 한정자를 사용할 수 있다. 예를 들면 res/layout-h720dp와 같이 사용할 수 있다.

화면의 방향이 바뀔 때 시스템에서 할당하는 화면의 높이 값이 변경된다. w<N>dp와 비슷하며, 이 한정자를 사용해 앱이 현재 가로 모드인지 세로 모드인지 감지하는 데 사용할 수 있다.

이와 같은 새로운 구성 한정자를 사용하는 것이 전통적인 화면 크기를 사용하는 방법보다 더 복잡하게 보이지만, 다양한 화면에서 UI 전환을 좀 더 쉽게 할 수 있고, 안드로이드 스마트폰에 최적화된 레이아웃에서부터 태블릿에 최적화된 레이아웃까지 앱이 바뀌어야 하는 정확한 시점을 지정할 수 있다.

 모든 안드로이드 버전에서 이 모든 한정자를 지원하지는 않는다. 예를 들어 sw⟨N⟩dp는 API 레벨 13에서 소개됐다. 하지만 프로젝트에 특정 한정자를 사용하게 되면 시스템에서는 자동으로 플랫폼 버전 한정자를 추가하게 된다. 따라서 구 버전의 안드로이드에서는 적어도 지원되지 않는 한정자를 인지하고 무시할 수 있다.

다양한 화면 방향 디자인하기

가로 모드와 세로 모드에 최적화된 레이아웃도 필요하다. 다양한 화면 크기와 밀도를 제공하기 위해 사용했던 것과 동일한 방법으로 방향 전환에 최적화된 레이아웃을 제공할 수 있다. 먼저 정확한 방향 한정자를 사용해 디렉토리를 추가로 생성하고 해당 디렉토리에 방향이 지정된 레이아웃을 포함시킨다.

안드로이드는 가로 모드와 세로 모드 두 가지 방향을 지원하지만 이 방향 중에 하나는 프로젝트의 기본 res/layout 디렉토리를 사용하기 때문에 추가로 하나의 디렉토리만 생성하면 된다.

앱에서 기본으로 사용하고자 하는 방향을 정하고 나서 나머지 방향에 대한 디렉토리를 생성한다. 그러고 나면 프로젝트에는 기본/세로 방향 레이아웃을 포함하는 res/layout 디렉토리와 가로 모드 레이아웃을 포함하는 res/layout-land가 구성된다.

그렇지 않고 프로젝트 기본 방향을 가로 모드로 사용하고 싶다면 다음과 같이 res/layout-port 디렉토리를 생성하고 프로젝트의 가로 모드 레이아웃은 res/layout을 사용한다.

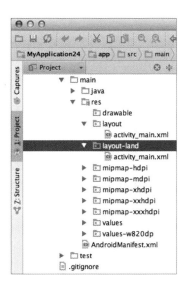

 앱을 테스트할 때가 되면 다양한 화면에서 가로 모드와 세로 모드 두 가지를 모두 테스트해야 한다.

방향 전환에 대응하기

때로는 앱에 구성 변경^{configuration change}을 등록하고 behavior를 적절하게 수정해야 한다.

가장 일반적인 시나리오는 화면의 가로 모드와 세로 모드에 따라 대응하는 것이다. 예를 들어 다음과 같이 앱이 두 부분으로 구성돼 있다고 생각해보자. 한 부분은 목록을 보여주고 다른 부분은 현재 선택된 항목에 대한 정보를 보여준다. 이 앱의 싱글 팬 레이아웃에는 작은 화면을 표시하고 멀티 팬 레이아웃에는 큰 화면을 각각 나란히 별도로 표시한다. 사용자가 멀티 팬 레이아웃에 있는 항목을 선택하면 같은 액티비티에 정보가 표시된다. 하지만 사용자가 싱글 팬 레이아웃에 있는 항목을 선택하면 앱에서는 이 정보를 새로운 액티비티에 표시해야 한다. 이 시나리오에서 사용자가 싱글 팬이나 멀티 팬 중 어떤 레이아웃을 보고 있는지 앱에서 알 수 있다면 적절하게 반응하게 만들 수 있다.

다음과 같이 멀티 팬 레이아웃에만 표시되는 뷰를 확인한 후, 이 뷰가 현재 보이는지 여부를 조회하는 것이 한 가지 방법이다.

```
public class MyActivity extends FragmentActivity {
    boolean mIsDualPane;

    @Override
    public void onCreate(Bundle savedInstanceState) {
        super.onCreate(savedInstanceState);
        setContentView(R.layout.main_layout);

// detailsView가 현재 보이도록 설정돼 있는지 여부를 확인한다 //

        View detailsView = findViewById(R.id.article);
        mIsDualPane = detailsView != null &&
                      detailsView.getVisibility() ==
                      View.VISIBLE;

// 이 뷰가 보이도록 설정돼 있다면 멀티 팬 모드다 //

if (mDualPane) {

...
...
```

```
// 이곳에 멀티 팬 behavior를 정의한다 //

} else {

// 이 뷰가 보이도록 설정돼 있지 않다면 싱글 팬 모드다 //

...
...

// 이곳에 싱글 팬 behavior를 정의한다 //
```

다음과 같이 getConfiguration()를 사용하면 기기의 현재 구성을 조회할 수 있다.

```
Configuration config = getResources().getConfiguration();
```

기기의 현재 화면 방향을 조회한 다음 그 결과에 반응하게 하려면 다음 코드를 실행한다.

```
if (getResources().getConfiguration().orientation
            == Configuration.ORIENTATION_LANDSCAPE) {

// 화면이 현재 가로 모드라면 //

...
...

// 이곳에 앱의 가로 모드 behavior를 정의한다 //

} else

// 아니라면, 세로 모드다 //

...
...

// 이곳에 앱의 세로 모드 behavior를 정의한다 //
```

다양한 화면에서 테스트하기

앱을 출시하기에 앞서 지원되는 모든 화면 크기와 화면 밀도에서 가로 모드와 세로 모드를 모두 완벽하게 테스트해야 한다. 안드로이드 스마트폰과 태블릿을 충분히 보유하고 있지 않다면, 가장 실용적인 방법은 안드로이드 SDK의 일부로 제공되는 에뮬레이터를 사용하는 것이다.

AVD Manager를 실행하고 Create Virtual Device...를 선택하면 실제 기기를 기준으로 미리 만들어 놓은 다양한 AVD(안드로이드 가상 기기)를 선택하거나 New Hardware Profile로 자신만의 기기를 생성할 수 있다. 새로운 AVD를 생성할 때 AVD에서 가로 모드와 세로 모드를 모두 지원할 것인지 둘 중에 하나만 지원할 것인지 선택할 수 있지만, 생성한 AVD에서 가로 보기와 세로 보기를 모두 테스트하는 것이 일반적이다.

선택한 화면 크기와 해상도를 살펴볼 수도 있다. 설정에 들어가면 다음과 같이 윈도우의 우측 영역에 표시되는 특정 기기의 **밀도**Density를 확인할 수 있다.

앱에서 지원하는 화면을 테스트하기 위해 다수의 안드로이드 화면 구성을 대표할 수 있는 AVD를 만들어야 한다. 쉽게 할 수 있는 방법은 없으며 보통 앱이 동작하는 기기의 종류와 관계없이 앱을 테스트하는 데 들이는 시간이 많을수록 더 나은 사용자 경험을 만들게 된다.

 이 책 전반에 걸쳐 안드로이드 SDK에 내장된 에뮬레이터를 사용하겠지만 기본적으로 제공되는 에뮬레이터를 사용하고 싶지 않다면 대체 에뮬레이터가 있다. 잘 알려진 에뮬레이터 중에 하나로 Genymotion(https://www.genymotion.com)이 있다.

홍보용 이미지 만들기

구글 플레이 스토어에 올려야 할 때가 되면 가장 보기 좋은 앱의 스크린 샷을 사용해야 한다. 가장 최신 버전의 안드로이드에서 동작하는 고밀도의 큰 화면에서 모든 스크린 샷을 만드는 것이 이상적이며 사용자는 최상의 UI를 볼 수 있다.

만약 웹사이트나 블로그, SNS, 또는 그 밖의 어딘가에서 사용하기 위한 홍보 이미지가 필요하다면 보여주고자 하는 기기에 맞게 스크린 샷을 수정해서 올려야 한다. 이 작업을 아주 쉽게 하는 방법은 안드로이드에서 제공하는 **Device Art Generator**(https://developer.android.com/distribute/tools/promote/device-art.html)를 사용해 변환하는 것이다.

▌ 여러 나라의 사용자에게 주목받기

안드로이드 앱의 현지화에 시간과 노력을 들여야만 전 세계의 사용자가 앱에 접근할 가능성이 늘어난다.

프로젝트를 현지화할 때 가장 큰 작업은 텍스트를 대상 언어로 바꾸는 것이지만 거기에 더해 텍스트를 포함하고 있는 드로어블과 텍스트나 대화가 있는 모든 동영상 및 대화를 포함하고 있는 음성도 모두 변환해야 한다. 또한 숫자나 통화, 시간, 날짜는 언어와 국가에 따라 달라질 수 있으므로 대상이 되는 사용자에게 맞도록 모두 정확하게 작성됐다는 것이 보장돼야 한다.

다른 리소스 제공 방법과 마찬가지로 대체 리소스를 제공한다. 새로운 디렉토리를 만들고 적절한 구성 한정자를 사용한다. 현지화에는 다음과 같이 구성할 수 있는 로캘locale 구성 한정자를 사용한다.

- **언어 코드**: ISO 639-1에서 정의한 두개의 소문자로 구성된 ISO 코드다 (https://en.wikipedia.org/wiki/ISO_639-1).
- **국가나 지역 코드**(선택 사항): ISO 3166-1에서 정의한 두 개의 대문자로 구성된 ISO 코드(https://en.wikipedia.org/wiki/ISO_3166-1_alpha-3) 앞에 소문자 r을 붙여준다. 대상 기기를 특정 언어로 설정하고, 특정 국가나 지역에 해당하는 리소스를 제공하는 데 국가나 지역 코드와 언어 코드를 조합해 사용할 수 있다. 예를 들면, 언어 코드(fr)와 지역 코드(CA)에 소문자 r을 더한 조합으로 캐나다에 살고 있는 프랑스어 사용자를 위한 리소스를 제공할 수 있다. 즉, 디렉토리는 res/values/fr-rCA가 된다. 국가나 지역 코드를 단독으로 사용할 수 없으며 항상 언어 코드 다음에 사용한다.

 국가 코드와 로캘이 같다고 생각될 수도 있지만 항상 그렇지는 않다. 프랑스 언어 코드와 프랑스 국가 코드를 사용하는 디렉토리를 만들 수도 있고, 프랑스 언어 코드와 캐나다 국가 코드 조합의 디렉토리도 가능하다.

대상 언어와 지역 확인하기

앱을 현지화하기 위해서는 지원하고자 하는 언어와 지역, 국가를 식별하는 것이 첫 번째다.

사업적으로 앱을 출시할 수 있는 잠재적인 시장이 있는 지역의 로캘을 선택한다. 특히 다음과 같은 언어나 지역, 국가를 선택한다.

- 안드로이드 사용자의 수가 많거나 늘어나고 있음.
- 영어와 같은 국제적인 언어를 많이 사용하고 있음.
- 앱의 장르나 주제에 해당하는 틈새시장이 있음.

이러한 항목은 해당 로캘로 앱을 현지화하는 것이 수익성을 높일 수 있는 방법이라는 것을 의미한다.

대상으로 삼을 국가나 지역을 먼저 정한 다음, 이 지역에 사는 사람이 관심을 갖도록 만들기 위해 어떤 언어를 앱에서 지원할 것인지 결정한다.

만약 지원하려는 로캘 목록이 있다면 ISO 639-1(https://en.wikipedia.org/wiki/ISO_639-1)에 있는 언어 코드와 필요한 지역이나 국가 코드(https://en.wikipedia.org/wiki/ISO_3166-1_alpha-3)를 사용한다.

대체 텍스트 제공하기

일반적으로 앱의 텍스트 변환이 현지화할 때 가장 큰 작업이기 때문에 첫 번째로 살펴본다.

프로젝트의 res 폴더를 열고 앱에서 지원하고자 하는 대상 로캘의 대체 값을 위한 디렉토리를 모두 만든다. 만약 앱에서 스페인어를 지원하려 한다면 디렉토리를 res/values-es로 만든다. 멕시코에 살면서 스페인어를 사용하는 사람을 대상으로 스페인 문자를 지원하고 싶다면 res/values-es-Rmex 디렉토리를 만든다.

다음과 같이 모든 디렉토리에 string.xml 파일을 만든다.

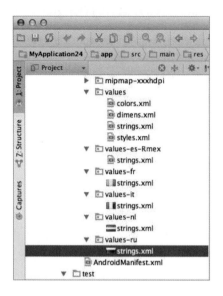

해당되는 strings.xml 파일에 변환된 문자열 리소스를 모두 포함시킨다(텍스트를 단시간에 변환해주는 몇 가지 선택 사항을 살펴볼 것이다).

스페인 테마의 res/values-es/strings.xml 파일은 다음과 같은 모양이 될 것이다.

```
<?xml version="1.0" encoding="utf-8"?>
<resources>
      <string name="hello_world">Hola Mundo</string>
</resources>
```

런타임에 안드로이드 시스템은 기기의 로캘 설정에 보고, 적절한 로캘이 정의된 리소스를 확인한 다음 해당 로캘의 디렉토리에서 리소스를 불러오거나 프로젝트 기본 리소스를 대체 사용한다.

애플리케이션 코드와 텍스트를 분리해야 한다.

앱의 애플리케이션 코드와 현지화되는 부분을 분리하고, 모든 텍스트를 앱에 하드코딩하지 않는 것이 좋다. 그렇지 않으면 텍스트를 현지화하기 매우 어렵게 된다. 하드코딩 대신 문자열 리소스에 텍스트를 정의하면 프로젝트에서 문자열을 추출해 번역가에게 보내고 이를 다시 받아 컴파일된 코드를 변경 없이 프로젝트에 쉽게 통합할 수 있다.

그 밖의 리소스 현지화하기

현지화 과정의 대부분은 프로젝트의 텍스트, 문자열 리소스를 변환하는 작업이지만 그 밖의 리소스를 로캘로 정의해 제공할 수도 있다. 이를테면 다음과 같은 리소스의 번역본을 사용할 수 있다.

- 텍스트로 구성된 드로어블
- 텍스트나 대화를 포함하고 있는 동영상
- 대화를 포함하고 있는 음성

여기에 더해 대상 로캘에 맞지 않는 리소스의 대체 버전을 제공할 수도 있다. 예를 들어 화면에서 보여주는 특정 도시나 풍경의 이미지가 대상 로캘에 맞지 않는다면 교체하여 보여줄 수 있다. 아쉽게도 햇빛이 많이 내리쬐는 해변과 크리스탈 빛깔의 맑은 바다는 모든 나라에서 일반적으로 볼 수 있는 풍경은 아니다.

또한 문화의 차이에 따라서 어떤 이미지는 부적절하거나 공격적으로 여길 수 있으므로 주의한다

대체 문자열 리소스 제공 방법과 완전히 똑같이, 모든 리소스의 로캘이 정의된 버전을 제공한다. 새로운 디렉토리를 만들고, 동일하게 언어와 국가/지역 코드를 조합을 사용한다. 이를테면 typical_highshcool.jpg 드로어블을 여러 가지 버전으로 제공하고 싶다면 res/drawable-ja-rJPN와 res/drawable-en-rUSA, res/drawable-sv과

같이 여러 개의 드로어블 폴더를 만든다.

기본 리소스는 왜 중요한가?

앱이 기기에서 어떠한 언어나 국가, 지역 설정에서도 동작한다는 것 확실히 보장하는
방법은 완벽한 기본 리소스를 제공하는 것이다.

제공해야 하는 가장 중요한 기본 리소스 중에 하나는 res/values/strings.xml이다.
앱의 기본 언어로 프로젝트의 전반에 걸쳐 사용하는 모든 문자열 리소스를 여기에 정
의한다.

 기본 언어는 대상 사용자의 대부분이 사용하는 언어가 되면 좋겠지만 반드시 사용자가
앱에서 사용해야 하는 첫 번째 언어라는 의미는 아니다.

모든 문자열 리소스의 기본 버전을 제공하지 않는다면, 문자열 리소스를 제공하지 않
고 있는 로캘이 설정된 기기에서 앱을 실행할 때마다 오류가 발생하게 된다. 사용자
가 앱의 기본 언어를 이해하지 못하는 것이, 앱에서 오류가 발생하거나 실행이 안 되
는 것보다는 낫다.

또한 앱에 사용되는 그 밖의 모든 리소스에 대해서도 로캘별로 기본 버전을 제공해야
한다. 왜냐하면 프로젝트에서 어떤 기본 리소스 하나를 빠트렸다고 가정했을 때, 리소
스를 빠트린 로캘로 설정된 기기에서는 동작하지 않을 것이기 때문이다.

기기의 로캘 설정과 상관없이 앱에서 지속적으로 유지해야 하는 어떤 텍스트가 있을
때는 기본 문자열 리소스도 중요하다. 일반적인 예를 들면 앱의 모든 버전에서 지속적
으로 유지돼야 하는 앱의 제목이 될 수 있다.

모든 로캘에 걸쳐 동일한 텍스트를 사용하고 싶다면 기본 string.xml 파일에 해당 문
자열을 한 번만 정의하고 로캘별로 정의하는 string.xml 파일에서는 문자열을 생략한

다. 그러고 나면 시스템에서 해당 로캘에 따라 정의된 문자열 파일에서 앱의 제목을 불러오려고 할 때 문자열이 없다는 것을 감지하게 되고 기본 버전을 사용하게 된다. 결과적으로 앱의 모든 버전에서 동일한 문자열 리소스가 적용된다.

앱의 이름을 번역해야 할까?

이 어려운 질문은 단순하게 대답할 수 없다. 이름을 여러 개 갖는다는 것은 일반적으로 앱의 유지 보수가 더 어려워지고 단순한 의사 결정도 복잡해진다는 것을 의미한다. 앱의 이름을 여러 개 사용한다면 앱에서 트위터를 제어할 수 있을까? 앱의 로고와 아이콘은 여러 가지 버전이 필요할까? 여러 가지 버전을 지원할 수 있는 이메일 주소를 만들어야 할까?

여러 가지 다양한 이름을 갖는 제품을 만들기 위해서는 노력이 더 많이 필요하며 특히 **검색 엔진 최적화(SEO)**에 관해서는 더욱 그렇다.

이러한 문제점에도 불구하고 여러 가지 이름을 갖는 앱을 출시해야 하는 이유가 있다. 가장 일반적인 이유는 앱의 기본 설정 언어를 잘 모르는 사용자가 앱의 이름을 이해하기 어렵다는 것이다. 요리 앱을 Best Student Recipes라고 이름을 정한다면 영어권 사용자는 어떤 앱인지 금방 알아차리겠지만, 다른 언어를 사용하는 사용자는 Best Student Recipes가 무슨 의미인지 전혀 모를 수 있다. 특히 이해하기 어려운 이름을 사용하면 잠재적인 사용자가 구글 플레이 스토어에서 앱을 우연히 발견할 수 있는 기회가 줄어들게 되므로 다양한 이름을 갖는 앱을 출시하는 것도 고려한다.

여기에 정답이나 오답이 있는 것은 아니다. 중요한 것은 앱 개발과 대상 로캘에 가장 적합한 의사 결정을 하는 것이다.

어떤 결정을 내리더라도 그대로 밀어붙여야 한다. 앱이 출시된 다음에 앱의 이름을 바꾸게 되면 사용자의 혼란만 더해질 뿐이다.

어떤 구성 한정자가 가장 중요한가?

지금까지 로캘용 한정자와 화면 방향, 화면 밀도, 화면 크기 한정자와 같은 몇 가지 구성 한정자를 모두 살펴봤다.

프로젝트에서 이 같은 한정자의 조합을 사용한다면 현재 기기에 적합한 리소스 버전을 하나 이상 사용할 가능성이 크다. 앱을 고해상도 화면의 스페인어로 설정된 기기에서 가로 모드로 사용 중이라고 가정해보자. 시스템에서 화면에 표시하려면 하나의 드로어블이 필요하지만, 현재 기기에서는 다음과 같은 다양한 버전의 드로어블이 적절하다.

- res/drawable
- res/drawable-es
- res/drawable-land
- res/drawable-hdpi

시스템에서는 어떤 드로어블을 사용하게 될까? 안드로이드에서는 선택지가 많아서 곤란한 경우 엄격하게 정해진 규칙을 따른다. 사용할 수 있는 전체 한정자 중에서 로캘을 거의 대부분 우선 처리한다. 이 예제에서 기기는 스페인어를 사용하는 것으로 구성한다. 따라서 기기는 고해상도의 가로 모드로 사용 중이지만 안드로이드에서는 res/drawable-es디렉토리에서 이미지를 불러오게 된다.

 로캘 한정자보다 우선하는 한정자는 **모바일 국가 코드(MCC)**와 **모바일 네트워크 코드 (MNC)**밖에 없다. 만약 프로젝트의 디렉토리에 이 코드를 사용하면 로캘 한정자보다 항상 우선하게 된다.

앱 번역하기

앱의 리소스를 번역하는 것은 현지화 과정에서 중요한 부분이며, 대상 언어에 능숙하지 않다면 전문 번역가나 자원봉사자의 도움을 받아야 한다.

기계 번역기로 쉽고 빠르게 끝내버리고 싶겠지만 구글 번역과 같은 서비스는 사람이 번역하는 것과 절대 비교할 수 없으며 기계 번역기에 의존하는 것은 결과적으로 여러 나라 사용자에게 실망스러운 경험을 안겨주게 된다.

전문 번역가를 고용하려고 결정했다면 최대한 서둘러 번역가와 만나야 한다. 그래야 번역이 완료되는 시점을 확인하고 개발 계획에 이 정보를 포함시킬 수 있다. 또한 예산 범위 내에서 가장 적합한 번역자를 섭외할 시간도 벌 수 있다.

온라인에서 번역가를 찾거나, 또는 개발자 콘솔을 통해 제공되는 구글 플레이 앱 번역 서비스를 찾아볼 수 있다.

이 서비스를 사용하려면 다음 순서를 따른다.

1. 개발자 콘솔에 로그인한다(https://play.google.com/apps/publish).
2. 아직 APK를 업로드하지 않았다면 Add new application을 선택해 APK를 업로드한다.
3. 앱을 업로드했다면 All Applications 대시보드에 나타나게 된다.
4. 좌측 메뉴에서 APK를 선택한다.
5. APK Translation Service에서 Start를 선택한다.
6. 원본 텍스트에 사용된 언어를 선택한다.
7. Translate API에 번역하려고 하는 문자열이 포함돼 있는 XML 원본 파일을 추가한다.
8. 대상 언어를 선택한다.
9. 번역 공급자를 선택한다.

개발자 콘솔을 통해 구매했지만 선택한 공급자와 직거래 계약이기 때문에 번역가와 직접 작업해야 한다. 개발자 콘솔을 통해 번역 서비스를 구매한 공급자의 이메일을 받게 되고 이때부터 번역 프로젝트에 대한 관리 책임을 갖게 된다.

번역을 최대한으로 활용하기

번역의 품질은 번역가의 숙련도에 달려있지만 동시에 번역가에게 무엇을 전달했느냐에 따라 영향을 받는다. 번역가에게 전달한 내용의 품질이 높다면 고품질의 결과물을 받는 것은 당연하다. 이번 절에서는 정확하게 번역된 고품질의 결과물을 받을 수 있는 확률을 높일 수 있는 방법을 살펴본다.

문자열의 문맥 유지하기

문자열 리소스를 정의할 때 각 문자열에 대한 정보를 가능한 많이 제공하면 번역자가 문자열 리소스를 더 정확히 이해할 수 있다.

적어도 각 문자열의 내용을 이해할 수 있는 이름을 사용해야 하며, 문자열의 용도를 설명하는 내용과 함께 앱에서 이 문자열이 언제 어떤 부분에 표시되는지에 대한 정보와 UI에서 표현할 수 있는 문자열의 최대 길이 같은 제약 조건을 모두 제공하는 것이 이상적이다. 다음의 예를 살펴보자.

```
<string name="search_submit_button">Search</string>

// 버튼에 표시되는 텍스트는 9자까지 가능. 한 단어만 가능. 사용자가 버튼을 탭하면 검색어를 전송 //
```

만약 앱에 전문적인 언어나 기술 용어가 포함돼 있다면 각 용어의 의미를 충분히 설명해야 한다. 만약 텍스트가 너무 많거나 다양해서 설명하기 어렵다면, 의미가 설명돼 있는 별도의 용어사전 문서를 만들고 string.xml 파일에서 사용된 전문 용어를 모두 포함시킨다. 다음으로 이 추가적인 문서를 번역가에게 문자열과 함께 보낸다.

일관된 용어 사용하기

앱 전체적으로 용어를 일관되게 사용하면 정확하고 제대로 된 번역을 할 수 있는 기회가 현저히 증가한다. 예를 들어 앱을 내비게이션하는 방법이 사용자가 일련의 버튼을 사용해 다음 화면으로 진행할 수 있게 돼 있다면, 버튼의 이름을 **앞으로**나 Next, OK나

전송과 같이 동일한 의미의 용어를 번갈아 가며 사용하지 말고 일관성 있게 사용한다. 그렇게 하면 번역가의 작업이 좀 더 쉬워진다.

 용어의 일관성을 유지하는 것은 앱의 사용자 경험을 전반적으로 향상시키기도 한다.

유효한 문자열 사용하기

프로젝트의 문자열 리소스를 번역가가 이해할 수 있도록 하려면, string.xml 파일을 관리하는 데 시간을 들여야 한다. 프로젝트 초기에 추가했으나 실제로는 전혀 사용되지 않는 문자열이나 시간이 지난 다음 프로젝트에서 사라진 문자열을 제거한다. 중복된 문자열을 모두 제거하고 철자법의 실수나 오타가 있는지 세심하게 확인한다. 끝으로 문자열은 정확하며 일관성이 있어야 한다. 이 같은 관리는 단순해 보이지만 번역가의 작업을 좀 더 쉽게 만들어주며 특히 번역가가 안드로이드 개발자가 아닌 경우라면 더욱 그렇다.

불필요한 문자열 만들지 않기

많은 문자열은 곧 많은 작업을 의미한다. 앱에서 다양한 언어를 지원한다고 해도, 지원하는 모든 언어에 대해서 로캘을 명시한 버전의 문자열을 만들 필요는 없다.

앱의 이름처럼 모든 로캘에서 일관성을 유지해야 하는 텍스트가 있다. 이러한 경우는 로캘에 해당하는 string.xml 파일마다 동일한 문자열을 추가할 필요가 없다. 앱에서는 로캘이 명시된 디렉토리에 해당하는 문자열이 없다면 기본 문자열을 대신 사용하게 된다.

앱에서 뿌리가 같은 다양한 언어를 지원할 수도 있다. 예를 들어 앱의 기본 언어가 영국식 영어라고 가정하면, 미국식 영어권에서도 사용이 가능하다. 프로젝트의 res/values/strings.xml 파일에 대부분 미국식 영어 사용자에게 적합한 리소스를 정의한다. `res/values-en-rUSA/strings.xml` 파일을 만들고 이 파일에는 영국식 영어와 미국식 영어에서 다르게 사용되는 문자열만 포함시킨다.

번역하지 않아도 되는 텍스트 표시하기

앱 이름이나 URL, 프로모션 코드, 소셜 미디어 링크, 이메일 주소처럼 앱에는 번역하지 않아도 되는 문자열 리소스가 어느 정도 포함돼 있다. 번역가가 작업을 시작하기 전에 프로젝트에서 번역하지 않아도 되는 텍스트를 모두 표시한다.

다음과 같이 `<xliff:g>` 태그로 번역이 필요 없는 텍스트를 감싼 다음 id 속성을 사용해 번역하지 않아도 되는 이유를 작성한다.

```
<string name="name"> 이 텍스트는 번역해야 함<xliff:g id="이곳에 설명을 작성">이 텍스트는 번역할 필요 없음</xliff:g> 이 텍스트는 번역해야 함</string>
```

앱 이름이 포함된 환영 메시지를 표시한다고 생각해보자. 실제 메시지는 번역이 돼야 하지만 앱 이름은 모든 로캘에서 일관성을 유지해야 한다. 따라서 이 시나리오에서는 XML을 다음과 같이 사용할 수 있다.

```
<string name="welcomeMessage"> 안녕하세요? <xliff:g id="appTitle">Student Recipes</xliff:g>앱에 오신 것을 환영합니다. </string>
```

끝으로, 프로젝트의 오류를 방지하기 위해서 string.xml 파일의 resources 태그를 다음과 같이 수정한다.

```
<resources xmlns:xliff="urn:oasis:names:tc:xliff:document:1.2">
```

번역할 필요 없는 동적인 값 표시하기

때로는 미리 정의한 값과 동적인 텍스트를 하나의 문자열로 조합하는 작업이 필요하다. 이를테면 앱에서 학생의 이름을 질의해 입력 값을 받은 다음 미리 정의된 텍스트와 조합하는 것이다. 결과로 **"홍길동 님! 요리 앱 오신 것을 환영합니다"**와 같은 메시지가 표시된다.

그렇다면 번역 관점에서는 무엇을 해야 할까? 동적 텍스트가 포함되는 문자열을 만들 때 플레이스 홀더로 동적인 텍스트를 교체할 수 있도록 해야 한다. 예를 들면 다음과 같다.

```
<string name="name"> %1$s 님, 앱에 오신 것을 환영합니다!</string>
```

번역가에게 이 플레이스 홀더가 실수나 오타가 아니라는 것을 명확하게 알려줘야 한다. 그래야 이것을 번역하지 않는다. 특히 함께 작업하는 번역가가 안드로이드 개발에 익숙하지 않은 경우에는 특히 중요하다.

플레이스 홀더를 번역하지 않아도 된다는 것을 명확하게 하기 위해서 정규식 태그 〈xliff:g〉와 id 속성을 사용한다. 또한 명확성을 더하기 위해, 최종으로 화면에 보이게 되는 플레이스 홀더 텍스트의 예제도 함께 전달한다. 환영 메시지 예제는 다음과 같다.

```
<string name="welcomeMessage">
<xliff:g id="userName" example="홍길동">%1$s</xliff:g>님, 요리 앱에 오신 것을 환영합니다! </string>
```

그 밖에 고려할 사항

언어가 가장 두드러지는 요소지만, 세계 시장에서 확실하게 눈에 띄도록 만들기 위해서는 조금 더 명확히 해야 할 고려 사항이 몇 가지 있다.

오른쪽에서 왼쪽 방향(RTL)으로 읽기 지원

사용자가 왼쪽에서 오른쪽 방향으로 읽을 것LTR이라고 마음대로 생각해서는 안 된다. 어떤 국가에서는 오른쪽에서 왼쪽 방향RTL으로 읽는 것이 기본이다. 대상 로캘에 따라, RTL와 LTR을 적절하게 지원할 수 있는 방법을 생각해야 한다.

좋은 소식은 안드로이드 4.2 이상부터 사용자가 시스템의 언어를 오른쪽에서 왼쪽 방향으로 읽도록 설정하면 시스템에서 자동으로 앱의 UI 방향을 바꿔준다.

이러한 자동 미러링 기능을 활용하려면 프로젝트의 Manifest 파일을 열고 다음 열을 추가한다.

```
android:supportsRtl="true"
```

그리고 다음과 같이 앱의 left/right 레이아웃 속성을 모두 start/end로 모두 바꾼다.

- 대상이 안드로이드 4.2 이상이라면, left와 right 대신에 start와 end를 사용한다. 예를 들면, android:paddingRight는 android:paddingEnd이 된다.
- 안드로이드 4.2보다 낮은 버전이 대상이라면, left와 right뿐만 아니라 start와 end도 사용해야 한다. 예를 들면, android:paddingRight와 android:paddingEnd를 모두 사용해야 한다.

값의 형식 맞추기

모든 로캘에서 날짜나 숫자와 같은 값이 동일한 형식을 갖는 것은 아니다. 따라서 사용자의 로캘을 추정해 이를 근거로 형식을 하드코딩을 하는 것은, 사용자가 다른 로캘로 바꾸는 경우 문제가 발생할 수 있기 때문에 절대로 안 된다.

대신 다음과 같이 시스템에서 제공되는 형식과 지원 도구를 사용한다.

- 날짜 형식에 관해서는 DateUtils(https://developer.android.com/reference/android/text/format/DateUtils.html)와 DateFormat(https://developer.android.com/reference/java/text/DateFormat.html)을 활용한다.
- 숫자나 통화 형식에 관해서는 String.format(https://developer.android.com/reference/java/lang/String.html#format(java.lang.String,%20java.lang.Object)이나 DecimalFormat(https://developer.android.com/reference/java/text/Decimal

Format.html)을 활용한다.

- 전화번호 형식은 PhoneNumberUtils(https://developer.android.comreference/android/telephony/PhoneNumberUtils.html)를 활용한다.

앱 현지화의 모범 사례

앱 현지화는 잠재적인 수많은 사용자의 관심을 받을 수 있는 강력한 방법이다. 왜 하나의 시장에만 국한된 서비스를 하려고 하는가? 다음의 모범 사례를 따라 구현하면 세계의 수많은 사용자와 만날 수 있는 기회가 늘어날 것이다.

유연한 하나의 레이아웃으로 디자인한다

지원하려고 선택한 언어에 따라, 번역하는 과정에서 특정 대체 문자열 리소스를 레이아웃에 맞추기 위해 더 이상 조정할 수 없을 때까지 늘이거나 줄이게 된다.

앱에서 이러한 현상을 최소화하기 위해, 모든 크기의 대체 문자열 리소스를 수용할 수 있는 유연한 레이아웃을 만들어야 한다. 한 가지 유용한 방법은 앱의 기본 텍스트에 필요한 공간보다 조금 더 많은 공간을 할당해 크기에 변동이 생기더라도 UI에 약간의 여유 공간이 확보된 상태를 만드는 것이다.

버튼의 라벨 크기에 따라서 늘어나고 줄어드는 버튼처럼, 텍스트의 높이와 너비의 조그만 변화에도 대응할 수 있도록 가로/세로 확장이 가능한 텍스트를 사용할 수 있는 UI 요소를 디자인해야 한다. 하지만 이렇게 UI 요소를 확장하고 축소하는 것이 그 밖의 나머지 UI에 어떤 영향을 미치는가에 대해서도 생각해봐야 한다. 버튼을 확장하면서 UI가 좁아 보이거나 균형이 맞지 않는 것은 아닌지, 혹은 최악으로 근처의 버튼을 화면 바깥으로 밀어내고 접근할 수 없는 곳에 렌더링하고 있지는 않는지?

특히 버튼처럼 사용자와 상호작용하는 UI 요소에 주의를 기울여야 한다. 만약 이러한 요소의 크기가 변경된다면 사용자 경험에 곧바로 영향을 주게 된다. 터치 가능한 두 개의 오브젝트 크기가 확장되면서 서로 아주 가까워지게 되면 사용자는 실수로 잘못된 버튼을 선택하게 되고 불만스러운 결과를 갖게 된다.

생각한 것처럼 레이아웃을 유연하게 디자인한다면, 모든 로캘에서 동일한 레이아웃을 사용할 수 있다. 하지만 모든 문자열을 대체할 수 있을 만큼 유연한 레이아웃을 디자인하려고 하다 보면, 텍스트를 조금 수정하는 편이 더 낫다고 생각될 수도 있다.

보통 단순하고 핵심적인 텍스트는 번역 과정에서 수정이 적게 일어난다. 따라서 급격하게 늘어나고 줄어드는 텍스트로 버겁다면, 문제의 원인이 되는 앱의 기본 텍스트에서부터 시작한다. 텍스트를 단순하게 하기 위한 방법과 UI에서 제거해야 할 불필요한 텍스트를 모두 찾고, 거기에 더해 OK 텍스트를 체크 표시로 대체하거나 Cancel 텍스트를 엑스 표시로 대체하는 등 텍스트를 모두가 이해할 수 있는 그림이나 심볼로 모두 바꾼다.

 앱의 텍스트를 단순화하고 전혀 필요치 않은 텍스트를 모두 제거하는 것은, 사용자가 기본 언어로 설정된 앱이나 현지화된 버전의 앱 중에서 무엇을 사용하든지 관계없이 모두에게 더 나은 사용자 경험을 제공한다.

화면에 표시하고자 하는 텍스트의 양과 앱에서 지원하려는 로캘에 따라서 대상이 되는 모든 언어의 텍스트를 수용할 수 있는 단일 레이아웃을 만드는 것은 어렵다. 결국 레이아웃의 유연성에는 한계가 있다.

궁여지책으로, 특정 언어만을 위한 대체 레이아웃을 만들 수 있으며, 이때 수반되는 여러 가지 문제는 이후에 다루겠다.

반드시 필요할 경우에만 대체 언어를 만든다

적절한 구성 한정자를 사용해 새로운 레이아웃 디렉토리를 생성함으로써 특정 언어를 대상으로 하는 레이아웃을 만들 수 있다. 예를 들어 까다로운 독일어 번역 내용을 화

면에 적절하게 표시하기 위해 프로젝트에 main.xml 레이아웃 버전을 만들려면, res/
layout-de/main.xml 디렉토리를 생성한 후 독일어 레이아웃 리소스 파일을 이 디렉
토리에 포함한다.

하지만 대체 레이아웃은 앱의 유지 보수를 어렵게 만들기 때문에 최후의 수단으로 사
용해야 한다.

다양한 로캘에서 앱 테스트하기

로캘에 해당하는 레이아웃과 리소스를 모두 만들었다면, 모든 나라의 사용자에게 앱
을 보여줄 준비가 됐는지 확인한다. 이는 현지화된 버전의 앱을 대상 로캘로 설정된 다
양한 AVD에서 테스트하는 것을 말한다. 이때 최소한 하나의 AVD는 앱에서 지원하지
않는 언어와 로캘로 설정하고 시험해야 한다.

다양한 로캘에서 앱을 시험할 때 다음 내용을 반드시 점검한다.

- 현재 설치된 기기에서 문자열 리소스와 레이아웃, 로캘별 리소스가 정확히 표
  시돼야 한다. 잘못된 디렉토리에 string.xml 파일이 포함됐거나 구성 한정
  자를 빠트렸거나 혹은 단순한 오타로 인해서 쿠르드어 텍스트(res/values-ku/
  strings.xml)를 표시해야 할 때 한국어 텍스트(res/values-ko/strings.xml)가 표
  시될 수도 있다.
- 로캘별 리소스가 레이아웃에 정확하게 표시되고 사용상 어떠한 문제도 발생
  하지 않아야 한다.

특정 화면 구성이나 하드웨어, 소프트웨어가 어떤 로캘에서는 아주 일반적일 수 있다
는 것을 알아야 한다. 현지화된 버전의 앱에서 특정 하드웨어나 소프트웨어, 화면 구
성에 대한 지원을 포함할 것인지 여부를 판단하기 위해 대상 로캘에서 가장 많이 사용
되는 기기를 조사한다.

다양한 로캘 테스트하기

기기의 **설정**에서 **언어**를 선택한 다음 새로운 언어를 선택하면 물리적인 기기에서 앱의 언어 설정을 테스트할 수 있다. 이는 다양한 언어로 설정된 기기에서 현지화 버전의 앱이 어떻게 동작하는지 알 수 있는 좋은 방법이다. AVD를 사용해 물리적인 안드로이드 기기에서 변경하기 어려운 다양한 국가와 지역 설정에서도 앱이 어떻게 동작하는지 파악해야 한다.

AVD를 특정 언어나 로캘, 지역으로 설정해 생성할 수 없지만, 에뮬레이터에서 AVD가 동작하고 있을 때 이러한 설정을 변경할 수 있다.

먼저 AVD를 테스트하고자 하는 앱에 맞는 화면 구성과 하드웨어, 소프트웨어로 설정하여 만든 다음, 이 AVD에서 프로젝트를 실행한다.

맥의 터미널이나 윈도우 명령 프롬프트를 열고 **adb**^{Android Debug Bridge}가 있는 디렉토리로 **경로를 변경**(cd)한다. 예를 들면 다음과 같다.

```
cd /Users/jessica/Downloads/adt-bundle-mac/sdk/platform-tools
```

AVD가 동작하고 있다면 adb 명령어로 로캘을 변경할 수 있다. 그렇게 하려면 대상이 되는 언어(ISO 639-1)에 해당하는 ISO 코드와 사용하려고 하는 국가나 지역코드(ISO 3166-1)를 알아야 한다.

adb 창에 다음 명령어를 입력한다.

```
adb shell
```

잠시 후, #프롬프트가 나타난다. 이때 다음 명령어를 입력한다.

```
setprop persist.sys.locale [ISO 언어 코드, 국가/지역 코드는 선택 사항] ;stop;sleep
5;start
```

예를 들어, 스페인어(es)로 설정한 기기에서 앱을 테스트하고 싶다면 다음과 같이 입력한다.

```
setprop persist.sys.locale es;stop;sleep 5;start
```

만약 스페인어와 멕시코 로캘로 설정한 기기에서 앱을 확인해보려면 다음과 같이 입력한다.

```
setprop persist.sys.locale es-Rmex;stop;sleep 5;start
```

이때, 에뮬레이터는 새로운 로캘 설정으로 재시작된다. 앱을 다시 실행하면, 새로운 로캘 설정으로 앱을 테스트할 준비가 완료된 것이다.

일반적인 현지화 문제점 살펴보기

테스트 환경 설정을 마쳤다면, 어떤 이슈를 확인해야 할까?

먼저, 앱의 모든 화면을 점검해 텍스트가 잘려나간 곳이 없는지, 줄 바꿈이 이상하거나, 단어나 선이 이상하게 보이거나, 알파벳 순서로 정렬되지 않은 곳은 없는지 확인한다. 또한 RTL로 동작하는 로캘이 무엇이며 실제로 레이아웃에서 어떻게 동작하는지 확인해야 한다.

의도치 않게 번역을 누락한 텍스트가 있는지 확인해야 한다. 앱의 제목이나 상세 연락처와 같이 앱에서 동일한 텍스트로 일관성을 유지해야 하는 부분에서 이같은 문제가 생긴다. 만약 의도치 않게 번역되지 않은 텍스트를 발견한다면 정확히 어떤 문제인지 확인하기 위해 앱의 코드를 확인한다.

오역된 텍스트도 모두 확인해야 한다. 이런 종류의 오류는 앱에서 지원하는 모든 언어를 잘 알 수 없기 때문에 확인이 어렵다. 이례적인 방법으로 구글 번역과 같은 온라인 번역기를 사용해 앱의 스페인어 텍스트가 정말 스페인어인지 아주 쉽고 빠르게 더블 체크할 수 있다.

현재 레이아웃에 맞지 않는 텍스트나 로캘별 리소스가 있는지 확인한다. 다음과 같은 항목이 될 수 있다.

- 변역 과정에서 눈에 띄게 짧아진 텍스트처럼 기본 버전의 리소스보다 현저하게 줄어든 리소스. 축소된 리소스는 레이아웃의 공간을 남기거나 비정상적으로 표시되며 다른 UI 요소와의 균형을 깨트리는 이상한 레이아웃을 만들어내게 된다.
- 특정 버전의 UI에 존재하거나 혹은 존재하지 않는 리소스. 다시 말하자면 이는 레이아웃에 이상한 영역을 만들고 외관을 해칠 수 있는 문제가 있다. 의도치 않게 특정 리소스가 누락됐다면 이 리소스 영역을 채울 무언가를 찾거나, 최악에는 이 로캘만을 위해 특별히 디자인된 대체 레이아웃을 제공해야 한다.
- 기본 버전의 리소스보다 훨씬 큰 리소스는 복잡하고 답답해 보이는 UI가 되거나, 선택할 수 있는 영역이 너무 가까이 붙어 있어 사용을 힘들게 만드는 경우처럼 사용성 측면의 문제를 일으킨다.
- 현재 화면 구성에 맞지 않은 리소스. 이미 언급한 것처럼, 로캘이 다양하다는 것은 하드웨어와 소프트웨어, 화면 구성 또한 다양하다는 것을 의미한다. 대상 국가와 지역이 다양하다면, 특정 통계 자료를 통해 가장 널리 사용되는 안드로이드 기기를 조사한 다음, 이러한 여러 지역에서 보편적으로 사용되는 하드웨어와 소프트웨어, 화면 구성으로 설정된 AVD로 앱을 테스트한다.

기본 리소스 테스트하기

지원하고자 하는 모든 언어와 국가, 지역에 대해서 앱을 테스트한 다음에는 지원하지 않는 로캘로 설정된 AVD에 앱을 의도적으로 설치해봐야 한다. 이상하게 들릴지도 모르지만 이 방법은 앱에 기본 버전 리소스가 누락됐는지 점검할 때 아주 효과적이다.

이번 장에서 여러 차례 언급한 것처럼, 기본 리소스를 포함한다는 것은 만에 하나 앱에 어떠한 문제가 발생했을 때 오류를 발생시키기보다는 유연하게 대처할 수 있다는 것을 의미한다. 프로젝트의 문자열이나 드로어블 또는 그 밖에 모든 리소스의 기본 버전을 제공하는 것은 앱에서 공식적으로 지원하지 않는 로캘로 기기를 설정하고 앱을 실행하더라도 동작을 보장한다.

앱을 테스트하기 위해서 터미널이나 명령 프롬프트 창을 열고 앱에서 명시적으로 지원하지 않는 로캘로 변경하도록 에뮬레이터에 명령어를 입력한다. 만약 필요한 기본 리소스가 제공된다면 앱에서는 프로젝트의 res/values/strings.xml 파일의 내용에 포함된 이 리소스를 불러오게 된다. 만약 오류 발생한다면 이는 프로젝트에 적어도 한 가지 이상의 기본 리소스가 누락됐음을 의미한다.

주요 국가에 베타 버전 출시하기

다양한 로캘에서 앱의 테스트를 마쳤고 사용자의 언어나 국가, 지역 설정과 상관없이 정확하게 동작한다는 것을 확신한다면, 앱을 공개하고 대상이 되는 잠재적인 사용자, 특히 모국어 사용자에게 피드백을 받는 것을 고려해야 한다. 이는 베타 테스트 형식을 취하는 것이 일반적이다.

 베타 버전 앱을 설치한 사용자는 구글 플레이 페이지에 리뷰를 남길 수 없으므로 앱의 초기 버전에 대한 구글 플레이 순위에 부당하거나 부정적인 영향을 미치지 않을까 하는 걱정은 하지 않아도 된다.

현실적인 피드백을 얻는 것은 항상 값진 일이지만 이러한 피드백은 국제적으로 출시를 계획하고 있는 경우에 더 큰 가치를 갖게 된다. 모국어 사용자는 텍스트의 문법이나 맞춤법 실수 혹은 아주 조그마한 문제 조차도 아주 쉽게 찾아낸다. 또한 앱의 내용이 부적절하거나 혼동되거나 공감하기 어려운 부분을 빠르게 알려줄 수 있다.

이 같은 값진 피드백은 개발 기간의 막바지에 추가적인 다운로드 수를 기록하기 위해 뚝딱 만들어낸 변역보다 완벽한 현지화 버전의 앱을 만드는 데 도움이 되고 대상 사용자가 있는 지역을 위해 특별하게 제작됐다는 느낌을 받게 만들어준다.

만약 베타 테스트용 프로그램을 출시하려고 생각한다면 구글 플레이에서 도움을 받을 수 있다. 개발자 콘솔에 가입한 다음 베타 테스트용 사용자 그룹을 설정할 수 있는 APK를 업로드한다.

비공개 베타 테스트로 작게 시작하고 싶다면 Gmail 주소 등록으로 테스터 그룹을 명시할 수 있다. 테스터 목록을 확보했다면 다음 과정을 따라서 비공개 베타 프로그램을 배포한다.

1. 개발자 콘솔에 로그인한 후 왼쪽 메뉴의 APK를 선택한다.
2. Upload your first APK to beta 버튼을 선택하고 APK를 업로드하기 위한 화면상의 지시를 따른다.
3. API가 업로드 됐다면 Beta testing을 선택한다.
4. Choose a testing method 선택 사항이 보이면 드롭 다운 메뉴를 열고 Set Up Closed Beta Listing을 선택하고 이어서 Create list를 선택한다.
5. 베타 테스트에 참여시킬 명단의 이메일 주소를 입력하고 Save를 클릭한다.
6. Beta opt-in URL을 복사한다. 다음으로 이 링크를 테스터들과 공유한다. 테스터가 이 링크를 클릭하면 베타 테스트가 갖추어야 할 내용을 볼 수 있다. 그리고 나서 이 테스트에 참여할 것인지 아닌지 결정하게 된다.
7. Beta opt-in URL을 복사한 후, 테스터로부터 피드백을 수집할 때 사용할 이메일 주소나 URL을 입력하게 된다. Feedback channel 항목에 정보를 입력한 다음 Save를 클릭한다.

테스트 피드백 수집하기

테스터가 구글 플레이 페이지에 앱에 대한 리뷰를 남길 수 없기 때문에 테스터가 피드백을 보낼 수 있는 대안을 제공해야 한다. 개발자 콘솔을 통해서 테스트 프로그램을 배포할 때마다 **Feedback channel** 항목을 테스터와 주고받게 될 주요 의사소통 방법으로 채워 넣는 것이 아주 중요하다.

이 피드백 채널은 주소나 URL 형태를 갖지만, 테스터를 위한 구글 그룹이나 구글 플러스 페이지를 설정하는 것도 고려해볼 수 있다. 선호하는 피드백 수집 방법이 무엇이든 앱을 테스트하는 사람은 부탁을 들어주고 있다는 것을 인식하는 것이 중요하다. 따라서 테스터의 피드백에 회신은 가능한 쉽게 해야 한다.

만약 회신하는 것이 어렵게 느껴진다면 테스터는 부담없이 마음대로 생각하게 되고 결과적으로 프로젝트는 난항을 겪게 될 수 있다.

한 차례의 비공개 베타 테스트를 한 이후에, 이메일 주소 제한이 없고 최대 테스터 수가 한정된 공개 베타 테스트를 할 수 있다.

공개 베타 테스트 프로그램을 배포하려면 먼저 개발자 콘솔에 로그인한 다음 왼쪽 메뉴의 APK를 선택한다. Beta testing을 선택하고 드롭 다운 메뉴에서 Set up Open Beta Testing을 선택한 다음 앱을 베타 테스트를 할 수 있는 최대 사용자 수를 지정한다.

Beta opt-in URL을 복사하고 테스터에게 공유한다. 다시 Feedback channel에 이메일 주소나 URL을 정확히 입력한 다음 Save를 클릭한다.

출시 준비하기

국제 시장에 진출해 좋은 평판을 얻기 위해 다양한 언어와 로캘을 지원하는 것은 단지 시작에 불과하다. 국제 마케팅 캠페인과 같은 형태도 또한 생각해봐야 한다.

막대한 예산과 전담하는 팀이 필요한 일인 것 같지만, 앱을 홍보하는 데 사용할 수 있는 시간과 보유한 예산에 맞춰 캠페인의 범위를 제한할 수 있다. 혼자서 진행하는 프로젝트라고 해도 여러 나라의 사용자에게 아주 저렴하게 혹은 무료로 앱을 홍보할 수 있는 방법은 수없이 많고, 특히 온라인으로 홍보하는 방법은 더 말할 필요도 없다.

마케팅 캠페인은 앱의 출시를 알리는 보도자료를 작성하고, 이 텍스트를 앱에서 지원하는 다양한 언어로 번역하는 것이 전부다. 그후 소셜 네트워크나 뉴스, 홍보 웹사이트, 자신의 블로그 또는 그 밖에 콘텐츠를 무료로 게시할 수 있는 장소를 통해 보도자료를 인터넷에 올린다.

 자제력을 잃은 나머지 자신의 마케팅 자료를 아무 데나 게시하는 실수를 범하지 않도록 한다. 스팸 메일을 보내는 것은 멀리 내다보면 앱의 명성에 흠집만 낼 뿐이다.

배너나 가상의 배지, 광고, 사진과 같은 직접 제작한 홍보 자료도 모두 번역해야 한다.

홍보 이미지에 아무런 텍스트가 포함돼 있지 않다고 해도 이미지를 수정할 부분이 있는지 점검한다. 그래야 대상 로캘의 모든 사용자가 해당 이미지를 더 잘 이해할 수 있게 된다. 예를 들면, 특정 지역의 사용자가 제작한 이미지에 더 많은 관심을 갖게 하기 위해 지리적 문화적 참고 자료를 포함시킬 수 있을까? 요리 앱 예제에서는 대상 사용자가 관심을 갖게 될 가능성이 높는 요리법을 확인한 다음 앱의 홍보용 배너나 광고에서 이 요리법을 더욱 돋보이도록 만드는 것이 될 수 있다.

홍보 영상을 제작하려면 앱에서 지원하는 모든 언어로 영상의 현지화 버전을 만들어야 한다. 모든 영상의 음성을 새로 녹음하거나 자막을 제공하는 것을 말한다.

여러 나라 사용자의 주목을 받을 수 있는 핵심적인 요소는 앱이 사용자의 로캘에 맞도록 디자인됐다는 생각이 들도록 만드는 것에 있음을 기억한다.

구글 플레이 스토어 목록 현지화하기

앱의 구글 플레이 목록은 여러 나라의 사용자에게 앱에 대한 첫인상을 주는 곳이다. 긍정적인 첫인상을 갖도록 하기 위해 앱에서 지원하는 모든 로캘로 텍스트를 번역해 스토어 목록을 현지화한다.

개발자 콘솔을 통해 앱의 구글 플레이 목록을 현지화된 다양한 버전으로 만들 수 있다. 사용자가 앱의 목록을 열면 구글 플레이에서는 자동으로 사용자의 위치를 찾고 사용자의 언어나 국가, 지역 설정에 적합한 목록의 버전을 표시하게 된다. 만약 구글 플레이에서 앱 목록의 로캘이 명시된 적합한 버전을 발견하지 못한다면 앱의 기본 구글 플레이 페이지를 대신 보여주게 된다.

현지화된 구글 플레이 목록을 만들려면 개발자 콘솔 계정으로 로그인한 다음, 좌측 메뉴에서 App applications을 선택한다. 사용할 앱을 선택한 후 Store listing을 선택한다.

새로운 현지화 버전을 만들려면 Manage translations 버튼을 클릭한다. 여기서 Purchase translations에 체크한 후 다음과 같이 화면상의 지시 사항을 따르게 되면 번역 서비스를 구매할 수 있다.

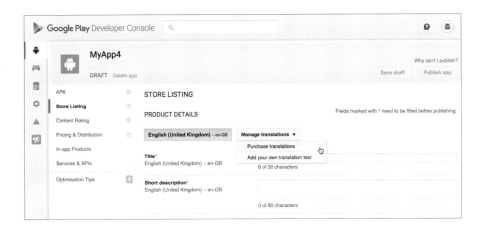

만약 현지화된 스토어 목록에 추가할 번역된 텍스트를 이미 갖고 있다면 Add your own translation를 선택한다. 현지화된 목록을 만들고 싶은 모든 언어를 선택(나중에 더 추가할 수 있다)하고 Add를 클릭한다.

이때 개발자 콘솔은 스토어 목록 양식으로 바뀐다. Languages 버튼을 클릭하면 추가한 모든 언어에 대한 드롭 다운 목록을 볼 수 있다. 언어를 클릭하게 되면 완전히 새로운 스토어 목록을 만들 수 있는 별도의 양식이 나오며, 해당 로캘로 설정한 사용자가 구글 플레이에서 앱을 볼 때마다 해당 목록을 보여준다.

만약 어느 시점에 현지화된 페이지를 삭제해야 한다면 간단하게 Manage Translations 버튼을 클릭한 다음 Remove translations를 선택하고 삭제하려는 언어를 선택한다. 구글 플레이 페이지에서 특정 버전을 기본으로 바꾸려면 Manage Translations 버튼을 다시 클릭하고 Change default language를 선택한다.

현지화된 스토어 목록을 만드는 것은 앱에 대한 설명을 번역하는 것뿐만 아니라 대체 이미지도 제공하는 것을 말한다. 사용자가 구글 플레이 페이지의 현지화된 버전을 보고 있음에도 여전히 앱에서 자신의 언어를 정말로 지원하는지 확신하지 못한다. 지원되는 모든 언어에 대한 UI 스크린 샷을 찍고 앱의 구글 플레이 페이지에 해당 버전에 업로드해 의문을 품지 않도록 해야한다.

 구글 플레이 페이지를 만드는 동안, 개발자 콘솔에서는 여러 사용자에게 앱을 전달하는 방법에 대한 힌트가 제공된다. 이 힌트에는 유용한 정보가 포함돼 있으며, 좌측 메뉴의 **Optimization Tips**를 선택하면 확인할 수 있다.

프로젝트 출시 이후

앱을 성공적으로 배포했더라도 힘든 일은 여기서 끝나지 않는다. Publish 버튼을 눌러 앱을 거대한 야생의 세계로 내보냈지만 수많은 사용자가 앱을 사용할 수 있도록 지원하는 일이 남아 있다.

성공적인 배포 후 여러 국가의 사용자 지원하기

여러 나라의 사용자에게 관심을 얻어냈다면 다양한 언어로 도움을 주면서 사용자를 잘 붙잡아야 한다.

명확하게 얼마나 많이 지원할 수 있는가에 대해서는 자신이 팀 구성원으로 앱 제작에 참여했는지 혹은 혼자서 남는 시간에 앱을 만들었는지에 따라 달라진다. 하지만 어느 정도 수준의 지원은 처음으로 어렵게 유치한 사용자를 유지하기 위해 반드시 필요하다.

최소한 구글 플레이의 리뷰는 확인하는 것이 좋다. 구글 플레이 스토어에서는 모든 리뷰를 번역해주기 때문에 유용하다. 작성된 리뷰가 어떤 언어로 작성돼 있든 관계없이 구글 플레이를 통해 수집되는 모든 질문이나 제안은 확인하고 답해야 한다.

비록 온라인 번역기에 의존하더라도, 가능하면 어디서나 구글 플레이 스토어의 리뷰에 게시자가 사용한 언어를 사용해 답한다. 번역기는 매끄럽지 않은 결과물을 내기 때문에 사용자에게 번역기를 사용하고 있다는 것을 알리는 것이 좋다. 그렇게 하면 세련되지 않은 문구나 문법적인 오류도 눈감아주게 된다.

구글 플레이 배지(badge) 만들기

앱을 상용으로 출시했다면 가능한 많은 사람이 구글 플레이 페이지에 들어오도록 해야 한다. 한 가지 방법으로 구글 플레이 배지를 만드는 것이 있다. 이 배지를 클릭하면 앱의 구글 플레이 목록으로 안내하게 된다.

이러한 배지는 웹사이트나 블로그, 소셜 미디어 계정, 또는 이메일의 서명란에 포함시키는 등 원하는 곳이라면 아무 데나 게시할 수 있다. 스팸 메일을 좋아하는 사람은 아무도 없으며, 길게 볼 때 앱의 플레이 배지 스팸을 보내는 것은 충성 고객을 얻을 때 도움이 되지 않기 때문에 너무 지나쳐서는 안된다.

배지는 구글 플레이 배지 생성기를 사용해 만들 수 있다(https://play.google.com/intl/en_us/badges).

앱의 성능 모니터링하기

다양한 로캘을 지원하게 되면, 특정 지역에서 앱에 대한 인기가 그 외의 지역보다 더 많아지는 것은 불가피하게 된다. 이런 일이 발생하는 원인으로는 번역의 품질과 같이 통제 가능한 것에서부터, 대상 로캘의 시장을 이미 점유하고 있는 경쟁 앱과 같이 통제할 수 없는 것에 이르기까지 아주 다양하다.

지원하는 모든 로캘에서 앱의 인기에 대한 명확한 그림을 갖는 것은, 시간과 노력을 더 집중해야 하는 지역과 노력을 축소하거나 완전히 지원을 중단해도 되는 지역을 구분하기 위해 반드시 필요하다.

만약 앱의 인기가 어떤 지역에서 아주 많은 것으로 확인됐다면, 해당 지역의 시장 조사를 더 많이 한다거나 지역의 사용자를 위한 맞춤형 현지화 콘텐츠를 만든다거나 혹은 구글+ 커뮤니티나 링크드인 그룹, 페이스북 페이지에 언어별로 사용자 그룹을 만드는 등의 인구통계학적인 부분의 필요를 채우기 위해 더 많은 노력을 기울일 수 있다.

그렇다면 어떻게 인기 있는 로캘을 확인할 수 있을까? 개발자 콘솔에서는 앱에서 지원하는 다양한 로캘에서 누적된 다운로드 및 설치, 삭제한 횟수 등의 통계 정보를 제공한다. 이러한 정보에 접근하기 위해서는 개발자 콘솔 계정으로 로그인한 후, 확인하고 싶은 앱을 선택하고 왼쪽 메뉴에 있는 Statistics를 선택한다.

하지만 현실적으로 이러한 통계 정보가 항상 좋은 것만은 아니다. 때로는 특정 로캘에서 앱에 대한 사용자에 관심을 얻기 위해 고군분투하는 모습이 드러나기도 한다. 만약 이와 같은 경우라면 무엇이 앱의 성공을 방해하고 있는지 찾아내야 한다.

이는 불완전한 번역의 경우나, 또는 해당 로캘에서 널리 사용되고 있지만 안드로이드 기기를 대표할 수 없는 하드웨어나 소프트웨어, 화면 구성에서 앱이 동작하는 경우는 개선할 수 있다. 하지만 앱의 장르나 주제에 대한 관심 부족이나 이미 시장을 점유하고 있는 경쟁 앱과 같은 문제는 쉽게 고칠 수 있는 것이 아니다.

앱의 저조한 성능 이면에 숨겨진 원인에 따라 그 문제를 더 확인해보거나, 혹은 특정 로캘에 대한 지원을 포기하고 그 시간과 노력을 이미 열정적인 사용자를 확보하고 있는 지역으로 돌리는 것을 결정한다.

국제 시장에 앱을 출시하는 것은 단지 시작에 불과하다는 것을 기억해야 한다. 만약 앱이 국제 시장에서 성공을 거두게 되면 모든 국가의 사용자를 지원하는 노력을 계속해야 한다. 또한 다양한 로캘에서 앱이 이상 없이 잘 동작하는지 지속적으로 확인해야 한다.

요약

이 장에서는 다양한 버전의 안드로이드 운영체제 지원에서부터, 다양한 하드웨어와 소프트웨어, 화면 크기, 화면 밀도, 방향의 최적화를 통해 폭넓은 사용자와 만나는 방법을 살펴봤다. 앱을 다른 언어로 번역하는 것도 다뤘다. 또한 광고나 마케팅 캠페인을 통해 앱을 홍보하는 방법도 언급했다.

이제 어떻게 하면 사용자의 관심을 얻을 수 있는지 알게 됐다. 다음 장에서는 앱의 UI를 최적화해 사용자의 탄성을 자아내게 만드는 방법을 살펴볼 것이다.

9

UI 최적화하기

앱의 사용자 인터페이스의 대부분은 사용자와 직접 연결되는 부분이므로 완벽하게 만들어야 한다.

지금까지는 유용한 기능의 사용자 인터페이스를 보기 좋게 만드는 부분에 집중했다. 하지만 이것은 절반에 지나지 않는다. 구글 플레이의 별 다섯 개의 리뷰를 받으려면 빠른 렌더링에 응답 속도가 빠르면서 멋진 사용자 경험을 보편적으로 제공하는 UI를 만들어야 한다.

일반적으로 성능은 성공적인 UI와 앱을 위해 중요한 부분이다. 만약 앱이 아주 느리고 오류 발생 확률도 높고 데이터나 메모리를 아주 많이 사용하거나 배터리 소모가 심하다면, 아무리 UI가 보기 좋다 하더라도 아무도 이 앱을 사용하고 싶어하지 않을 것이다.

이 장에서는 앱에 영향을 미치는 가장 일반적인 성능의 문제를 처리하는 방법을 다룬다. 접하게 될 문제를 해결하기 위해 우선 문제의 발생 원인을 간단히 살펴본 후 처리 방법을 살펴보겠다.

이 장을 마칠 때쯤엔 사용자가 원하는 자연스러우면서도 반응이 빠른 UI를 만드는 방법을 알게 될 것이다.

▌ 코드의 시간 측정하기

성능과 관련된 문제인지 확인하기도 전에 앱에서 오류가 발생해서는 안 된다. 앱의 메모리는 너무 많은 개체를 할당하거나 무겁게 동작하는 복잡한 뷰의 구조로 인해 점점 부족해진다. 이 같은 문제로 오류가 발생되는 것은 아니지만 앱의 성능에 부정적인 영향을 주는 것은 분명하다.

고성능의 앱을 만들고 싶다면 문제를 찾아내야 한다.

느리거나 시간이 오래 걸리는 부분의 코드마다 시간을 측정할 수 있도록 하면 앱에 무슨 일이 생기고 있는지 정확하게 확인할 수 있다. 첫 번째로 살펴볼 안드로이드 SDK 도구에서 그 해답을 찾을 수 있다.

TraceView는 그래픽 도구로 기기에서 동작하는 모든 앱을 추적할 수 있다.

TraceView는 이 장에서 보게 될 대부분의 도구와 마찬가지로 앱이 실행 중인 경우에만 측정할 수 있다. 먼저 측정하고 싶은 앱을 안드로이드 기기에 설치하고 나서 기기를 컴퓨터와 연결한다. 또는 에뮬레이터나 적당한 AVD를 사용할 수도 있다. 앱이 실행되고 UI가 표시된 상태여야 한다.

앱의 성능을 측정하기 전과 후

앱의 문제점을 발견하게 되면 분명히 그 문제를 해결하려고 할 것이다. 하지만 수정한 다음에 문제가 해결됐는지 어떻게 확인할 수 있을까?

앱의 문제점을 수정하기 전과 후의 성능을 TraceView를 통해 측정한다면 수정한 부분이 앱의 성능에 어떠한 영향을 줬는지 여부를 판단할 수 있는 데이터를 갖게 되는 것이다. 만약 최적화가 필요한 코드를 발견하지 못하더라도 TraceView의 데이터는 여전히 유효하며 앱의 최적화 작업에 활용할 수 있다.

TraceView를 사용하기 위해서 안드로이드 스튜디오의 툴바에서 **Tools**를 선택하고 이어서 Android와 Android Device Monitor를 선택한다. Android Device Monitor는 별도의 창에 표시된다.

Android Device Monitor는 안드로이드 SDK에 포함된 독립적으로 동작하는 도구다. 앞으로 **Android Device Monitor**에 포함된 여러 가지 도구를 사용하게 된다. 이 장 전반에서는 안드로이드 스튜디오의 UI를 통해서 **Android Device Monitor**에 접속하겠지만 단독으로 **Android Device Monitor**에 접속할 수도 있다. 안드로이드 스튜디오를 사용하고 싶지 않거나 이클립스를 사용하고 있다면 다운로드한 안드로이드 SDK의 monitor 파일을 찾아서 더블클릭하면 **Android Device Monitor**를 실행할 수 있다. 그러면 **Android Device Monitor**가 별도의 창에서 실행된다.

Android Device Monitor 창에서 DDMS 탭을 선택한다. 화면 왼편의 Devices 탭을 통해서 현재 사용할 수 있는 기기와 에뮬레이터의 목록을 모두 확인할 수 있다. 앱을 설치한 기기 또는 AVD를 선택하면 기기에서 실행 중인 프로세스의 목록을 확인할 수 있다. 확인하고 싶은 프로세스를 선택한다.

목록에서 애플리케이션을 확인할 수 없다면 애플리케이션의 동작 여부와 UI의 표시여부를 점검한다.

다음 그림에서 마우스 포인터가 지시하는 곳의 Start Method Profiling 아이콘을 클릭해 프로파일링을 시작한다.

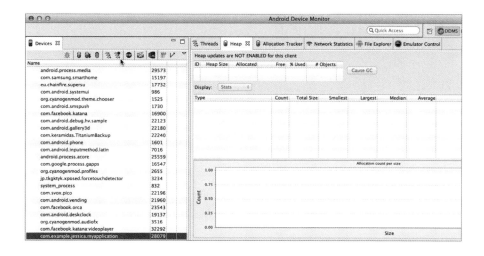

이때 다음의 두 가지 프로파일링 옵션을 사용할 수 있다.

- **Trace 기반 프로파일링**: 아무리 작더라도 모든 메서드의 시작/종료를 추적한다. 이같은 프로파일링은 오버헤드가 크므로, 무엇을 추적해야 할지 전혀 알수 없을 때 이 방법을 사용한다. 이렇게 추적한 데이터를 활용해 다음에 나오는 sample 기반 프로파일링의 범위를 좁힌다.

- **Sample 기반 프로파일링**: 지정한 빈도로 호출 스택을 수집한다. 이 같은 프로파일링의 오버헤드는 추출하는 빈도에 비례하므로 일반적으로 관리하기 용이하다.

두 가지 선택 사항 중 하나를 선택을 하고 나면 TraceView에서는 기록이 시작된다. 추적하고자 하는 부분과 메서드를 확인하기 위해 앱을 몇 차례 동작시킨다. 다음으로 Stop Method Profiling 아이콘을 클릭하면 DDMS에서는 기기로부터 trace 파일을 가져와 뷰어에 표시한다.

 얼마나 많은 데이터를 기록했는지 여부에 따라 이를 불러오는 시간이 달라지기 때문에 기다림이 필요할 때도 있다.

결국 다음과 같은 형태의 trace 파일을 확인할 수 있다.

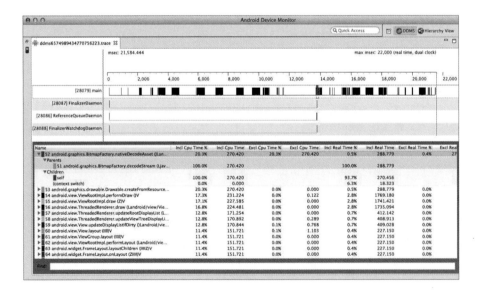

Trace 파일은 다음과 같이 구성된다.

- **타임라인 패널**: 이 패널은 각 스레드와 메서드의 시작/종료 위치를 보여주므로 코드의 실행 시간을 추적할 수 있다.

  타임라인 패널은 열에 각기 다른 색상으로 각 스레드의 수행을 표시한다. 각 메서드의 시작(왼쪽 바)과 종료(오른쪽 바)를 나타내는 바를 볼 수 있다. 이 지점 사이의 선은 메서드가 수행된 시간이다.

  만약 긴 라인이 모두 동일한 색상이라면, 그 메서드가 처리 시간을 많이 차지하고 있다는 것을 의미하며, 이 메서드에 대한 정보를 더 수집해야 한다. 확인하고 싶은 메서드를 클릭하면 통계 정보가 프로파일 패널에 나타나게 된다.

- **프로파일 패널**: 이 패널에서는 메서드가 호출된 횟수와 재귀적으로 호출된 횟수, 자식 메서드의 수행 시간을 제외한 전체 CPU 시간 사용률과 자식 메서드의 수행 시간을 포함한 사용률 등 현재 선택한 메서드에서 발생된 많은 정보를 제공한다. 이 데이터는 최적화가 필요한 메서드를 확인하는 데 유용하다.

▎ 오버드로우 확인하기

안드로이드에서 화면을 그릴 때 가장 높은 수준의 컨테이너에서 시작해 이 부모 뷰 위로 모든 자식 뷰와 손자 뷰를 그린다. 이는 **오버드로우**overdraw라는 과정을 통해 각각의 픽셀이 한 주기에 여러 번 그려진다는 것을 말한다.

픽셀에 색상을 주려면 결국 후속 뷰에 의해 덮어 쓰는 작업을 하게 돼 처리 능력은 낭비되고 오버드로우가 더해져 화면을 그리는 시간은 더 늘어나게 된다.

오버드로우는 안드로이드와 같이 한정된 메모리 대역폭을 가지고 있으며 GPU를 많이 사용해 그리는 작업을 하는 모바일 기기에서는 다루기 어려운 문제다. 불필요하거나 과도한 오버드로우를 확인해 바로잡아줌으로써 앱의 렌더링 속도를 향상시킨다.

오버드로우가 아주 많은 경우 사용자 인터페이스에서 심각한 문제로 나타날 수 있으며, 앱의 오버드로우를 점검하면 앱의 어떤 부분을 더 살펴봐야 하는지 알 수 있게 된다.

어떤 부분의 오버드로우는 평범하거나 불가피함에도 이러한 오버드로우의 발생을 모두 제거하려고 하는 것은 현실적이지 못하다. 만약 앱이 배경색이 파랗다면 이 배경색 위에 놓인 모든 요소는 어느 정도의 오버드로우를 발생시키겠지만 이것은 불가피하다. 다른 아무 요소도 없이 파란 화면만 덩그러니 있는 앱을 출시한다고 상상할 수 있는가?

다른 뷰의 뒤에 완전히 숨겨진 콘텐츠와 같이 사용자가 화면에서 보게 되는 최종 이미지에 아무런 도움이 되지 않거나 또는 전체 화면 레이어가 여러 개인 경우와 같이 과도하게 사용된 오버드로우를 어떻게 처리할 것인지 고민해야 한다.

안드로이드 4.2 이상이 동작하는 기기는 안드로이드 기기에 설치된 모든 앱의 오버드로우가 얼마나 되는지 볼 수 있는 기능이 내장돼 있다(궁금하다면 안드로이드 시스템 전반에서 발생하는 오버드로우를 모두 확인할 수도 있다).

앱에서 발생하는 오버드로우가 얼마나 되는지 확인하려면, 안드로이드 4.2 이상이 설치된 물리적인 안드로이드 기기에 테스트하려는 앱을 설치한다. 그리고 나서 기기의 **설정**Settings을 열고 이어서 **개발자 옵션**Developer options을 선택한다. 다음과 같이 보이는 팝업에서 **GPU 오버로드 디버깅**Debug GPU Overdraw을 선택하고 **오버로드 영역 표시**Show overdraw areas를 선택한다.

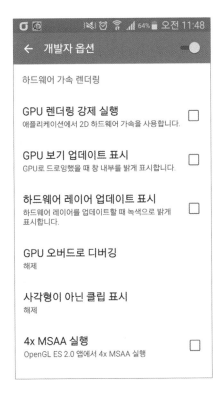

 GPU 오버로드 디버깅(Debug GPU Overdraw) 팝업에는 **녹색약 영역 표시**(Show areas for Deuteranomaly) 옵션을 포함하고 있으며 이는 기본 **GPU 오버로드 디버깅**과 동일한 목적으로 제공되지만 녹색약을 가진 사람을 위해 색보정(녹색 불빛의 민감도를 낮춤)을 해준다.

이러한 옵션을 설정하면 안드로이드 시스템에서는 각 픽셀이 그려지고 다시 그려지는 횟수에 따라 화면의 각각의 영역의 색상을 다르게 표시하게 된다.

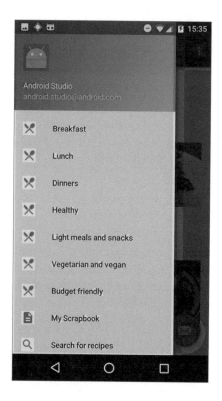

색상은 다음과 같이 어떤 영역에서 오버드로우의 문제가 발생됐는지 알려준다.

- **색상 없음 = 오버드로우 없음**: 이 픽셀은 한 번만 그려진다.
- **파란색**: 한 번 오버드로우한다. 따라서 이 픽셀은 두 번 그려진다. 다시 설명하면, 화면에 한 번 그려진 다음 그 위에 다시 그려진다. 기기마다 오버드로우의 양이 다를 수 있지만 주요 기기에서는 한 번의 오버드로우로 처리된다. 넓은 영역의 파란색은 수용 가능하지만 전체 윈도우가 파란색이라면 이 오버드로우를 제거할 수 있는지 여부를 확인한다.
- **녹색**: 두 번 오버드로우한다. 해당하는 픽셀은 세 번 그려지게 된다. 중간 크기의 녹색 영역은 문제가 없지만, 녹색이 절반을 넘어가게 되면 최적화할 수 있는 부분이 없는지 확인해봐야 한다.

- **밝은 빨강**: 세 번 오버드로우한다. 어느 정도 작은 밝은 빨강 영역은 불가피할 수 있으나 중간 혹은 그보다 더 큰 영역이 빨강색이라면 걱정스럽지 않을 수 없다.
- **진한 빨강**: 네 번 오버드로우한다. 적어도 다섯 번 이상 픽셀이 그려졌다는 것을 의미한다. 진한 빨강 영역은 항상 모두 조사해야 한다.

과도하게 오버드로우된 영역을 조사할 때, 우선 명확히 겹치는지 여부를 확인하기 위해 레이아웃에 해당하는 XML 파일을 점검한다. 특히 다음과 같은 부분을 유심히 살펴본다.

- 사용자에게 보이지 않는 드로어블이 있는지 유무
- 겹겹이 그려진 배경이 있는지, 특히 전체 화면 배경이 그렇게 돼 있는지 확인한다. 만일 앱의 콘텐츠를 그리기 전에 UI의 배경 레이어가 여럿 있다면 결국 어느 정도 심각한 오버드로우는 피할 수 없다.
- 흰색 배경에 겹쳐 흰색 배경이 그려지는 모든 영역
- ViewGroups에 중첩된 ViewGroups. RelativeLayout으로 이같은 다중 View Groups를 교제할 수 있는지 여부를 확인한다.

불필요한 뷰와 중첩된 레이아웃을 확인할 때 사용하기 좋은 도구로는 Hierarchy View가 있으며, 안드로이드 SDK에 포함돼 있고 Android Device Monitor에서 사용할 수 있다.

이 장에서 사용하게 될 여러 가지 진단 도구와 마찬가지로 Hierarchy View는 AVD나 물리적인 기기에서 동작하고 있는 앱과 통신할 수 있다. 하지만 다른 진단 도구와는 다르게 Hierarchy View는 안드로이드 운영체제가 개발자 버전으로 동작 중인 기기에만 접속할 수 있다. 만약 개발자용 기기를 갖고 있지 않다면 프로젝트에 ViewServer 클래스(https://github.com/romainguy/ViewServer)를 추가해 이러한 제약 조건을 해결할 수 있다.

만약 물리적인 안드로이드 기기를 사용하고 있다면, 디버깅을 활성화해야 한다. 기기의 **설정**Settings을 열고 **개발자 옵션**Develop options을 선택한 다음 **안드로이드 디버깅**Android debugging 슬라이더를 On 위치로 드래그한다.

Tools › Android › Android Device Monitor를 선택 Android Device Monitor를 열고 난 다음, 스크린 샷에서 커서가 지시하고 있는 부분의 Hierarchy View 버튼을 클릭한다.

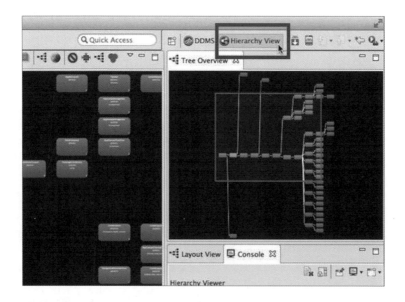

Windows 탭에서 기기를 선택하고 나면, 선택한 기기에서 동작하고 있는 액티비티 객체의 구성 요소 이름으로 정렬된 전체 목록을 확인할 수 있다.

여러 Hierarchy View 팬을 채워 넣으려면 파란색의 load the view hierarchy into the tree view 아이콘을 클릭한다. 앱의 뷰 계층의 복잡도에 따라 트리를 불러오는 데 시간이 걸린다.

프로젝트의 Hierarchy View를 불러오고 나면 여러 창에 있는 계층을 살펴보는 데 시간이 들겠지만(자세한 내용은 다음 절에서 살펴본다), 넓은 영역의 오버드로우를 확인할 때 사용할 수 있는 쉽고 빠른 방법 중 하나는 액티비티 계층을 포토샵 문서 형태로 만들어 확인하는 것이다.

Hierarchy View의 내보내기 기능으로 PSD문서를 만들면, 각 View는 별도의 레이어에 표시된다. PSD 문서를 활용해 앱의 각 레이어를 접고 펴면서 어떤 레이어가 UI에 영향을 주는지 정확히 파악할 수 있다. 각각의 레이어를 확인하는 것은 오버드로우 리소스를 확인하는 데 도움이 된다. 또는 이미 앱의 특정 영역이 오버드로우의 영향을 받고 있다고 의심된다면 각각의 레이어를 숨겨가며 조사함으로써 사용자가 화면에서 보게 될 최종 렌더링 이미지에 어떤 영향을 주게 될지 알 수 있다.

이러한 계층 구조를 포토샵 문서로 내보내기 위해서는 다음 그림의 커서가 가리키고 있는 Capture the window layers as a Photoshop document 아이콘을 클릭한다.

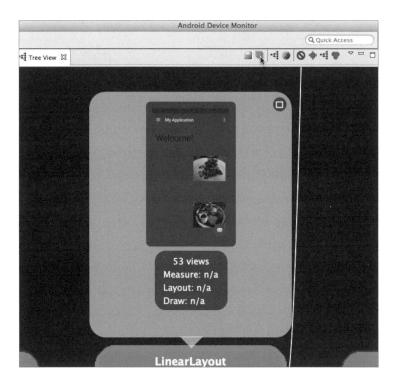

이 버튼으로 PSD파일을 만들 수 있으며 포토샵이나 혹은 무료 오픈소스인 Gimp (https://www.gimp.org)와 같은 PSD 파일을 지원하는 편집기에서 확인할 수 있다.

Gimp에서 애플리케이션의 레이어 확인

잠시 UI를 구성하는 다양한 레이어를 살펴보자.

이 PSD 문서는 특히 오버드로우의 주요한 원인 중 하나인 여러 개의 흰색 배경을 확인하는 데 도움이 된다. 하지만 이 같은 여러 개의 흰색 배경은 확인하기가 어렵다. 한 가지 방법은 PSD 파일의 흰색 배경을 다른 이미지로 교체하는 것이다. 그러고 나면 UI의 레이어 사이를 이동할 때 이미지가 보이는 것을 확인할 수 있다.

▌ Hierarchy View 단순화하기

Hierarchy View는 앱의 성능을 저하시키는 또다른 원인이다.

안드로이드 시스템에서 뷰를 렌더링할 때 측정, 레이아웃, 드로우의 세 단계를 거친다. 시스템에서 각 단계를 완료하는 데 걸리는 시간은 계층 구조에 있는 뷰의 개수와 배열된 상태에 영향을 받는다.

완전히 엉켜 있는 복잡한 계층 구조의 뷰를 정리하면 앱의 렌더링 속도에 눈에 띄게 향상 된다. 뷰의 계층 구조를 복잡하지 않고 레이아웃이 중첩되지 않게 할 수 있는 부분을 모두 확인한다.

Hierarchy View는 오버드로우 영역을 강조하는 것뿐만 아니라, 앱의 뷰 구조를 시각화하는 데 도움이 되고, 각 뷰를 렌더링하는 데 걸리는 시간에 관한 아주 유용한 성능 정보를 몇 가지 제공한다.

Hierarchy View 도구는 각각 다른 세 가지 뷰로 구성된다.

트리 뷰

이 윈도우에서는 다음과 같이 현재 선택된 액티비티의 뷰 구조를 한눈에 볼 수 있는 기능을 제공한다.

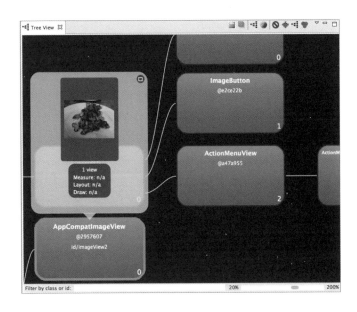

트리 뷰Tree View의 각 노드는 단일 View를 나타낸다. 노트를 선택하면 다음과 같은 추가적인 정보가 해당 노드의 위쪽에 조그만 윈도우에 표시된다.

- View class: 객체의 클래스
- View object address: View 객체 지시자
- View object ID: 객체의 android:id 속성 값

이 View가 안드로이드 기기에서 어떻게 보일 것인지 미리 보기로 확인할 수도 있다. 각각의 View가 최종 UI에 어떻게 표시되는지 정확히 확인함으로써 View에 어떤 값을 추가할 것인지 그렇지 않을 것인지 결정할 수 있다.

트리 오버뷰

트리 오버뷰Tree overview에서는 다음과 같은 액티비티의 전체 뷰 구조를 볼 수 있는 맵을 제공한다.

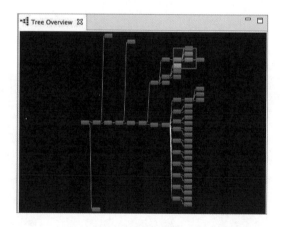

이러한 간략한 계층 구조 뷰는 특히 뷰의 계층 구조가 실제로 얼마나 복잡하게 구성됐는지 확인하거나 레이아웃의 중첩, 그 밖의 레이아웃을 단순화할 수 있는 부분이 없는지 확인할 때 유용하다.

레이아웃 뷰

레이아웃 뷰^{Layout View}에서는 액티비티의 UI에 대한 골격을 보여준다.

Tree View나 Tree overview에 있는 노드를 선택하게 되면 Layout view는 해당 뷰가 그려진 영역을 강조해 표시한다. 다시 말해 다음과 같이 중복된 View를 없애려 할 때 유용하게 사용할 수 있다.

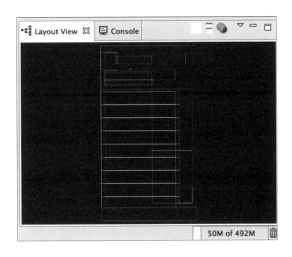

Hierarchy View로 중첩된 레아이웃이나 중복 뷰를 찾아내기는 쉽지만, 이 세 가지 윈도우를 살펴보는 것만으로는 확인할 수 없는 뷰 계층 구조 문제가 몇 가지 있다.

겉으로 보이는 것의 이면에 잠복해 있을지 모르는 이러한 문제를 확인하려면 Hierarchy View 도구를 사용해 렌더링 단계(측정, 레이아웃, 드로우)마다 각각의 View를 처리하는 데 걸리는 시간을 측정한다. 이 정보를 통해 최적화해야 하는 View를 정확히 파악할 수 있다.

Hierarchy View의 Tree Overview는 렌더링 시간을 기본적으로 표시해주지 않는다. 이 정보를 Tree Overview에 추가하기 위해서는 추적하고 싶은 트리에서 루트 노드 부분을 선택한다. 다음으로 녹색과 빨강, 보라색 벤 다이어그램 아이콘(이 아이콘에 마우

스 포인터를 올리면, 선택한 노드에 해당하는 트리의 레이아웃 횟수를 알 수 있는 툴 팁을 확인할 수 있다)
을 클릭한다.

잠시 후, 세 가지 색상의 점이 해당 뷰 계층에 있는 각 노드에 나타난다. 각각의 점은
분석된 다른 View와 해당 View의 상대적인 렌더링 속도를 보여준다.

왼쪽부터 오른쪽까지 모든 점은 다음 항목을 처리하는 데 소요된 시간을 표시한다.

- 뷰 측정
- 뷰 레이아웃
- 뷰 드로우

각 점의 색상은 다음과 같이 View 렌더링 과정의 각 단계마다 처리하는 데 걸린 시간
을 나타낸다.

- **녹색**: 적어도 분석된 다른 과반수 노드보다는 빠르다. 녹색 점은 해당 뷰가 그
  밖의 분석된 다른 노드보다 적어도 50% 이상 빠르다는 것을 의미한다.
- **노랑**: 분석된 모든 노드 중간 정도로 느린 50%에 속한다.
- **빨강**: 분석된 모든 노드 중에서 가장 느리다.

측정, 레이아웃, 드로우를 할 때 어떤 View가 가장 느리게 처리되는지 확인하기 위해
이 정보를 활용할 수 있다. 최적화가 필요한 View뿐만 아니라 렌더링 단계의 어느 부
분에 집중해야 하는지도 알 수 있다.

분석된 노드를 클릭하면 해당 View의 측정, 레이아웃, 드로우에 걸린 시간을 밀리 세
컨드 단위로 확인할 수도 있다.

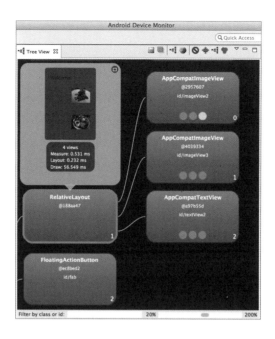

이 성능 지표들은 서로 연관 관계가 있으므로 뷰 계층 구조에는 언제나 약간의 빨간색과 노란색 노드가 포함된다는 것을 기억한다.

노란색과 빨간색 점이 있는 View를 최적화할 방법을 찾기 전에, 자식이 많은 뷰는 그렇지 않은 뷰에 항상 뒤처지게 되는 것처럼 View가 느리게 렌더링되는 그럴 만한 이유는 없는지 스스로에게 반문해본다.

▌ 메모리 부족 찾아내기

안드로이드는 메모리가 관리되는 환경이지만 앱에서 메모리를 어떻게 처리하는지 면밀히 확인해야 한다.

가비지 컬렉션[GC]은 더 이상 접근하지 않는 것으로 판단된 객체를 제거하는 것만 가능하다. 만일 안드로이드 시스템에서 접근 가능 여부를 판단할 수 없는 객체를 앱이 할당하게 되면, 이 객체는 절대로 가비지 컬렉션이 되지 않는다. 힙^{heap}을 오염시키고 공간만 차지하게 된다.

앱에서 지속적으로 가비지 컬렉션을 할 수 없는 객체를 만들어내면 시스템의 사용 가능한 공간은 점점 줄어들게 된다. 안드로이드 시스템에서는 GC 이벤트를 자주 오랫동안 실행하게 되고 줄어든 메모리를 보충하려고 시도하게 된다.

일반적인 GC 이벤트는 앱의 성능에 크게 영향을 주지 않지만, 짧은 간격으로 자주 오랫동안 GC 이벤트가 발생하게 되면 사용자는 성능의 저하나 OutOfMemoryError를 보게 될 수도 있다.

메모리 부족은 감지하기 어렵지만 안드로이드 SDK에서는 흔치 않게 발생하는 앱의 메모리 관리 문제점의 미묘한 증상을 확인할 수 있는 다양한 도구를 제공한다.

메모리 모니터

메모리 모니터는 시간당 메모리 사용량을 추적할 수 있는 도구다. 앱이 동작하고 있을 때만 통신할 수 있는 도구이므로 먼저 물리적인 기기나 에뮬레이터에 앱을 설치해야 한다.

안드로이드 스튜디오의 메인 화면에서 화면 하단의 **Android Monitor** 탭을 선택하고 **Memory** 탭을 선택하면 메모리 모니터를 사용할 수 있다.

테스트하려는 앱을 화면에 나타나게 한다. 메모리 모니터에서 동작 중인 앱을 감지함과 동시에 메모리의 사용 이력을 기록한다. 진한 푸른색은 앱에서 사용하고 있는 메모리를 나타내고, 연한 푸른색은 사용하지 않는 메모리를 나타낸다.

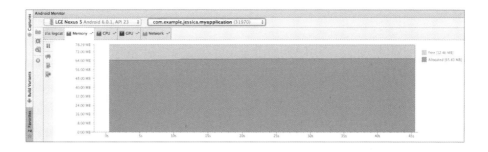

 트러블슈팅

만약 메모리 모니터에서 **No Debuggable applications**라는 메시지를 보여준다
면 안드로이드 스튜디오의 **Tools** 메뉴를 열고 **Android**를 선택한 다음 **Enable adb
integration**이 선택돼 있는지 확인한다. 이 기능은 잘 동작하지 않을 수 있기 때문에
이 기능이 한 번에 동작하지 않는다면 **Enable adb integration** 기능을 몇 번 껐다 켜
기를 반복한다. 물리적인 안드로이드 기기를 사용하고 있다면 USB에서 기기를 분리한
다음 다른 USB 포트에 다시 연결하는 것도 해결 방법이 될 수 있다.

메모리 모니터를 지켜보면서 얼마 동안 앱을 사용하게 되면 결국 앱의 메모리 사용량
은 더 이상 미사용 메모리가 남지 않을 때까지 증가하게 된다. 이때 시스템에서는 할당
된 메모리 사용량을 줄이기 위해서 GC 이벤트가 실행되고 메모리가 일부분 해제된다.

대부분의 GC 이벤트는 지극히 정상적이지만 GC 이벤트가 자주 길게 동작 된다면 앱
의 메모리 릭[leak]이 감지된 것이다.

일정 시간 동안 메모리 릭이 의심되는 동작이 감지되면, 결국 메모리의 상한선을 조정
해 앱에서 필요로 하는 만큼의 메모리를 안드로이드 시스템에서 할당할 수 있는지 살
펴봐야 한다. 메모리 모니터에서 이러한 현상을 발견된다면 앱에 심각한 메모리 릭이
발생하는 신호이므로 더 면밀히 조사해야 한다.

힙 탭

메모리 모니터에 비정상적인 메모리 사용이 감지된다면 Android Device Monitor의 힙heap 탭을 사용해 앱에서 사용하고 있는 메모리에 대한 더 상세한 정보를 수집할 수 있다.

이름에서 말해주는 것처럼, 이 탭은 앱에서 할당한 객체의 종류와 할당된 객체의 수, 이 객체에서 점유하고 있는 메모리의 양을 포함해 앱에서 사용하고 있는 힙 데이터를 제공한다.

안드로이드 스마트폰과 태블릿에는 일정한 개수의 객체를 할당할 수 있는 제한된 크기의 힙 영역이 있다. 이러한 힙의 사용량이 늘어나게 되면 안드로이드 시스템에서는 GC 이벤트를 실행해 메모리를 해제하게 된다. 이는 이미 알고 있는 바와 같이 성능에 좋지 않은 영향을 미치게 된다.

Heap 탭을 확인하려면 Android Device Monitor를 실행하고 DDMS 탭을 선택한 다음 Devices 패널의 AVD나 자신의 기기를 선택한다. 이어서 확인하고자 하는 프로세스를 선택한다. 다음 스크린 샷에서 마우스 포인터가 가리키고 있는 Update heap 버튼을 클릭한다.

Heap 탭을 선택한 후 일정 시간 동안 앱을 사용한다.

힙 출력은 GC 이벤트가 발생한 후에만 나타나므로 인내를 가지고 GC 이벤트가 자연 발생할 때까지 기다리거나, 또는 Cause GC 버튼을 클릭하여 강제로 GC 이벤트를 발생시킨다. GC가 발생하게 되면 Heap 탭에서는 앱에서 사용한 힙 정보를 보여준다.

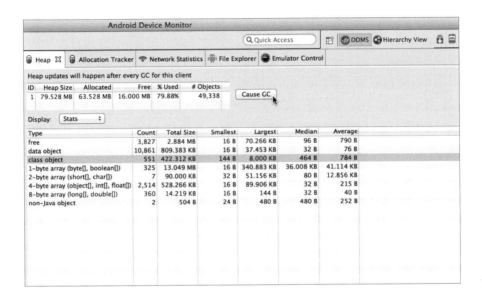

일정 시간 동안 앱을 사용하면서 GC 이벤트 발생 전과 후의 동작을 다르게 함으로써 각각의 동작이 힙에 어떠한 영향을 주는지 비교할 수 있다. 이 방법으로 메모리 릭의 원인이 되는 동작을 구별해낼 수 있다. 그 밖에 앱에서 발생하는 메모리에 관한 모든 문제를 확인할 수도 있다.

앱의 힙에서 발생하는 문제를 추적할 때, 앱의 힙에 있는 모든 객체의 스냅샷과 연관된 클래스 및 인스턴스의 상세 정보를 포함하고 있는 HPROF 파일을 생성하는 것이 도움이 된다.

HPROF 파일을 생성했다면 안드로이드 스튜디오나 Eclipse Memory Analyzer(http://www.eclipse.org/mat/)와 같은 별도의 프로파일링 도구를 통해 확인할 수 있다.

HPROF 파일을 가져오기 위해 **Dump HPROF** 아이콘(Update Heap 아이콘 옆에 있는)을 클릭한다. 그런 다음 파일명을 지정하고 저장한다.

안드로이드 스튜디오에서 힙 덤프를 분석하려면 새로운 안드로이드 프로젝트로 HPROF 파일을 연다. 안드로이드 스튜디오의 더 상세하게 정보를 분석할 수 있는 Android Memory HPROF Viewer에서 해당 파일이 열리게 된다.

객체 할당 – 메모리 변동 이해하기

그 밖에 점검해야 할 일반적인 메모리 문제로는 메모리 변동memory churn이 있다.

메모리 변동은 앱에서 짧은 시간 동안에 임시 객체를 많이 할당하는 경우 발생한다. 이는 기기의 가용 메모리를 순식간에 점유하고 성능 저하를 유발하는 GC 이벤트를 발생시키게 된다.

안드로이드 SDK의 Allocation Tracker를 통해 다양한 동작이 수행될 때마다 앱에서 메모리에 할당하는 모든 객체의 메모리 변동을 점검할 수 있다. 미심쩍어 보이는 어떤 메모리 할당을 발견하게 된다면 Allocation Tracker를 통해 객체 할당의 원인이 되는 클래스와 스레드를 조사한다.

Android Device Monitor의 DDMS 탭을 선택한 다음 Allocation Tracker 탭을 선택한다. Devices 탭에서 자신의 기기나 AVD를 선택하고 이어서 확인하고자 하는 프로세스를 선택한다.

Allocation Tracker 탭에서 Start Tracking 버튼을 클릭한 다음 앱을 일정 시간 동안 사용한다. 추적하기 시작한 이후에 할당된 객체의 전체 목록을 보려면 Get Allocations 버튼을 클릭한다. 그러면 안드로이드 스튜디오에서는 추출하고자 하는 기간 동안에 발생한 메모리 할당 내역을 모두 보여주는 탭이 열린다.

다음과 같이 객체에 대한 좀 더 상세한 정보를 보기 위해서는 할당된 객체를 클릭한다.

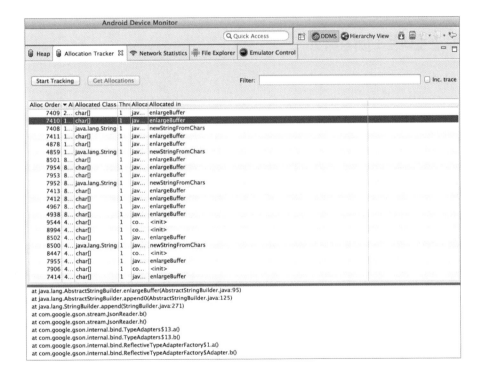

데이터 수집을 멈추려면 Stop Tracking 버튼을 클릭한다.

Allocation Tracking 탭에 있는 각각의 열은 구체적인 할당 내역을 나타내고, 다음과 같이 각 할당 정보를 제공한다.

- 할당 순서
- 할당 크기
- 할당된 클래스
- 스레드 ID(할당한 스레드)
- 할당된 위치(할당의 원인이 되는 코드 기능)

프로젝트 디버깅하기

앱을 출시하기 전에 앱에 버그를 모두 확인하는 것은 매우 중요하다. 안드로이드 스튜디오에서는 다양한 도구를 제공한다. 디버깅할 수 있는 버전의 앱을 디버그 모드로 실행해야 하며, 물리적인 안드로이드 기기나 에뮬레이터상에서 동작하는 앱을 디버깅할 수 있다.

앱을 디버그 모드로 실행하기 위해서 프로젝트의 모듈 레벨 build.gradle 파일을 열고 다음 내용을 추가한다.

```
apply plugin: 'com.android.application'

.........

.........
  }
  buildTypes {
      debug {
              debuggable true
          }
    }
}
```

Gradle 빌드 파일을 수정한 후 프로젝트에 동기화한다. 다음으로 Debug 아이콘을 클릭하거나 안드로이드 스튜디오 툴바의 Run을 선택한 다음 Debug를 선택한다.

디버깅 가능한 버전의 앱을 설치하고 테스트하려는 물리적인 안드로이드 기기나 AVD를 선택한다. 앱이 로딩되면 안드로이드 스튜디오의 Debug 창이 자동으로 열린다.

 만약 **Debug** 창이 자동으로 열리지 않는다면 안드로이드 스튜디오 툴바의 **View**를 선택한 다음 **Tool window**와 **Debug**를 이어서 선택한다.

Debug 창은 다음 항목으로 구성돼 있다.

- Debugger: 스레드와 변수를 표시
- Console: 기기 상태를 표시

이미 실행되고 있는 앱을 디버깅하려면 Attach debugger to Android process를 클릭한다. Choose Process 창에서 디버거와 연결하려는 기기와 앱을 선택한 다음 OK를 클릭한다.

디버그 가능한 버전의 앱이 동작 중이라면 애플리케이션과 연관된 로그 메시지를 볼 수 있다. 이러한 메시지를 보기 위해서 안드로이드 스튜디오 화면의 하단의 Android Monitor 탭을 선택한 다음 logcat 탭을 선택한다.

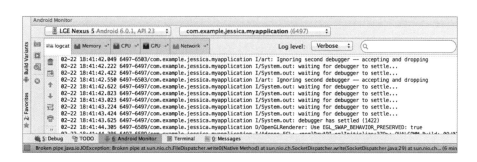

Logcat은 가끔 정보가 너무 많은 경우가 있으며 안드로이드 스튜디오에서는 logcat의 출력을 필터링하는 방법을 몇 가지 제공한다. 한 가지 방법은 Log Level 드롭 다운 메뉴를 사용하는 것이 있다. 기본적으로 이 메뉴는 Verbose로 설정되고 모든 로그 메시지를 보여주며, 다음과 같이 선택할 수 있는 옵션이 몇 가지 더 있다.

- Debug : 개발하는 동안 유용하게 사용할 수 있는 로그 메시지를 보여주며, 메시지는 목록 중에서 낮은 레벨이다.
- Info : 일반적인 사용으로 발생할 수 있는 로그 메시지를 나타내며, 메시지는 목록 중에서 낮은 레벨이다.
- Warn : 에러는 아니지만 잠재적인 문제를 나타내며, 메시지는 목록 중에서 낮은 레벨이다.
- Error : 오류의 원인이 되는 문제를 보여주며 메시지는 목록 중에서 낮은 레벨이다.
- Assert : 절대 발생하지 않을 문제를 보여준다.

만약 자신의 원하는 디버깅 레벨과 맞는 필터가 없다면 사용자 정의 필터를 만들 수 있다. Show only selected application 드롭 다운(logcat 패널의 오른쪽)을 열고 Edit Filter Configuration을 선택한다.

이렇게 하면 Create New LogCat Filter 창이 열리고 다음과 같은 정보를 갖는 새로운 필터를 제작할 수 있다.

- Filter name : 새로운 필터를 생성하려면 이 필터를 구분할 수 있는 이름을 만들어줘야 한다. 기존 필터를 변경하고 싶다면 왼쪽 창에서 해당 필터를 선택하면 이 필드에 이름이 표시된다.
- Log Tag : 모든 로그 메시지는 Log Tag로 구성된 태그를 갖고 있으며 메시지가 발생한 시스템 컴포넌트를 가리킨다. 만일 특정 시스템 컴포넌트에서 발생한 메시지만 보고 싶다면 컴포넌트의 태그를 여기에 입력한다.

- Log Message: 특정 요소나 문자열을 포함하고 있는 메시지만 보고 싶다면 Log Message 필드에 명시한다.
- Package Name: 필터에서 특정 패키지에 대한 메시지만 보고 싶다면 여기에 패키지 명을 입력한다.
- PID: 특정 프로세스에 관한 메시지만 보려면 프로세스 ID를 여기에 입력한다.
- Log Level: 로그 레벨로 필터링하고 싶다면 Log Level 드롭 다운을 연 다음 기본값인 Verbose 대신 다른 값을 선택한다.

브레이크 포인트 사용하기

오류가 발생한 곳을 찾는 데 어려움을 겪고 있다면, 특정 코드 라인에서 앱의 실행을 정지시킬 수 있는 브레이크 포인트를 사용한다. 다수의 브레이크 포인트를 추가해 앱이 멈추는 시점마다 상세히 확인함으로써 오류의 원인이 되는 코드를 단계적으로 제거할 수 있다.

브레이크 포인트를 다음과 같이 설정한다.

1. 브레이크 포인트를 생성하고자 하는 파일을 연다.
2. 브레이크 포인트를 삽입하려는 위치의 라인을 클릭한다
3. 좌측 사이드 바에 노란색으로 보이는 부분을 클릭한다. 브레이크 포인트가 성공적으로 생성됐다는 안내 메시지와 함께 빨간색 점이 표시된다.

브레이크 포인트를 만들고 난 후 앱 재실행 아이콘(좌측 툴 바의 녹색 Play 아이콘)을 클릭한다.

안드로이드 스튜디오에서 브레이크 포인트에 접근할 때마다 앱의 실행이 정지되고 코드에서 브레이크 포인트가 발생한 부분이 강조된다. 하단 툴바에 있는 **Debug** 탭을 선택해 **Debug** 창을 열고 디버거와 콘솔을 사용해 코드가 실행되는 특정 시점에 앱에서 발생한 상세 정보를 수집할 수 있다. 또한 **Logcat** 출력도 확인할 수 있다. 문제의 원인이 되는 코드가 제거될 때까지 이 과정을 반복한다.

브레이크 포인트 설정하기

브레이크 포인트를 매우 구체적으로 구상하고 있다면 브레이크 포인트의 설정을 원하는 대로 변경할 수 있다. **View Breakpoints** 아이콘을 클릭한다(다음 스크린 샷에서 마우스 포인터가 가리키는 곳).

Breakpoint 창이 나타나며, 현재 프로젝트에서 생성한 브레이크 포인트 목록을 보여준다. 브레이크 포인트의 변경할 수 있는 부분을 확인하려면 왼쪽 목록에서 해당 브레이크 포인트를 선택한다.

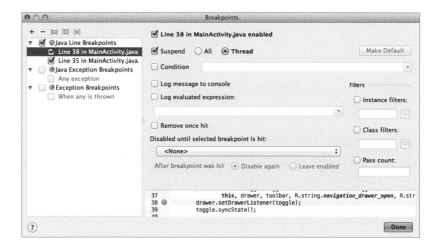

이 창에서는 다음과 같이 선택된 브레이크 포인트의 다양한 옵션을 설정할 수 있다.

- **Suspend**: 브레이크 포인트 중단에 대한 정책을 활성화시키기 위해 체크박스를 선택하고 **All**(브레이크 포인트 진입 시 모든 스레드 중단)이나 **Thread**(브레이크 포인트 진입 시 해당 스레드만 중단)를 선택한다.

- Condition: 이 체크 박스를 선택한 후 텍스트 박스에 브레이크 포인트가 걸리는 조건을 명시한다. 조건은 반드시 true/false 값을 갖는 Java Boolean 표현식이어야 한다. 이 조건은 브레이크 포인트가 걸릴 때마다 계산되며 결과값이 true면 명시된 동작을 실행한다.

- Log message to console: 브레이크 포인트가 걸렸을 때 콘솔에 로그 메시지를 출력하려면 이 체크박스를 선택한다.

- Log evaluated expression: 브레이크 포인트가 걸렸을 때 표현식을 계산하고 안드로이드 스튜디오의 콘솔에 결과를 출력하려면 이 체크박스를 선택한다.

- Remove once hit: 이 기능을 활성화하면 브레이크 포인트는 한 번 동작 후 제거된다.

- Disabled until the selected breakpoint is hit: 이 브레이크 포인트는 또 다른 브레이크 포인트에 의존적이며, 특정 브레이크 포인트가 활성화될 때 활성화된다.

- Instance filters: 브레이크 포인트의 동작을 특정 객체의 인스턴스로 제한하려면 이 체크박스를 선택하고 인스턴스의 ID를 등록한다.

- Class filters: 브레이크 포인트가 다양한 클래스마다 다르게 동작하게 만들려면 이 체크박스를 선택한다. 다음으로 텍스트 박스에 브레이크 포인트를 동작시키는 클래스를 명시한다. 브레이크 포인트가 동작하면 안되는 클래스를 지정하려면 텍스트박스에 클래스를 추가할 때 앞에 마이너스 심볼(-)을 붙인다.

- Pass count: 브레이크 포인트를 몇 회 무시하고 활성화되도록 할 것인지 지정한다. 이 체크박스를 선택한 다음 브레이크 포인트를 무시하고 지나가는 횟수를 지정한다. 지정한 특정 횟수를 지나가고 난 다음 정상적으로 브레이크 포인트가 동작하게 된다.

Lint로 코드 검사하기

앱의 오류를 유발하고 성능에 부정적인 영향을 미칠 수 있는 소스 코드의 구조적인 품질 문제가 없음을 확인하는 것은 중요하다. 안드로이드 SDK에는 코드의 구조적인 문제를 검사하고 수정하기에 적합한 정적 코드 분석 도구인 Lint가 포함돼 있어 아주 편리하다.

안드로이드 스튜디오에 설정된 Lint 표현식은 앱을 빌드할 때마다 실행되고 안드로이드 스튜디오의 Events log에 결과를 출력하며 Event log 탭에서 확인할 수 있다.

또한 원하는 시점에 특정 모듈에서 Lint를 실행할 수도 있다. 해당 모듈의 파일이나 폴더에서 마우스 오른쪽 버튼을 클릭한 후 Analyze와 Inspect code를 선택하고 이어서 검사하려는 영역(Whole project나 Module, Custom scope)을 선택한다. 그러고 나면 안드로이드 스튜디오에서는 새로운 Inspection 탭이 자동으로 열리고 Lint의 결과를 확인할 수 있다.

중대한 문제에 집중할 수 있도록 Lint에서는 검사한 모든 문제의 심각도와 부가 설명을 제공한다.

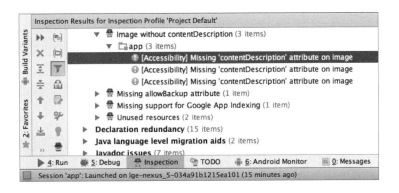

앱을 출시하기전에 Lint에서 잡아낸 모든 오류는 수정해야 한다.

기본 Lint 설정을 변경하고 싶다면 툴바에서 Android Studio를 선택하고 이어서 Preferences를 선택한다. 나타나는 창에서 Editor를 더블 클릭한 다음 Inspections를 선택한다.

이렇게 하면 Inspection Configuration 페이지가 열리고 Lint에서 지원하는 수집, 검사 항목을 볼 수 있다.

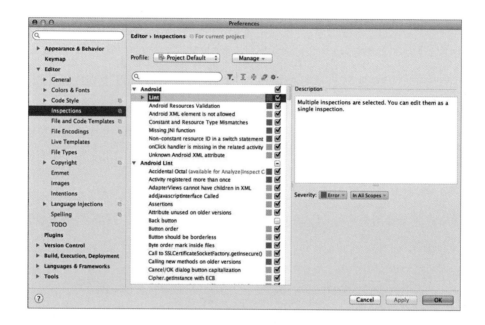

여기서 여러 조사 항목을 둘러보고 해당 항목의 심각도나 범위를 변경하는 등 수정을 할 수 있다.

또한 프로젝트 모듈 레벨의 build.gradle 파일에 lintOptions를 추가해 특정 변경에 대한 빌드나 전체 빌드 시 Lint 검사를 실행할 수도 있다. 예를 들어, Lint의 abortOnError 옵션을 false로 설정하려면 build.gradle 파일에 다음과 같은 내용을 추가한다.

```
apply plugin: 'com.android.application'
```

```
android {

...........
.............
.............

  lintOptions {

// Lint에서 오류를 발견하더라도 프로세스를 종료하지 않음 //

        abortOnError false
    }
```

Lint 구성 옵션의 전체 목록은 Google의 GitHub에서 확인할 수 있다(http://google.
github.io/android-gradle-dsl/current/com.android.build.gradle.internal.dsl.LintOptions.
html#com.android.build.gradle.internal.dsl.LintOptions).

▌ ProGuard로 코드 최적화하기

ProGuard툴로 사용하지 않는 코드를 제거하고 의미가 불분명한 클래스와 필드, 메서
드의 이름을 바꿔 코드를 축소하고 최적화할 수 있다. 최종 결과물은 분석하고 따라하
기 어려운 최소화된 APK며, 민감한 정보에 접근하는 앱이라면 특히 중요한 부분이다.

ProGuard는 릴리스 모드로 앱을 빌드할 때 자동으로 동작한다. 앱의 릴리스 버전을
빌드하려면 프로젝트의 모듈 레벨 build.gradle 파일에 있는 minifyEnabled 속성을
활성화하고 buildTypes을 release로 설정해야 한다. 예를 들면 다음과 같다.

```
android {   ...   buildTypes {

  // buildTypes 요소를 통해 앱을 Debug나 Release모드로 빌드할 수 있다 //
      release {
```

```
// 이 예제는 release 버전의 앱을 만들고 ProGuard를 동작시키는 경우다. 만약 build.gradle 파
일에 debug 속성이 포함돼 있다면 이를 제거해 ProGuard의 실행을 막지 않도록 한다 //

        minifyEnabled true

// ProGuard를 활성화하기 위해서 minifyEnabled속성을 추가하고 true로 설정한다 //

            proguardFiles getDefaultProguardFile('proguard-android.txt'),
            'proguard-rules.pro'
        }
    }
}
```

getDefaultProguardFile 속성은 안드로이드 SDK의 일부분으로 제공되는 Android/sdk/tools/proguard-android.txt 파일에 기록된 ProGuard 설정 기본값을 획득한다. 최적화 옵션이 활성화된 것만 제외하면 동일한 규칙을 갖는 proguard-android-optimize.txt 파일을 대신 사용할 수도 있다.

만약 ProGuard의 기본 설정에 특정 프로젝트에만 해당하는 설정을 추가하려면 프로젝트의 Gradle Scripts/proguard-rules.pro 파일을 열고 새로운 규칙을 추가한다.

다양한 ProGuard 설정에 관한 더 상세한 정보를 알고 싶다면 ProGuard 매뉴얼을 확인한다(https://stuff.mit.edu/afs/sipb/project/android/sdk/android-sdk-linux/tools/proguard/docs/index.html#manual/retrace/examples.html).

▌ 모든 픽셀을 상세하게 살펴보기

그 밖에 살펴볼 만한 도구로는 Pixel Perfect가 있다.

Pixel Perfect 창은 연결된 안드로이드 기기나 에뮬레이터에서 현재 보여지는 화면을 확대해 보여줌으로써 UI를 채우고 있는 개별 픽셀을 자세하게 살펴볼 수 있게 해준다.

또한 UI에 이미지를 중첩해 디지털 와이어프레임과 UI를 비교 점검하는 데 유용하게 사용할 수도 있다.

Pixel Perfect는 Android Device Monitor에 통합돼 있다. Pixel Perfect를 사용하기 위해서는 Android Device Monitor 툴바의 Window를 선택한 다음 Open Perspective와 Pixel Perfect, OK를 이어서 선택한다.

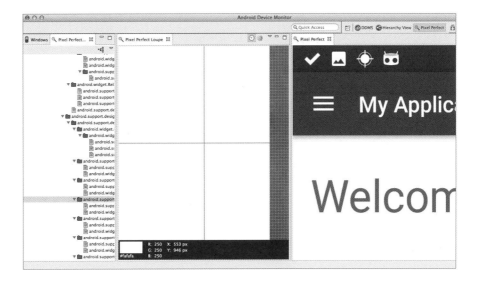

Pixel Perfect 창에는 다음 영역이 포함된다.

Pixel Perfect 창

이 창에서는 연결된 안드로이드 기기나 AVD에서 현재 보이는 UI를 확대해서 보여준다.

기본적으로 Pixel Perfect에서는 화면에서 발생하는 변경 사항을 자동으로 반영해 갱신되지 않으므로 이 창에 있는 Refresh Screenshot 아이콘을 클릭해줘야 한다. 또는 Pixel Perfect에서 자동으로 갱신되는 것을 원한다면 Automatically Refresh the screenshot 아이콘을 선택한다.

Pixel Perfect의 아주 유용한 기능의 하나는 jpg나 jpeg, png, gif, bmp이미지를 중첩해서 불러올 수 있다는 것이다. 특히 디지털 와이어프레임(또는 그 밖의 모든 디지털 디자인 문서)을 중첩해 불러올 수 있으므로 현재 화면과 최초의 디자인이 어떻게 다른지 비교 조사할 때 유용하다.

이미지를 중첩해 불러오려면, 작업하려는 화면으로 이동한 후 Pixel Perfect 창에 표시되도록 한다. Load an image to overlay the screenshot 아이콘을 선택한 다음 중첩해서 사용하려는 이미지를 선택한다.

Pixel Perfect 트리

현재 보이는 모든 View 객체가 구조화된 목록이다. 시스템 객체도 이 목록에 표시된다.

Pixel Perfect Loupe 창

이 창에서는 하나의 픽셀이 하나의 정사각형으로 보이는 격자 모양의 확대된 화면 이미지를 볼 수 있다. 특정 픽셀에 대한 더 자세한 정보를 확인하기 위해 해당 픽셀을 선택하면 Loupe 창에서는 다음과 같은 정보를 보여준다.

- Pixel swatch: 선택된 픽셀과 같은 색상으로 채워진 사각형
- HTML color code: 해당 픽셀에 대응되는 16진수 RGB 코드
- RGB color values: 픽셀의 RGB 색상 값
- X and Y coordinates: px와 같은 픽셀의 좌표

▌프로세스와 스레드

앱에서는 앱의 성능에 중대한 영향을 미치는 스레드와 프로세스를 어떻게 처리하는 가. 기본적으로 사용자가 앱을 실행하면 안드로이드 시스템에서는 해당 애플리케이션을 수행하기 위해 하나의 스레드를 생성한다. 모든 컴포넌트는 이 하나의 스레드상에서 동작하며 이를 메인main 스레드나 UI 스레드라고 한다.

특별하게 명시하지 않으면, 앱에서 실행되는 대부분의 작업은 이 메인 스레드에서 포어그라운드foreground로 동작한다. 이러한 단일 스레드 모델은 대부분 잘 동작하지만, 만약 앱에서 특정한 작업을 집중적으로 혹은 장시간 수행해야 한다면 이 메인 스레드는 아무런 동작을 하지 못할 수도 있다. 이는 앱이 멈추거나 시스템 에러를 뱉거나 나중에는 크래시까지 발생할 수 있는 원인이 된다.

좋은 사용자 경험을 만들고자 한다면, 특정 작업을 집중적으로 한다거나 장시간 작업으로 인해 UI 스레드가 동작하지 않는 상황을 만들지 않도록 하는 것이 아주 중요하다. 만일 이러한 작업이 요구되는 프로세스를 실행해야 한다면 별도의 스레드를 생성해야 한다.

이는 프로젝트의 Manifest 파일에 특정 컴포넌트가 속한 프로세스를 명시해야 한다. Manifest에는 컴포넌트의 각 유형별(activity나 service, receiver, provider)로 해당 컴포넌트가 동작해야 하는 프로세스를 명시한 android:process 속성이 포함된다. 만약 시스템에서 해당 컴포넌트에 대한 새로운 프로세스를 생성하도록 하려면 android:process의 값을 콜론(:)으로 시작하도록 작성한다. 예를 들면 android:process=":myprocess"와 같다.

보다 복잡한 상호작용을 다뤄야 한다면, 메인 스레드로부터 전달된 메시지를 처리하기 위해 Handler를 사용하거나, UI와 상호작용하는 워커worker 스레드 작업의 동작을 단순화해주는 AsyncTask 클래스의 사용을 고려한다.

AsyncTask 사용하기

AsyncTask에서는 메인 스레드를 중단하지 않고 사용자 인터페이스 동기화 작업을 할 수 있는 쉬운 방법을 제공한다. AsyncTask를 사용해 메인 스레드에서 수행돼야 하는 작업과 해당 워커 스레드에서 수행돼야 할 작업을 분리하여 처리할 수 있다. AsyncTask는 백그라운드 스레드에서 특정 작업을 수행한 다음 메인 스레드로 결과를 되돌려준다.

AsyncTask를 사용하기 위해, 워커 스레드에서 자동 실행되고 백그라운드 작업을 수행하는 AsyncTask의 서브클래스를 만들고 doInBackground() 콜백 메서드를 구현한다. doInBackground()에서 반환된 값은 onPostExcute()로 보내지고 메인 스레드에서 excute()를 호출해 작업을 실행한다. AsyncTasks는 짧은 작업에만 사용하는 것이 이상적이다. 만약 수 초 이상으로 스레드가 동작해야 한다면, java.util.concurrent 패키지에서 제공하는 Executor와 ThreadPoolExcutor, FutureTask와 같은 API를 사용하는 것이 좋다.

프로세스 종료하기

애플리케이션의 프로세스 처리 방식을 결정할 때, 가능하면 오랫동안 모든 프로세스를 유지하려고 하더라도 안드로이드 시스템은 메모리가 줄어들기 시작하면 프로세스를 종료한다는 것을 기억한다.

어떤 프로세스를 유지하고 어떤 프로세스를 종료할 것인지 결정할 때, 시스템에서는 importance hierarchy에 프로세스를 배치해 이 프로세스가 사용자에게 얼마나 중요한지 판단한다. 가장 낮은 중요도의 프로세스는 종료되지만, importance hierarchy의 최상위 프로세스는 거의 종료되지 않는다.

안드로이드 시스템에서 특정 프로세스가 다른 어떤 프로세스에 의존성을 갖는다면 프로세스의 순위는 높아지게 된다. 다른 프로세스를 지원하는 프로세스는 이 프로세스가 지원하는 프로세스 중 가장 중요한 프로세스보다 더 높은 순위를 갖는다.

가장 중요한 순서부터 가장 중요하지 않은 순서까지 안드로이드 importance hierarchy 의 다양한 레벨에 대해 자세히 소개하겠다.

Foreground 프로세스

사용자가 현재 사용하고 있는 기능에 대한 필수적인 프로세스다. 안드로이드 시스템에 서는 다음과 같은 조건을 가지고 있다면 Foreground 프로세스로 할당한다.

- 사용자가 상호작용하고 있는 Activity
- Foreground로 동작중인 Service
- 사용자가 현재 상호작용하고 있는 액티비티와 관련된 서비스
- 생명주기 메서드(onCreate나 onStart, onDestroy) 중에 하나를 실행하고 있는 Service
- onReceive( ) 메서드를 실행중인 BroadcastReceiver

이러한 조건 중에 하나라도 해당된다면 해당 프로세스는 Foreground 프로세스가 된 다. 안드로이드 시스템에서는 최후의 수단으로 어쩔 수 없는 경우에만 Foreground 프로세스를 종료한다.

Visible 프로세스

이 프로세스는 보여지는 컴포넌트는 없지만 사용자의 화면에 영향을 미칠 수 있는 경 우를 말한다. 안드로이드 시스템에서는 특정 프로세스가 화면에 보이는 액티비티와 관 련된 Service와 연관이 있거나, onPause( ) 메서드가 호출된 액티비티의 경우처럼 사 용자에게 현재 보이지는 않지만 보일 가능성이 있다면 Visible 프로세스로 할당한다.

안드로이드 시스템에서는 모든 Foreground 프로세스를 지원하기 위한 메모리가 충 분하지 않는 경우에만 Visible 프로세스를 종료한다.

Service 프로세스

앞서 다룬 우선순위가 높은 두 가지의 프로세스의 분류에 해당되지 않는 Service를 실행하는 프로세스다.

Service 프로세스는 사용자에게 보이는 부분에 직접 관여하는 것은 아니지만 보통 사용자가 관심 있어 하는 동작을 수행한다. 안드로이드 시스템에서는 Foreground 프로세스와 Visible 프로세스의 동작을 유지하기 위해서 불가피한 경우가 아니라면 Service 프로세스를 종료하지 않는다.

Background 프로세스

Background 프로세스는 사용자가 볼 수 없는 액티비티를 갖고 있다. Background 프로세스는 사용자 경험에 직접적인 영향을 주지는 못하지만 안드로이드 시스템에서는 Foreground나 Visible, Service프로세스를 위해 메모리를 회수해야 한다면 언제든지 Background 프로세스를 종료할 수 있다.

Empty 프로세스

이 프로세스는 활성화된 어떤 컴포넌트도 갖지 않는다. 안드로이드 시스템에서는 캐시 목적으로 Empty 프로세스를 유지하지만, 시스템에서 메모리가 필요하다고 판단되면 우선 종료 대상이다.

▌〈include/〉와 〈merge/〉로 레이아웃 재사용하기

안드로이드 플랫폼에서 위젯과 같이 단순하면서 재사용할 수 있는 다양한 UI 컴포넌트를 제공하지만, 때로는 프로그레스 바와 Cancel 버튼이 있는 패널이나 사용자 이름과 아바타로 구성된 사용자 프로필처럼 다양하게 재사용될 수 있는 좀 더 크고 복잡한 UI 컴포넌트가 존재하게 된다.

만일 프로젝트에 여러 번 사용하려는 요소가 포함돼 있다면, 이러한 요소를 재사용할 수 있는 레이아웃으로 구현해 시간과 노력을 절약할 수 있다. 그런 다음 이 재사용 요소를 안드로이드의 `<include/>`와 `<merge/>` 태그를 사용해 원하는 만큼 레이아웃 파일에 포함시킬 수 있다.

공통 요소를 재사용 레이아웃으로 만들려면 새로운 XML 레이아웃 리소스 파일을 만들고 재사용하기 위한 UI 요소를 정의한다. 다른 레이아웃에 이 컴포넌트를 추가할 때마다 포함되기 때문에 해당 파일의 root view에 특별히 주의를 기울인다.

레이아웃 리소스 파일에 재사용 컴포넌트를 추가하려면 include 태그를 추가한 후 원하는 레이아웃 파일을 참조한다. 예를 들어 `contractslist`라는 재사용 가능한 레이아웃을 만들고 다른 레이아웃에서 이 컴포넌트를 추가하려면 다음과 같이 사용한다.

```
<include layout="@layout/contactslist"/>
```

하지만 include 태그를 사용하면 뷰 계층 구조에 중복 ViewGroup이 생길 수 있으므로 주의한다.

root view로 수직 LinearLayout을 사용하는 `main_layout.xml`이라는 레이아웃이 있다고 가정해보자. 이 `main_layout` 파일에는 포함할 재사용 가능한 `contractslist_layout.xml` 컴포넌트가 있다. 하지만 이 `contractslist_layout`도 역시 root view로 수직 LinearLayout을 사용한다.

메인 레이아웃에 `contractslist_layout.xml`을 포함시킨다면 결국 수직 LinearLayout 내에 수직 LinearLayout이 존재하게 된다. 이같은 중복 수직 레이아웃은 해당 UI에 아무런 도움이 되지 못하며 뷰 계층 구조를 더 복잡하게 만들고 앱을 느리게 만들 가능성이 크다. 그렇다면 이같은 중복 LinearLayout을 어떻게 제거할 수 있을까? 답은 merge 태그를 사용하는 것이다.

merge 요소를 사용하면 재사용할 레이아웃을 포함시킬 때 뷰 계층 구조에서 제각기 동작하는 중복 ViewGroup을 제거할 수 있다.

재사용할 수 있는 레이아웃의 root view로 merge 요소를 사용하면, LayoutInflator 에서는 merge 태그를 건너뛰고, 마치 해당 레이아웃의 일부였던 것처럼 main_layout 에 재사용할 뷰를 삽입하게 된다. 결과적으로 뷰 계층 구조는 더 단순해지고 앱의 성 능에 좋은 영향을 주게 된다.

필요한 경우에만 뷰 불러오기

앱에 따라 팝업이나 진행 상태를 알려주는 UI처럼, 거의 사용하지 않으면서 아주 복잡 한 뷰를 갖는 사용자 인터페이스를 사용하게 될 수도 있다.

이러한 문제를 해결하기 위한 한 가지 방법은 include 태그의 또 다른 형태인 ViewStub 을 통해 View를 추가하는 것이다. ViewStub은 아주 가벼운 뷰며 레이아웃에 직접 포함 되지 않는다. 따라서 뷰 계층에 이를 유지하는 비용이 매우 적게 든다.

ViewStub을 통해 View를 추가하면, ViewStub은 필요 시점에 해당 View만 불러온다. 따 라서 수많은 복잡한 View로 사용자 인터페이스를 채우지 않고, 여러 개의 작은 뷰로 구 성된 레이아웃을 생성할 수 있으며 UI는 빠르고 자연스럽게 렌더링된다.

ViewStub을 사용하려면 다음의 예제와 같이 android:id 속성을 사용해 확장하려는 레이아웃을 명시한다.

```
<ViewStub
    android:id="@+id/popup"
    android:inflatedId="@+id/popup_import"
    android:layout="@layout/basic_popup"
    android:layout_height="wrap_content"
    android:layout_width="match_parent" />
```

ViewStub의 레이아웃을 불러올 때가 되면, ViewStub을 visible로 설정한다. 그렇게 하려면 다음과 같이 setVisibility(View.VISIBLE)을 호출해 해당 stub의 가시성을 변 경한다.

```
((ViewStub) findViewById(R.id.popup)).setVisibility(View.VISIBLE);
```

또는, inflate( ) 메서드를 다음과 같이 호출한다.

```
View importPopup = ((ViewStub) findViewById(R.id.popup)).inflate();
```

생성된 레이아웃이 ViewStub을 대체하며, 이때 ViewStub 요소는 더 이상 뷰 계층의 일부가 아니게 된다.

 현재, ViewStub은 확장될 레이아웃에 merge 태그를 지원하지 않는다.

요약

이 장에서는 안드로이드 앱을 개발할 때 알아야 할 일반적인 성능 문제와 오버드로우, 메모리 릭, 뷰 계층 구조에 대해 살펴봤다.

안드로이드 프로젝트에 일반적인 성능 문제가 있는지 여부를 확인할 때 사용할 수 있는 다양한 도구에 대해 자세히 다뤘다. 또한 확인된 문제의 좀 더 자세한 정보를 수집함으로써 문제를 좀 더 나은 위치에서 해결할 수 있는 방법도 살펴봤다.

이제 마지막 한 장만 남았다. 마지막 장에서는 앞선 모든 장에서 다루지 않은 모범 사례와 가이드라인에 대해 살펴본다. 그리고 보안이 최근 모바일 사용자와 개발자의 최대 걱정거리기 때문에, UI나 앱을 잠그는 방법을 다뤄 사용자가 보안의 취약점에 노출되지 않을 것을 확신하게 할 것이다.

10

모범 사례와
애플리케이션 보안

안드로이드 운영체제는 사용자를 속여 개인적인 정보를 넘기거나 멀웨어를 설치하도록 유도하는 사회공학적 공격과 같은 일반적인 공격을 시도하는 해커를 예상해 디자인됐다.

안드로이드는 보안 공격의 성공 가능성을 줄이는 보안 기능이 내장돼 있고, 공격이 성공하더라도 그 영향을 제한하도록 설계됐다.

이 내장된 보안 컨트롤은 기본적으로 애플리케이션과 사용자에게 일정 수준의 보안을 제공한다. 그럼에도 불구하고 애플리케이션에 남아 있는 공격 취약점, 데이터 유출 및 다른 보안 관련 문제를 더 줄이기 위해 다음의 보안 모범 사례가 중요하다.

이 장에서는 안드로이드에 내장된 보안 기능을 최대한 활용하는 방법을 살펴본다. 앞에서 자세하게 살펴보지 못한 더 효과적으로 알림을 디자인하는 방법과 모든 사용자가 앱에 접근할 수 있도록 보장하는 방법의 모범 사례를 이 장의 끝부분에서 살펴본다.

▌ 데이터 보안 유지

안드로이드 사용자의 가장 일반적인 보안 문제는 설치하고자 선택한 애플리케이션이 기기에 저장돼 있는 민감한 정보에 접근하는지 여부다.

사용자의 데이터에 접근한다면, 그 데이터의 안전을 보장할 책임이 있다. 사용자의 데이터를 보호하는 가장 쉽고 빠른 방법은 앱이 정말로 이 데이터에 접근해야 할 필요가 있는지 철저히 살펴보는 것이다. 먼저 앱이 접근하는 데이터를 최소화하면 부주의하게 개인 정보를 노출할 위험이 최소화된다. 또한 공유가 허용된 민감한 데이터에 대해 공격자가 접근 권한을 얻기 위해 시행할 애플리케이션 공격을 다소 줄일 수 있다. 항상 민감한 데이터에 직접 접근하지 않으면서 동일한 효과를 낼 수 있는 방법을 찾기 위해 노력해야 한다.

사용자명과 비밀번호는 가능한 사용자의 기기에 저장하지 않는다. 대신 사용자가 제공하는 사용자명과 비밀번호를 사용해 초기에 인증을 수행하고, 특정 서비스에 대해 단기적으로 인증하는 토큰으로 바꾼다.

피싱 공격으로부터 사용자를 보호하려면 사용자의 인증서를 요청하는 횟수를 최소화한다. 그러면 민감한 정보를 요청하는 성격의 앱이 아니므로 피싱 공격은 의심스러운 사용자를 공격할 가능성이 높다.

 앱이 비밀번호와 사용자명에 접근해야 한다면, 앱이 이 데이터를 사용하고 보관하는 방법에 대해 법률적으로 설명하는 개인정보보호정책을 제공해야 한다.

네트워크 연결

네트워크 트랜잭션은 내재하는 보안 위험을 야기하고, 특히 모바일 사용자는 공용 와이파이 핫스팟처럼 안전이 보장되지 않은 무선 네트워크에 접속할 가능성이 높다.

앱이 네트워크에 연결할 때 사용자를 안전하게 보호하기 위해 다음의 모범 사례를 구현하는 것이 중요하다.

- 가능한 HTTP가 아닌 HTTPS를 사용한다. 또 HTTP 같이 불안정한 프로토콜로 다운로드한 어떤 데이터도 무의식적으로 신뢰하지 않는다.
- SSLSocket 클래스를 사용해 인증, 암호화, 소켓 레벨의 통신을 구현한다.
- 민감한 IPC를 처리할 때, IPC에 연결하는 애플리케이션의 신원을 인증할 수 있는 바인더Binder, 인텐트Intent, 브로드캐스트리시버BroadcastReceiver, 메신저 같은 안드로이드 IPC 메커니즘을 사용한다.
- 민감한 명령을 수행하기 위해 인증되지 않은 SMS 데이터를 사용하지 않는다. SMS는 기본적으로 암호화나 인증이 되지 않으므로 네트워크에서 가로채기 쉽다.

- 웹 서버에서 앱으로 데이터 메시지를 보낼 때는 가능한 **구글 클라우드 메시징** API와 IP 네트워크를 사용한다.

안드로이드 N은 실제 애플리케이션 코드를 수정할 필요 없이 앱에서 사용자 정의 네트워크 보안 설정을 생성할 수 있는 네트워크 보안 설정 파일의 개념도 소개한다. 이 새로운 네트워크 보안 설정 파일은 다음과 같은 목적으로 사용할 수 있다.

- 앱의 보안 연결을 위해 믿을 수 있는 인증 기관을 명시한다.
- 앱의 보안 연결을 위해 구체적이고 이름 있는 인증서로 제한한다.
- 사용 중인 시스템에 위험을 추가하지 않고 앱의 보안 연결을 디버깅한다.
- 민감한 정보를 의도치 않게 사람이 읽을 수 있는 형식으로 전송하는 까다로운 보안 위험인 일반 텍스트 전송으로부터 앱을 보호한다.

보안 설정 파일을 생성하려면 다음의 경로에 새로운 XML 리소스 파일을 생성한다.

```
res/xml/network_security_config.xml:
```

그 후 프로젝트의 매니페스트에서 이 파일을 참조한다.

```
<?xml version="1.0" encoding="utf-8"?>

...

<app ...>

    <meta-data android:name="android.security.net.config"
            android:resource="@xml/network_security_config" />
...

</app>
```

단순한 네트워크 설정 파일의 구조는 다음과 같다.

```
<?xml version="1.0" encoding="utf-8"?>
<network-security-config>
    <base-config>

// 특정 도메인 설정에 의해 다뤄지지 않는 모든 연결에서 사용되는 기본 설정이다 //

        <trust-anchors>

<certificates src="@raw/trusted_cas"/>

        // 믿을 수 있는 인증기관을 지정하는 XML 파일 참조자 //

        </trust-anchors>

    </base-config>

    <domain-config>

        <domain>mydomain.com</domain>
...
...
// www.mydomain.com의 예처럼 구체적인 목적지로의 연결을 위해 사용되는 설정을 생성한다 //

        </domain-config>
</network-security-config>
```

▌ 권한 요청

안드로이드 기기는 사진 촬영부터 비디오 녹화, 방향 안내, 소셜 미디어 포스팅, SMS 메시지 전송 등 많은 일을 한다. 이는 일반적인 안드로이드 기기가 많은 민감한 정보에 접근한다는 의미다.

좋은 소식은 안드로이드가 이런 정보의 보안을 유지하기 위해 많은 일을 한다는 것이다. 플랫폼은 앱이 시스템이나 다른 앱과 별도로 실행되도록 권한별로 분리된 시스템을 기반으로 한다. 이로써 각 앱이 접근할 수 있는 데이터와 기능이 제한된다. 기본적으로 운영체제나 사용자, 다른 애플리케이션에 불리할 수 있는 동작을 수행할 권한이 있는 안드로이드 앱은 없고, 이로써 데이터를 임의로 변경하거나 민감한 정보에 접근하는 악의적인 앱을 막는다. 이런 권한은 사용자의 인증되지 않은 하드웨어 사용(기기의 카메라 접근 등)이나 외부 커뮤니케이션 채널 생성(인터넷 접속 등)을 막아 각 앱이 기본 샌드박스에서 제공하지 않는 기기의 기능에 접근하는 것을 제한한다.

하지만, SMS 앱이 연락처 목록에 접근해야 하거나 비디오 녹화 앱이 기기의 카메라에 접근해야 하는 것처럼 앱이 사용자의 정보나 기기의 기능에 접근하는 타당한 근거가 있다. 보호된 정보나 기능에 접근해야 하는 앱이라면 이를 사용자에게 알려야 한다. 그러면 사용자는 이 접근 요청을 수락하거나 거부할 수 있다.

원래 안드로이드 앱은 사용자가 구글 플레이에서 앱을 다운로드하기도 전에 필요할 수 있는 모든 권한을 요청했다. 앱에 하나 이상의 접근 요청을 주고 싶지 않다면, 사용자는 그 앱의 설치를 포기하고 다른 앱을 찾아야만 했다.

안드로이드 6.0은 새로운 **실시간 권한**으로 대체해 권한 모델을 완전히 정비했다.

안드로이드 6.0부터 앱은 실행되는 동안 보호된 서비스나 데이터, 기기의 기능에 접근해야 할 때 권한을 하나씩 요청한다.

안드로이드 6.0 이전에는 앱을 설치할 때 사용자에게 마이크에 대한 접근 허가를 얻어야만 했다. 하지만, 새로운 접근 모델에서 사용자는 앱의 마이크에 대한 접근 요청 없이 필기 앱을 실행시키고 원하는 텍스트 메모를 작성할 수 있다. 앱은 사용자가 음성 메모를 처음으로 녹음하려 할 때 현재 작업을 완료하기 위해 마이크에 접근할 권한이 필요하므로 이 권한을 요청할 것이다.

안드로이드 6.0 이상의 버전에서 사용자는 언제든지 기기의 **설정**Settings에서 **애플리케이션**Apps을 선택해 앱의 권한을 수동으로 변경할 수 있다. 여기서 사용자는 기기에 설치된 모든 앱 목록을 볼 수 있다. 사용자는 목록에서 앱을 선택하고 **권한**Permissions을 탭하면 앱에서 접근할 수 있는 모든 권한 카테고리를 볼 수 있다.

사용자는 권한 슬라이드를 **OFF**에 위치시켜 권한을 회수할 수 있다.

새 권한 모델을 사용하면 사용자와 개발자 모두에게 많은 이점이 있다.

- 사용자는 더 이상 앱을 설치하기 전에 권한 목록을 읽을 필요가 없으며, 끊김 없이 설치가 진행된다.
- 새 권한이 필요한 업데이트 버전을 배포하면 예전에는 이 업데이트 버전을 설치하기 전에 권한에 대한 사용자의 허가가 필요했다. 안드로이드 6.0 이상의 버전에서 앱은 자동으로 업데이트되고 업데이트에 관련된 새로운 권한은 필요할 때 요청된다.
- 사용자가 앱에서 접근하는 정보와 기능을 더욱 통제한다. 새 권한 모델은 사용자에게 이전 버전의 안드로이드에서는 불가능했던 개별적인 권한 요청을 거부할 수 있는 선택권을 준다. 예를 들어 그림 편집 앱을 다운로드한 사용자가 앱이 갤러리에 접근할 수 있게 하지만 기기의 카메라에 접근하는 것은 꺼

릴 수 있다. 이전 버전의 안드로이드에서 사용자는 사전에 앱이 요청한 모든 권한을 수락하거나, 아니면 앱을 설치하지 않아야 했다. 하지만 안드로이드 6.0 이상의 버전에서 사용자는 카메라 권한 요청이 불편하다면 앱이 카메라에 접근하는 것을 거부해도 된다.

- 사용자는 관련된 기능에 처음 접근하는 상황에서 권한을 요청하므로 사용자는 앱이 각 권한을 요청하는 이유를 이해하기 쉽다. 그리고 민감한 정보나 기기의 기능에 접근을 요청하는 이유를 이해하는 사용자는 이 요청을 수락할 가능성이 높다.

새 권한 모델 – 백워드 호환성

API 레벨 22 이하 버전을 대상으로 하는 앱이라도 새 권한 모델에서 사용자는 언제, 어떤 앱에 부여했는지 상관없이 모든 권한을 철회할 수 있다. 이는 사용자가 하나 의상의 권한 요청을 철회해도 앱의 targetSdkVersion과 상관없이 여전히 정상적으로 동작하는지 테스트해야 한다는 의미다.

안드로이드 5.1(API 레벨22) 이하 버전을 사용하는 기기에서 앱을 실행하면, 시스템은 기본적으로 예전 권한 모델을 사용하고, 설치에 앞서 모든 권한을 요청한다. 사용자가 이 권한 요청을 거부하면 시스템은 앱을 설치하지 않는다. 유사하게 앱의 업데이트된 버전에 추가로 새로운 권한이 필요하면 시스템은 업데이트 버전을 설치하기 전에 사용자에게 이 권한을 부여해줄 것을 요청한다.

하지만, 사용자는 여전히 기기의 **설정**에서 **애플리케이션**을 선택하고 앱을 선택함으로써 이전에 부여했던 권한을 수동으로 회수할 수 있다.

앱이 안드로이드 플랫폼의 오래된 버전을 대상으로 하고 새 권한 모델을 처리하지 않는다면, 사용자가 앱에 주어진 권한을 수동으로 하나 이상 회수했을 때 더 이상 정상적으로 (또는 전혀) 동작하지 않을 수 있다. 오래된 버전의 안드로이드를 대상으로 하는 앱의 권한을 회수하면 동작이 멈추는 문제의 원인이 될 수 있다고 시스템이 사용자에게 경고하겠지만, 사용자가 원한다면 계속 진행해 이 권한을 회수할 수 있다.

6.0 이전 버전의 안드로이드 플랫폼만 대상으로 하는 앱이라도 새 권한 모델을 무시해서는 안 된다. 사용자가 전에 부여했던 권한의 일부(또는 전체)를 회수하더라도 여전히 훌륭한 사용자 경험을 제공하기 위한 앱을 만드는 것을 목표로 해야 한다.

권한 그룹

안드로이드의 권한은 두 범주로 나눠진다.

- **기본 권한**

  이 권한은 앱이 샌드박스 외부의 데이터나 리소스에 접근할 수 있도록 허가하지만, 거의 사용자의 개인 정보나 기기 또는 다른 앱의 구동에 직접적인 위험을 끼치지 않는다. 기본 권한이 필요한 앱이라고 매니페스트에 선언하면, 시스템이 자동으로 앱에 이런 권한을 준다.

- **위험한 권한**

  이 권한은 앱이 사용자의 개인 정보나 사용자가 저장한 정보, 다른 앱이나 기기의 기본 동작에 해를 끼칠 수 있는 데이터나 리소스에 접근할 수 있게 한다. 예를 들어 사용자의 연락처를 읽는 것은 위험한 권한이다.

  사용자의 기기가 안드로이드 6.0(API 레벨 23) 이상의 버전을 사용하고 앱이 23 이상의 `targetSdkVersion`을 사용한다면, 위험한 권한은 사용자가 권한이 필요한 동작을 수행하려고 할 때만 이 권한을 요청한다. 예를 들어 앱에서 `READ_CONTACTS` 권한이 필요하다면, 시스템은 사용자가 처음으로 SMS 메시지를 생성하려 할 때 이 권한을 요청할 것이다.

  안드로이드 5.1 이하 버전을 사용 중인 기기나 `targetSdkVersion`이 22 이하의 앱이라면, 안드로이드 시스템은 앱의 설치 전에 사용자에게 위험한 권한을 전부 부여해줄 것을 요청할 것이다.

안드로이드는 기본과 위험의 정도뿐 아니라 관련 있는 권한을 권한 그룹으로 분류한다. 앱이 접근 권한을 요청할 때 사용자는 권한 그룹 전체에 접근을 요청하는 다이얼로그를 보게 된다.

앱은 위험한 권한을 요청하고 사용자는 같은 그룹의 다른 위험한 권한에 대한 접근에 대해 이미 승인했다면, 시스템은 사용자에게 추가의 입력을 요청하지 않고 자동으로 그 권한을 승인한다.

이 방법으로 모바일 사용자가 기술적인 정보나 너무 많은 권한 요청을 받지 않으면서 기기의 어떤 부분, 어떤 정보에 앱이 접근해야 하는지에 더 현명하게 결정하도록 돕는다.

권한은 9개의 그룹으로 나뉜다.

- 캘린더
- 카메라
- 연락처
- 위치
- 마이크
- 전화
- 신체 센서
- SMS
- 저장

권한 선언

앱을 개발할 때 앱이 리소스나 스스로 생성한 것이 아닌 정보에 접근할 필요가 있을 때 또는 사용자의 개인 정보나 다른 앱의 동작, 기기의 전반에 영향을 줄 수 있는 동작을 수행할 때마다 메모를 남긴다. 이런 동작을 하는 대부분의 경우 앱은 권한을 요청해야 한다.

권한을 선언하려면 프로젝트의 매니페스트를 열고 최상위 엘리먼트인 <manifest>의 자식으로 <uses-permission> 엘리먼트를 추가한다.

```
<manifest
  xmlns:android="http://schemas.android.com/apk/res/android"
  package="com.me.app.myapp" >

<uses-permission android:name="android.permission.ACCESS_FINE_LOCATION"/>
        android:label="@string/permlab_fineLocation"
```

// android:label을 사용해 앱이 요청하는 각 권한에 라벨을 단다. 사용자가 권한 목록을 볼 때 이 라벨이 출력된다. 라벨은 짧게 유지한다. 보통 몇 개의 단어로 충분하다 //

```
        android:description="@string/permdesc_fineLocation"
```

// android:description 속성을 사용해 이 권한 요청을 수락하면 앱이 무엇을 할 수 있는지 설명한다. 설명은 두 문장 정도가 가장 좋다. 첫 번째 문장은 요청하는 권한에 대해 설명하고, 두 번째 문장은 이 권한을 승인함으로써 생기는 위험에 대해 사용자에게 경고한다 //

```
        android:protectionLevel="dangerous" />
```

// 이 권한과 관련 있는 잠재적인 위험을 표시한다. 가능한 값은 normal, dangerous, signature, SignatureOrSystem이 있다 //

```
    ...
</manifest>
```

다음으로 권한의 라벨과 설명을 위한 문자열 리소스가 어떻게 보이는지 살펴본다.

```
<string name="permlab_fineLocation">정확한 위치(GPS와 네트워크 기반)</string>

  <string name="permdesc_fineLocation">
이 앱은 GPS와 네트워크 위치 리소스를 사용해 정확한 위치를 도출할 수 있다. 앱은 위치 서비스를 사용하는 동안 배터리를 추가로 소모할 수 있다</string>
```

권한 검증

앱은 보호되는 정보나 기능에 접근할 때 매번 다시 권한을 요청할 필요는 없다. 예를 들어 앱이 현재 마이크에 접근할 수 있다면, 이 권한을 다시 요청할 필요는 없다. 하지만 안드로이드 6.0 이상 버전의 사용자는 이전에 승인했던 권한을 언제든지 회수할 수 있기 때문에 앱은 권한과 관련 있는 동작이 필요할 때마다 그 시점에 보호되는 정보나 기능에 접근할 수 있는지 확인해야 한다. 사용자가 이전에 이 권한을 승인했더라도 안드로이드 6.0 이상 버전에서 이는 사용자가 어떤 시점에 수동으로 이 권한을 회수하지 않았다고 보장할 수 없기 때문이다.

앱이 현재 정보나 기능에 접근할 권한이 있는지 확인하려면 ContextCompat.checkSelf Permission() 메서드를 호출한다. 예를 들어 다음 코드는 앱이 인터넷에 접근할 권한이 있는지 확인하는 방법을 보여준다.

```
int permissionCheck = ContextCompat.checkSelfPermission(this, Manifest.
permission.INTERNET);
```

 ContextCompat.checkSelfPermission()은 백워드 호환성을 위한 support-v4 라이브러리의 리비전 23에서 사용할 수 있다(http://developer.android.com/tools/support-library/features .html?utm_campaign=runtime-permissions-827&utm_source=dac&utm_medium=blog#v4).

앱이 현재 필요한 권한에 접근할 수 있다면, ContextCompat.checkSelfPermission은 PackageManager.PERMISSION_GRANTED를 반환할 것이고 앱은 계속해서 동작을 진행할 수 있다. 사용자가 앱에 이 권한을 주지 않았거나 줬지만 어떤 시점에 다시 취소했다면, 이 메서드는 PackageManager.PERMISSION_DENIED를 반환할 것이고 requestPermission 메서드 중 하나를 호출해 이 권한에 대해 요청해야 한다.

```
if (ContextCompat.checkSelfPermission(myActivity, Manifest.permission.
INTERNET)
```

// 이 앱은 인터넷에 대한 접근 권한이 있는가? //

```
    != PackageManager.PERMISSION_GRANTED) {
        if (ActivityCompat.shouldShowRequestPermissionRationale(myActivity,
        Manifest.permission.INTERNET)) {
```

// shouldShowRequestPermissionRationale가 true를 반환하면, 앱은 현재 이 권한이 없는 것이므로 접근 권한을 요청해야 한다 //

```
                ..........
        ..........

        } else {

                ActivityCompat.requestPermissions(myActivity,
```

// 권한을 요청한다. 앱이 requestPermissions( )를 호출할 때 시스템은 커스터마이징 할 수 없는 표준 다이얼로그를 보여준다. 이 권한이 필요한 이유 등의 설명을 추가로 제공하고 싶다면 requestPermissions( )를 호출하기 전에 해야 한다 //

```
                    new String[]{Manifest.permission.INTERNET},
                    MY_PERMISSIONS_REQUEST_INTERNET);
        }
}
```

권한 요청 응답 처리

앱이 권한을 요청할 때 시스템은 사용자에게 다이얼로그를 보여준다. 사용자가 응답하면 시스템은 앱의 onRequestPermissionsResult( ) 메서드를 실행하고 사용자의 응답을 전달한다. 사용자가 권한 요청을 수락했는지 거부했는지 알기 위해 앱은 다음 메서드를 오버라이딩해야 한다.

```
@Override
public void onRequestPermissionsResult(int requestCode,
    String permissions[], int[] grantResults)  {
// 액티비티의 onRequestPermissionsResult 메소드를 호출하고 사용자의 응답을 전달한다 //
        switch (requestCode) {
                case MY_PERMISSIONS_REQUEST_INTERNET:   {
                        if (grantResults[0] == PackageManager.PERMISSION_
                        GRANTED)  {
........
.........
// 여기는 사용자가 권한을 수락했을 때 인터넷과 관련된 작업을 수행할 부분이다 //

                        } else {
.......
.......
// 사용자가 권한 요청을 거절했다. 여기서는 인터넷 접근을 기반으로 하는 동작을 비활성화 시킨다. 권한을 거
부하는 것은 앱의 정상 동작을 방해할 수 있기 때문에 이 권한을 거부함으로써 앱의 기능에 미치는 영향에 대 해
설명하는 피드백을 제공하는 것이 좋다 //

                        }
                        return;
                }
        }
}
```

권한과 〈uses-feature〉

앱은 사용자의 기기에 있는 특정 하드웨어나 소프트웨어 기능에 의존적일 수 있다. 예를 들어 일반적인 카메라 앱은 거의 카메라 하드웨어가 있는 기기가 필요하다.

사용자가 앱을 위해 필요한 하드웨어나 소프트웨어가 없는 기기에 앱을 설치하는 것을 막으려면 프로젝트의 매니페스트 파일에 〈uses-feature〉 선언을 추가한다.

```
<uses-feature android:name="android.hardware.camera" />
```

다음으로 모든 동작을 위해 이 기능이 항상 필요하다(true)거나 이 기능을 선호하지만 필요하다면 이 기능 없이도 동작(false)하는지 명시한다.

```
<uses-feature android:name="android.hardware.camera"
              android:required="true"/>
```

안드로이드 시스템은 <uses-feature> 엘리먼트를 위해 앱의 매니페스트를 확인하지 않지만, 구글 플레이는 앱이 사용자의 기기와 호환되는지 판단하기 위해 앱의 <uses-feature>를 사용한다. 구글 플레이는 앱과 사용자 기기의 하드웨어 또는 소프트웨어가 호환되지 않는다고 여기면 사용자가 그 앱을 설치하지 못하게 한다.

 〈uses-feature〉 엘리먼트를 매니페스트에 추가했지만 android:required 속성을 포함하지 않는다면, 구글 플레이는 앱에 이 기능이 필요하다고 추정한다(android:required="true").

프로젝트의 모든 하드웨어와 소프트웨어 요구 사항을 선언하는 것이 가장 좋지만, 하나 이상의 <uses-feature> 엘리먼트를 언급하는 것을 잊었을 경우에 대비해 약간의 안전 장치를 제공한다.

구글 플레이는 앱에 내재된 하드웨어 관련 기능을 위해 필요한 권한을 주기적으로 확인한다. 어떤 것이라도 발견한다면 해당하는 하드웨어나 소프트웨어 기능을 앱의 메타데이터에 추가하고 잠재적인 사용자가 앱을 설치할 수 있는지 여부를 결정할 때 이를 염두에 둔다.

이는 사용자가 호환되지 않는 앱을 다운로드하는 것을 예방하지만, 오히려 방해가 될 수 있다. 앱이 android.permission.CAMERA를 요청하지만 매니페스트 파일에 <uses-

feature android:name="android.hardware.camera">를 추가하지 않은 경우를 생각해 보자. 이 시나리오에서 구글 플레이는 앱이 동작하기 위해 카메라 하드웨어가 필요하다고 여기고 카메라가 없는 기기에 앱을 설치하도록 허용하지 않을 것이다. 하지만 실제로 앱이 카메라가 필요하지 않다면 이 착오로 인해 완벽하게 호환되는 기기를 사용하는 사람들이 앱을 설치하는 것을 방해하게 된다.

이런 착오를 막으려면 프로젝트의 매니페스트를 열고 카메라가 있으면 좋지만 필수는 아니라고 명시해야 한다.

```
<uses-feature android:name="android.hardware.camera" android:required="false"
/>
```

기능 요구 사항을 나타내는 모든 권한 목록은 안드로이드 공식 문서에서 확인할 수 있다(http://developer.android.com/guide/topics/manifest/uses-feature-element.html#permissions).

 〈uses-feature〉를 선언한다고 관련 기능이나 정보에 대한 접근 권한이 자동으로 주어지는 것은 아니다. 여전히 앱에 필요한 모든 권한을 요청해야 한다.

앱 권한 처리 모범 사례

이 새 실시간 권한 모델이 많은 것을 제공함에도 불구하고, 현재 개발자들에게는 새로운 어려움이 조금 있다. 첫 번째로, 앱이 언제든지 권한을 요청할 수 있기 때문에 이제 사용자 경험을 위해 권한을 요청하는 정확한 시점이 중요하다.

두 번째로, 사용자가 개별적인 권한을 거부할 수 있기 때문에 사용자가 앱의 권한 요청 중 하나 이상을 거부하더라도 앱은 지속적으로 훌륭한 사용자 경험을 제공해야 한다.

이는 사용자가 이 요청을 계속 거부하더라도 앱이 동작해야 한다는 의미는 아니다. 특정 권한을 거부하면 앱은 주요 기능을 완전하게 수행하지 못할 가능성이 있다. 하지만 이런 경우라 하더라도 사용자에게 앱이 갑자기 동작을 멈춘 이유를 알려줌으로써 여전히 훌륭한 사용자 경험을 제공할 수 있다. 예를 들어, 사용자가 앱을 실행하려 할 때마다 동작하기 위해 앱에서 필요하지만 빠진 권한을 열거하여 다이얼로그로 보여주고, 사용자에게 이 권한을 부여하기 위한 쉬운 방법을 제시한다.

이 장에서는 앱이 요청하는 권한에 대한 더 나은 결정을 내릴 수 있도록 언제 어디서 이런 요청을 해야 하는가의 문제 등 권한에 관한 모범 사례를 살펴본다.

최소한의 권한 요청

권한 요청의 황금률이 있다.

권한은 사용자와 기기를 보호하기 위해 디자인됐으므로 앱은 동작하기 위해 필요한 권한만 요청해야 한다. 연구(http://repository.cmu.edu/hcii/268)에 따르면 하나의 앱에서 요청하는 앱의 수와 종류가 사용자의 행동에 직접적으로 영향을 미친다고 한다. 유사한 기능이 있는 두 앱을 비교할 때, 사용자는 권한을 적게 요청하는 앱을 선택할 가능성이 높다.

가능한 더 다양한 사용자를 확보하려면 앱이 요청하는 권한의 수를 제한해야 한다. 사용자가 앱과 상호작용하는 동안 권한을 요청하기 때문에 새 권한 모델에서 특히 중요하다. 중요한 미팅으로 가던 중에 길을 잃었다고 생각해보자. 전날 밤에 다운로드한 지도 애플리케이션을 열고 앱과 상호작용을 할 때마다 권한을 요청하게 된다. 이는 바쁜 사용자가 원하는 바가 아니다. 바쁘고 여러 작업을 동시에 하는 모바일 사용자로 하여금 너무 많은 정보에 질리게 하기 쉽다.

확신이 서지 않는다면 추후 업데이트를 통해 앱에 권한을 추가하는 것이 없애는 것보다 더 쉽다는 것을 기억한다. 그러므로 권한 요청이 적을수록 좋다는 접근으로 안전하게 사용하는 편이 낫다.

자동 권한 수정

새로운 버전의 안드로이드 플랫폼은 새로운 제한이 있을 수 있고, 이로 인해 앱은 이전에 필요하지 않았던 권한을 요청해야 할 수 있다. 최신 그리고 최고 버전의 안드로이드를 사용하는 사용자도 앱을 계속 잘 사용할 수 있도록 시스템이 나서서 이런 새로운 권한 요청을 자동으로 프로젝트의 매니페스트에 추가한다.

앱에 자동으로 권한을 추가할지 여부를 결정할 때, 안드로이드는 앱의 targetSdkVersion을 살핀다. 새 권한이 추가되기 이전 버전이라면 시스템은 이 권한들을 자동으로 추가할 수 있다. 이는 결과적으로 앱에 불필요한 권한을 요청할 수 있으므로 확실히 좋은 것이 아니다.

이를 피하기 위해 새 버전의 안드로이드 플랫폼에 대비한 프로젝트 테스트를 우선순위로 삼고, 앱이 최신 버전과 호환된다고 확신하면 곧 targetSdkVersion을 업데이트해야 한다.

중요 권한 사전 요청

앱의 핵심 기능이 특정 접근 권한에 의존적이라면, 이 중요한 권한을 사전에 요청한다. 사용자가 앱에서 중요한 작업을 수행하는 도중에 이를 방해하는 권한을 요청하기보다 앱을 처음 실행했을 때 권한 다이얼로그를 읽고 권한을 부여할 가능성이 더 높기 때문이다.

중요하지 않은 권한이라면 사용자가 관련 기능에 접근할 때까지 기다린 후 상황에 맞게 권한을 요청한다.

필요한 경우 추가 정보 제공

권한 요청은 따로 설명이 필요 없는 것이 좋지만 특히 안드로이드 6.0 이상의 버전의 기기에서 앱은 상황에 따라 권한을 요청하는 지점이 자명해야 한다. 예를 들어 사용자가 앱의 **프로필 사진 촬영** 버튼을 선택했다면, 카메라에 대한 접근을 언제 요청해야 할지 혼란스러울 것이다.

하지만 앱이 특정 권한을 요청하는 이유가 명백하지 않은 것 같다면 사용자에게 정보를 더 제공하는 것이 좋다. 사용자는 앱이 정보나 기능에 접근하려고 하는 이유를 이해할 때 더 편안하게 느낀다. 이 정보를 제공하지 않는다면 사용자는 앱이 의도적으로 그들에게 뭔가 숨기는 것이 아닌지 의심할 수 있다.

다만 모든 것을 설명하는 것은 주의한다. 앱이 요청하는 모든 권한에 대해 설명할 필요는 없다. 사용자에게 너무 많은 정보를 떠넘기면 사용자는 반복되는 방해로 불만스러울 것이고 결국 설명을 빠르게 대충 읽거나 더 나쁜 경우에는 완전 건너뛰어 버릴 것이다.

앱이 권한을 요청할 때마다 설명을 하려고 하는 자신을 발견한다면 이는 앱이 민감한 정보를 처리하거나 기기의 기능을 사용하는 방법에 심각한 문제가 있는 것일 수 있다. 어쩌면 앱이 너무 많은 권한을 요청하지 않는가? 아니면 핵심 기능과 관련 없는 잡다한 권한을 요청하고 있는 것은 아닌가?

권한 요청 다이얼로그가 사용자와 소통하는 유일한 방법이 아니라는 점을 기억한다. 앱의 권한을 요청하는 상황에 대해 이해하는 데 도움이 되는 정보를 사용자에게 전달하는 다른 방법을 고려해보는 것이 좋다. 다음을 예로 들 수 있다.

- 구글 플레이의 앱 상세란에 이 정보를 추가한다.
- 앱이 접근해야 하는 정보와 이 정보를 어떻게 사용하는지 서술하는 개인 정보 정책을 작성한다.
- 온라인 사용자 매뉴얼이나 앱 내의 **도움말**처럼 사용자가 추가 정보가 필요할 때 볼 수 있는 지원 문서를 생성한다.
- 권한 요청에 설명이 필요하지 않도록 UI를 업데이트한다. 사용자가 아바타를 탭했을 때 앱이 갑자기 카메라 접근을 요청하면 사용자는 혼란스러울 수 있지만, 사진란에 **"프로필 사진을 찍으려면 여기를 탭하세요"**라는 라벨이 있다면 사용자가 혼란스러울 가능성이 현저히 낮아진다.

- 사용자가 질문할 수 있는 포럼이나 소셜 미디어 페이지, 이메일 주소 등과 같은 전용 지원 채널을 생성한다.

라이브러리에서 필요한 권한 주의

프로젝트에 라이브러리를 포함할 때, 프로젝트는 라이브러리가 요청하는 권한을 상속 받는다. 라이브러리를 사용하기 전에 항상 라이브러리가 어떤 권한을 요청하는지 그리고 무엇을 위해 이 권한을 사용하는지 확인한다.

사용자의 입장에서는 앱이 이런 요청을 하는 것이지 외부 라이브러리가 요청하는 것이 아니기 때문에, 라이브러리의 권한을 확인하지 않고 여러 라이브러리를 프로젝트에 추가하면 사용자를 곤란하게 만들 수 있다. 또 라이브러리는 앱과 무관한 권한을 요청할 수도 있어 사용자가 수상하게 여길 수 있다.

프로젝트에 라이브러리를 포함해야 하지만 너무 많은 권한을 요구하는 것이 걱정된다면, 비슷한 기능을 제공하지만 많은 권한을 요청하지 않는 대안이 되는 라이브러리를 찾아볼 수 있다.

카메라와 마이크 접근에 관한 투명한 관리

앱은 때때로 기기의 카메라나 마이크 같은 특히 민감한 기능에 접근해야 할 필요가 있다. 대부분의 경우 앱은 이 기능에 지속적으로 접근하지는 않지만, 일단 사용자가 앱의 접근을 수락한 후에 기기의 마이크나 카메라로부터 지속적으로 정보를 수집하는지 사용자가 어떻게 알 수 있을까?

누군가가 지켜보는 것 같은 느낌을 좋아할 사람은 없으므로, 앱이 카메라나 마이크에 접근할 때 이를 표시해야 한다. 예를 들어 앱이 기기의 카메라를 켤 때 3, 2, 1의 타이머 팝업을 보여주거나 앱이 사용자의 소리를 듣고 있는 동안 화면 모서리의 마이크 아이콘을 깜빡이게 할 수 있다.

대안 고려

앱이 보호되고 있는 정보나 기능에 접근할 필요가 있더라도 이런 요청을 할 필요가 없는 앱을 제작할 수 있다.

앱은 직접적으로 수행되는 동작에 대한 권한을 요청할 때만 필요하다. 다른 앱에서 대신 동작하도록 요청하거나 정보를 제공할 때는 필요하지 않다. 예를 들어 기기의 카메라에 접근을 요청하는 대신 사용자가 이미 기기에 설치한 카메라 앱을 실행하기 위해 `MediaStore.ACTION_IMAGE_CAPTURE`를 사용할 수 있다. 또한 다른 앱에 정보를 요청하기 위해 시스템 인텐트를 사용할 수 있다. `READ_CONTACTS` 권한 대신 사용자의 연락처 앱으로부터 연락처 정보를 요청하는 예를 들 수 있다.

이 방법은 보호된 정보나 기능에 접근해야 할 때마다 사용자에게 다이얼로그를 보여준다는 큰 단점이 있고, 그러므로 사용자를 귀찮게 할 가능성이 높은 이런 요청의 빈도나 타이밍에 대해 생각해봐야 한다.

▌알림

안드로이드 롤리팝에서 알림에 머티리얼 디자인을 적용하고 안드로이드가 알림을 더 똑똑하게 정렬하는 새로운 방법에 대해 대대적으로 점검했다.

안드로이드 5.0 이상의 버전에서 `setPriority()` 메서드를 사용해 알림에 주석을 달 수 있다. 우선 순위가 높은 알림은 사용자가 진행 중이던 작업을 중단시킬 가능성이 높고, 우선순위가 낮은 알림은 사용자에게 표시되지 않는다.

우선순위 레벨은 다음과 같다.

- `Notification.PRIORITY_MAX`: 시간에 민감하거나 현재의 작업을 지속하기 전에 해결해야 하는 상태를 사용자에게 알려야 하는 중요하고 긴급한 알림에 사용된다.

- Notification.PRIORITY_HIGH: 채팅 메시지 같은 일반적으로 중요한 통신에 사용된다. 높은 우선순위 알림은 액션 버튼을 포함하는 떠다니는 헤드업 창으로 표시된다. 사용자는 액션 버튼을 사용해 현재 화면을 떠나지 않고 헤드업 알림을 실행하거나 닫을 수 있다.
- Notification.PRIORITY_LOW: 긴급하지 않은 알림에 사용된다.
- Notification.PRIORITY_MIN: 상황별 또는 백그라운드 정보로 사용된다. 최소 우선순위 알림은 상세 알림 로그 등 특별한 상황을 제외한 일반적인 경우 사용자에게 보이지 않는다.
- Notification.PRIORITY_DEFA ULT: 이 우선순위는 특정 우선순위 카테고리에 포함되지 않는 모든 알림을 위해 사용할 수 있다.

많은 안드로이드 기기는 화면이 꺼졌을 때도 사용자에게 앱 내에서 일어나는 이벤트를 알려줄 수 있는 알림 LED 기능이 있다. 앱의 알림에 우선순위 레벨을 MAX, HIGH, DEFAULT로 할당하면 LED를 켤 수 있다.

안드로이드 5.0 이상의 버전에서는 기기의 잠금 화면에서도 알림은 볼 수 있고, 이는 사용자가 누구나 볼 수 있는 잠금 화면에는 출력시키고 싶지 않은 정보가 포함된 알림인지 고려해야 한다는 의미다.

setVisibility( )를 사용해 얼마나 많은 정보를 잠금 화면에 출력할지 안드로이드에 알려줄 수 있고, 다음과 같은 값을 설정할 수 있다.

- VISIBILITY_SECRET: 잠금 화면에 알림이 표시되지 않는다. 이는 알림이 개인적인 정보나 잠재적으로 난처할 수 있는 정보를 포함할 때 추천된다.
- VISIBILITY_PRIVATE: 알림의 일부 기본 정보를 잠금 화면에 표시하지만, 대부분의 정보는 감춘다.
- VISIBILITY_PUBLIC: 알림의 전체 내용을 잠금 화면에 표시한다.

알림 모범 사례

알림을 잘 디자인하면 사용자에게 진짜 의미 있는 기능이 될 것이다. 게다가 애플리케이션 내에서 발생하는 이벤트에 대해 흥미롭고 적절하게 업데이트를 표시함으로써 사용자를 앱으로 끌어들이는 유용한 방법이다.

안드로이드의 알림 시스템을 최대한 활용하기 위해 다음의 모범 사례를 기억한다.

정확한 콘텐츠 제공

알림은 최소한 다음을 포함해야 한다.

- 제목(setContentTitle)과 부가적인 문구(setContentText)
- 타임스탬프. 이는 알림이 전송된 때가 아닌 이벤트가 발생했을 때를 가리킨다.
- 알림 유형(선택 사항)

시스템 바에 보류된 앱 알림을 사용자가 인식할 수 있도록 별도의 앱 아이콘을 포함해야 한다(setSmallIcon).

알림 아이콘은 과하게 상세한 내용을 피하고 단순하지만 동시에 사용자가 접할 다른 알림 아이콘보다 눈길을 끌고 분명해야 한다. 머티리얼 라이트 액션 바 아이콘을 사용하고 불투명한 배경은 피한다. 기본적으로 알림 아이콘은 투명한 배경에 흰색 이미지다.

영감을 얻기 위해 노력 중이라면 안드로이드 기기를 켜 다른 애플리케이션이 사용하는 알림 아이콘을 살펴보자.

알림 빈도 줄이기

알림은 발생할 때마다 사용자가 하고 있는 작업을 방해하므로 알림을 드물게 사용하는 것이 좋다.

사용자의 입력이 필요 없고 시간에 구애받지 않는 백그라운드 작업에 대한 알림은 절대 사용하지 않는다. 또 화면에서 발생하는 이벤트에 대해 알려주는 알림을 사용하지 않는다. 대신 상황에 맞춰 앱의 UI를 사용해 이벤트에 대해 통지한다. 예를 들어 사용자가 게임 앱에서 새로운 레벨을 깼고 앱이 현재 화면에 앱이 떠 있다면, 알림을 발생시키기보다는 화면의 메시지를 통해 이를 알린다.

알림이 사용자가 애플리케이션을 떠올리게 하기에 유용하더라도 사용자가 앱을 실행하게 할 목적으로 불필요한 알림을 사용하지 않는다. 중요하지 않거나 반갑지 않은 알림은 결국 사용자가 앱을 단순히 관심을 끌기 위한 앱으로 여기게 만들고, 결국 앱을 삭제하고 구글 플레이에 부정적인 리뷰를 남기게 한다.

사용자에게 선택권 주기

사용자에게 소리 알람이나 진동 알람으로 변경하거나 알람을 완전히 끌 수 있도록 앱의 알림 설정을 변경할 수 있는 선택권을 주는 것이 좋다.

알림 카테고리

안드로이드 시스템은 알림의 순위를 매기고 필터링할 때 앱의 카테고리를 고려할 수 있으므로 앱의 알림에 적당한 카테고리를 할당해야 한다. 이를 위해 setCategory( ) 옵션을 사용하고 지원되는 다음 카테고리를 선택한다.

- CATEGORY_ALARM: 알람 또는 타이머
- CATEGORY_CALL: 전화 또는 화상 통화 수신
- CATEGORY_EMAIL: 비동기식 대량 메시지
- CATEGORY_ERROR: 백그라운드 동작 에러
- CATEGORY_EVENT: 캘린더 이벤트
- CATEGORY_MESSAGE: SMS 같은 직접적인 메시지 수신
- CATEGORY_PROGRESS: 백그라운드로 실행되는 작업 진행과정

- CATEGORY_PROMO: 홍보 또는 광고

- CATEGORY_RECOMMENDATION: 구체적이고 시기적절한 권고

- CATEGORY_SERVICE: 백그라운드로 실행되는 서비스 표시

- CATEGORY_SOCIAL: 소셜 네트워크 또는 공유 업데이트

- CATEGORY_STATUS: 기기나 상황별 상태에 대한 진행 정보

- CATEGORY_SYSTEM: 시스템 또는 기기 상태 업데이트를 위해 선점된 카테고리

- CATEGORY_TRANSPORT: 재생을 위한 미디어 전송 제어

액션 사용

알림에 액션 버튼을 추가할 수 있다. 사용자는 액션 버튼을 사용해 원래의 앱을 열지 않고 알림 UI로 일반적인 작업을 수행할 수 있다.

```
NotificationCompat.Builder nBuilder = new NotificationCompat.Builder(context)

    .setContentTitle("This is a notification title")

// 알림의 제목 설정 //

    .setContentText("This is the notification's body text.")

// 알림의 두 번째 줄 문구 설정 //

    .addAction(R.drawable.accept, "Download", pIntent)

// 'Download' 액션을 아이콘과 함께 알림에 추가 //

    .addAction(R.drawable.cancel, "Cancel", pIntent);

// 'Cancel' 버튼을 아이콘과 함께 추가. 여기서는 R.drawable.cancel 아이콘 //
```

 각 액션은 고유의 아이콘과 이름을 가져야 한다.

선택 사항이지만 일반적으로 앱의 각 알림에 최소한 하나의 액션을 추가하는 것이 좋다. 하지만 너무 많이 추가하지 않도록 하고, 하나의 알림에 최대 세 개의 액션을 넘지 않는다.

확장 레이아웃 사용

안드로이드 4.1 이상의 버전에서 앱의 알림은 두 개의 시각적인 스타일을 사용할 수 있다.

- **기본 뷰**^{Normal view}: 기본이 되는 작은 레이아웃
- **빅 뷰 스타일**^{Big view style}: 핀치 또는 드래그로 사용자가 알림을 확장하는 경우 나타나는 별도의 레이아웃.

세 가지의 빅 뷰 스타일 중 선택할 수 있다.

Big text style

이 레이아웃은 알림의 setContentText를 대신해 확장된 알림의 상세 영역에 출력되는 추가 텍스트를 제공한다.

```
.setStyle(new NotificationCompat.BigTextStyle( )
        .bigText("이 텍스트는 빅 뷰에서 콘텐츠 텍스트를 대신한다"))
```

Big picture style

이 레이아웃은 큰 이미지를 첨부한다.

```
.setStyle(new Notification.BigPictureStyle( )
    .bigPicture(aBigImage))
```

Inbox style

이 레이아웃은 최대 5가지의 아이템을 갖는 목록을 포함한다.

```
.setStyle(new Notification.InboxStyle()
        .addLine(string1)
        .addLine(string2)
        .addLine(string3)
        .setSummaryText("+2 more"))
```

직접 응답할 수 있는 알림

구글은 안드로이드 N 배포 버전에 알림과 관련된 몇 가지 새로운 기능을 추가하고, 사용자가 알림 UI에서 직접 응답할 수 있는 **인라인 응답** 액션 버튼을 포함한다.

직접 응답 기능은 사용자가 메시지 앱을 실행하지 않고도 응답할 수 있기 때문에 메시지 앱에 특히 중요한 소식이다. 구글 행아웃에서 직접 응답 알림을 접해볼 수 있다.

직접 응답 기능을 지원하는 알림 액션을 생성하려면 RemoteInput.Builder 인스턴스를 생성하고 여기에 알림 액션을 추가해야 한다.

다음의 코드는 RemoteInput을 Notification.Action에 추가하고, **빠른 응답** 키를 생성한다. 사용자가 액션을 실행할 때 알림은 사용자가 응답을 입력할 수 있도록 한다.

```
private static final String KEY_QUICK_REPLY = "key_quick_reply";
String replyLabel = getResources().getString(R.string.reply_label);
RemoteInput remoteInput = new RemoteInput.Builder(KEY_QUICK_REPLY)
        .setLabel(replyLabel)
        .build();
```

알림 인터페이스에서 사용자의 입력 값을 얻으려면 getResultsFromIntent(Intent)를 호출하고, 알림 액션의 인텐트를 입력 매개변수로 전달해야 한다.

```
Bundle remoteInput =RemoteInput.getResultsFromIntent(intent);

// 이 메서드는 응답 텍스트를 포함하는 Bundle을 반환한다 //

if (remoteInput != null) {
        return remoteInput.getCharSequence(KEY_QUICK_REPLY);

// RemoteInput.Builder 생성자에 제공되는 결과키를 사용해 번들에 질의한다 //
```

알림 묶음

아침에 처음 인터넷에 접속했을 때나 지메일 앱을 실행시키자마자 **4개의 새로운 메시지** 알림이 쏟아지지만 개별적인 이메일에 대한 추가 정보가 없다면 싫지 않을까? 이런 알림은 도움이 되지 않는다.

여러 아이템으로 구성된 알림을 수신했을 때 앱을 열고 이 알림 그룹을 구성하고 있는 개별 이벤트를 살펴볼 수 있다.

하지만 곧 안드로이드 N에서는 알림 묶음을 소개해 이 문제를 해결한다. 새로운 스타일의 알림은 하나의 앱에서 생성된 여러 알림을 묶어 하나의 **알림 묶음**으로 만들 수 있다. 알림 묶음은 모인 여러 알림의 요약 정보를 보여주는 하나의 부모 알림과 개별 알림 항목들로 구성된다.

사용자가 각 항목에 대한 추가 정보를 보고 싶다면, 묶여진 알림 카드를 두 손가락으로 쓸어내려 각각의 작은 알림으로 펼칠 수 있다 사용자가 묶인 알림을 확장시키면, 시스템은 각 자식 알림에 대한 추가 정보를 보여준다. 그러면 사용자는 이런 작은 알림에 대해 개별적으로 처리할 수 있다. 예를 들어 스팸 메일에 대한 세 개의 알림은 버리고 네 번째 이메일을 열 수 있다. 이는 안드로이드 웨어Wear에서 사용하는 알림 스택 기능과 유사하다.

 알림 묶음은 앱이 실행할 수 있는 자식 알림을 많이 생성할 가능성이 있을 때 특히 유용하다.

알림을 묶으려면 같은 알림 스택에 추가하고 싶은 알림 각각에 setGroup( )을 호출하고 알림에 같은 키를 할당한다.

```
final static String GROUP_KEY_MESSAGES = "group_key_messages";
Notification notif = new NotificationCompat.Builder(mContext)
        .setContentTitle("New SMS from " + sender1)
        .setContentText(subject1)
        .setSmallIcon(R.drawable.new_message)
        .setGroup(GROUP_KEY_MESSAGES)
        .build();
```

이 스택에 속하는 다른 알림을 생성할 때는 같은 그룹 키를 할당하기만 하면 된다.

```
Notification notif2 = new NotificationCompat.Builder(mContext)
    .setContentTitle("New SMS from " + sender1)
    .setContentText(subject2)
    .setGroup(GROUP_KEY_MESSAGES)
    .build();
```

▌ 애플리케이션 위젯

일반적으로 위젯은 사용자에게 애플리케이션의 가장 중요한 데이터를 홈 화면에서 작고 편리하게 제공한다.

기본적인 앱 위젯을 생성하려면 다음에서 설명하는 과정을 완료해야 한다.

프로젝트의 매니페스트에 AppWidgetProvider 선언

AppWidgetProvider 클래스는 프로그램 코드로 브로드캐스트 이벤트를 사용해 앱 위젯과 상호작용하는 메서드를 정의한다.

다음은 기본적인 AppWidgetProvider 구현 예제다.

```
<receiver android:name="MyAppWidgetProvider" >

// 이 위젯에서 사용하는 AppWidgetProvider를 명시한다 //

    <intent-filter>

        <action android:name="android.appwidget.action.APPWIDGET_UPDATE" />

// <action> 엘리먼트는 AppWidgetProvider가 ACTION_APPWIDGET_UPDATE를 허용한다고 명시한
다. AppWidgetManager가 다른 모든 앱 위젯의 브로드캐스트를 AppWidgetProvider로 자동으로 전송
하기 때문에 이것이 명시적으로 선언해야 하는 유일한 브로드캐스트 이벤트다 //

    </intent-filter>

    <meta-data android:name="android.appwidget.provider"

// AppWidgetProviderInfo 리소스를 명시한다. 이 예제에서는 android.appwidget.provider다 //

                android:resource="@xml/my_appwidget_info" />

// <meta-data> 엘리먼트도 AppWidgetProviderInfo 리소스의 위치를 명시하는 android:resource
속성이 필요하다 //

</receiver>
```

AppWidgetProviderInfo 파일 생성

다음 단계로 최소 높이와 너비 그리고 업데이트 빈도 같은 위젯의 기본적인 특성을 정의한다. 프로젝트에 포함된 res/xml 디렉토리가 없다면 생성하고, 새로운 XML 레이아웃 파일을 생성한다. 이 예제에서는 my_appwidget_info.xml을 사용한다.

```
<appwidget-provider xmlns:android="http://schemas.android.com/apk/res/
android"

    android:minWidth="50dp"

    android:minHeight="50dp"

// 위젯이 기본적으로 갖는 최소 높이와 너비를 명시한다 //

    android:updatePeriodMillis="80000000"

// 앱 위젯 프레임워크가 AppWidgetProvider에 업데이트를 요청하는 빈도를 나타낸다. 위젯이 업데이트를
요청했을 때 기기가 절전 모드라면, 기본적으로 기기는 이 동작을 수행하기 위해 깨어난다. 사용자의 배터리를 위
해 이 값을 너무 작게 설정하지 않는다 //

    android:initialLayout="@layout/my_appwidget"

// 위젯의 레이아웃을 정의할 레이아웃 리소스 //

    android:resizeMode="horizontal"

// 위젯의 크기 조절 방법을 명시한다. 가능한 값은 (##누락) //

    android:widgetCategory="home_screen">

// 홈 화면(home_screen)과 잠금화면(keyguard) 또는 두 화면 모두에서 위젯 출력 여부를 선언한다.
잠금화면 위젯은 안드로이드 5.0 이상의 버전을 사용하는 기기에서만 지원된다 //

</appwidget-provider>
```

위젯의 레이아웃 생성

위젯의 레이아웃은 일반적인 레이아웃 리소스 파일을 생성하는 방법과 마찬가지로 XML로 정의한다. 앱 위젯 레이아웃은 모든 레이아웃과 뷰를 지원하지는 않는 RemoteViews를 기반으로 한다는 차이가 있다.

결과적으로 앱 위젯은 다음의 레이아웃 클래스만 지원한다.

- FrameLayout
- GridLayout
- LinearLayout
- RelativeLayout

다음의 위젯 클래스도 지원한다.

- AdapterViewFlipper
- AnalogClock
- Button
- Chronometer
- GridView
- ImageButton
- ImageView
- ListView
- ProgressBar
- StackView
- TextView
- ViewFlipper

RemoteViews는 ViewStubs도 지원한다.

앱 위젯 모범 사례

유용한 정보를 보여주는 훌륭하게 디자인된 앱 위젯은 앱이 얼마나 훌륭한지 지속적으로 상기시키는 역할을 하고, 사용자가 애플리케이션을 실행하도록 유도한다. 그렇지 못하더라도 최소한 앱을 삭제할 가능성을 낮춘다.

위젯이 앱을 가능한 가볍게 표현하도록 다음의 모범 사례를 참고한다.

이전 버전의 안드로이드를 위한 여백 포함

위젯은 사용자의 홈 화면을 지저분하고 어지럽게 만들 수 있기 때문에 화면의 모서리까지 확장하거나 다른 위젯과 겹치게 만들지 않아야 한다. 위젯의 각 모서리 주위에 여백을 추가하는 것이 해결 방법이고, 안드로이드 4.0 이상의 버전에서는 사용자가 위젯을 홈 화면에 놓을 때마다 자동으로 처리된다. 이를 사용하려면 앱의 targetSdkVersion을 14 이상으로 설정하기만 하면 된다.

안드로이드 4.0 이상의 버전은 앱에 자동으로 여백을 지원하기 때문에 안드로이드 4.0 이상을 사용하는 기기에 설치되는 앱 위젯에 여백을 추가하지 않아야 한다. 하지만 여전히 이전 버전의 안드로이드를 사용하는 기기에 설치되는 앱에는 여백을 추가해야 한다.

해결 방법은 안드로이드의 버전에 따라 서로 다른 여백을 명시하는 두 개의 dimens. xml 파일을 생성하는 것이다.

- res/values-v14/dimens.xml: 이 파일은 안드로이드 4.0 이상의 버전용으로 0dp의 여백을 정의한다.

```
<dimen name="widget_margins">0dp</dimen>
```

- res/values/dimens.xml: 이 파일은 안드로이드 4.0보다 낮은 버전용으로 여백을 정의한다.

```
<dimen name="widget_margins">10dp</dimen>
```

다음으로 위젯의 레이아웃 리소스 파일에서 이 dimens.xml 값을 참조하고, 실행 중에 안드로이드 시스템이 적절한 widget_margins 값을 선택한다.

```
android:padding="@dimen/widget_margins"
```

유연한 그래픽과 레이아웃 제공

안드로이드 홈 화면은 그리드grid로 나뉜다. 사용자는 앱 위젯을 비어 있는 셀에 위치시키고 서로 다른 개수의 셀을 차지하도록 가로 또는 세로, 가로와 세로 모두를 늘릴 수 있다.

위젯의 레이아웃이 다양한 그리드의 크기에 충분히 맞도록 유연하게 만들려면 조절이 가능한 나인패치 이미지를 사용해 위젯의 백그라운드를 정의하고 LinearLayout이나 RelativeLayout, FrameLayout 같은 유연한 레이아웃을 사용한다.

너무 자주 업데이트하지 않기

앱 위젯 프레임워크가 AppWidgetProvider에 업데이트를 요청할 때 기기가 절전 상태라면, 기기는 이 동작을 수행하기 위해 활성화된다. 너무 잦은 업데이트 요청은 배터리를 축내는 확실한 방법이고, 앱을 제거하거나 또는 적어도 앱 위젯을 홈 화면에서 없애버리는 결과를 낳는다.

위젯이 새로운 정보를 받는 빈도를 고려하는 것이 중요하다. 예를 들어 일반적으로 날씨나 뉴스 위젯은 이메일 수신을 사용자에게 알려주는 위젯보다 드물게 업데이트된다.

빈번한 업데이트가 필요한 위젯을 만든다면 절전모드의 기기를 활성화하지 않는 알람 기반으로 이 업데이트를 수행하는 것이 좋다. 기기가 절전 모드일 때 알람이 발생하면 이 업데이트는 기기가 활성화될 때까지 수행되지 않으므로 기기의 배터리에 미치는 영향이 적다.

이런 종류의 알람을 만들려면 `AppWidgetProvider`가 수신한 인텐트에 알람을 설정하기 위해 `AlarmManager`를 사용하고, 알람의 종류를 `ELAPSED_REALTIME` 또는 RTC로 설정한다. 예를 들어보자.

```
alarmManager.setRepeating(AlarmManager.RTC...
```

마지막으로 위젯의 `updatePeriodMillis`를 0으로 설정하면 알람을 무시하고 기기를 활성화하지 않는다.

▌접근성 모범 사례

앱은 시각적으로나 육체적으로 또는 노화와 관련된 제약이 있는 사람들을 포함해 모든 사람이 잘 살펴보고 이해하며 사용할 수 있을 때만 진짜 접근성이 좋다고 볼 수 있다.

안드로이드는 앱을 시각적 또는 육체적 장애가 있는 사용자에 맞게 최적화할 수 있도록 도움을 주는 접근성 기능이 몇 가지 내장돼 있으므로, 대부분의 경우 접근 가능한 앱을 만들기 위해 기존 코드를 많이 변경할 필요가 없다.

이 절에서는 모든 사람이 앱을 즐겁게 사용할 수 있도록 만들기 위해 이런 플랫폼 내장 기능을 사용하는 방법을 살펴본다.

팀으로 작업 중인 앱이라면 팀원 전체가 접근성에 대해 염두에 두는 것이 중요하다. 디자이너나 테스트 팀과 함께 작업한다면 그들도 또한 다음의 접근성 가이드라인에 익숙해지는 것이 좋다.

UI 컨트롤에 대한 설명 문구 추가

UI를 훌륭하게 디자인했다면 화면의 모든 엘리먼트에 명시적으로 라벨을 추가할 필요가 없다. 예를 들어 연락처 앱의 전화기 아이콘 버튼은 그 목적이 명백하다. 하지만 시각적으로 장애가 있는 사용자는 이런 시각적인 단서를 알 수 없으므로 추가로 정보를 제공해야 한다.

모든 UI 컴포넌트에 대해 눈으로 볼 수 있는 텍스트가 아닌 콘텐츠의 설명을 제공해야 한다. 또한 이런 설명만으로 사용자가 관련 있는 시각적 요소를 완전히 이해할 수 있도록 충분한 환경을 제공하는지 고려해야 한다. 보지 못하는 상황에서 '**선택된 연락처 삭제**' 또는 '**선택된 연락처와 통화**'라는 설명은 도움이 되지 않을 수 있다.

설명 속성의 텍스트는 화면에 표시되지 않지만 사용자가 토크백^{TalkBack} 같은 음성 기반의 접근성 서비스를 사용하면 사용자가 탐색할 때 이 설명이 음성으로 읽힌다.

android:contentDescription XML 레이아웃 속성을 사용해 설명을 추가할 수 있다.

```
<ImageButton
    android:id="@+id/newSMS"
    android:src="@drawable/newSMS"
    android:contentDescription="@string/newSMS"/>
```

@string/newSMS는 '새 SMS 메시지 생성'이라고 가정해보자. 접근성 서비스를 사용하는 사용자가 이 아이콘에 접근했을 때 이 설명이 음성으로 읽히고 사용자는 이 UI

엘리먼트가 무엇인지 알 수 있다.

 에디트텍스트에서 우선적으로 사용자가 원하는 콘텐츠를 빈 필드에 입력하도록 도움을 주는 것이어야 하므로 콘텐츠 설명 대신 android:hint 속성을 제공해야 한다. 사용자가 에디트텍스트에 텍스트를 입력하면 접근성 서비스는 android:hint 값 대신 입력된 텍스트를 읽을 것이다.

슬라이더의 상태나 목록의 현재 선택된 텍스트와 같이 동적 엘리먼트 항목의 콘텐츠에 대해 설명해야 하는 상황이 있을 것이다. 이런 경우에는 setContentDescription( ) 메서드를 사용해 실행 중에 콘텐츠 설명을 편집한다.

이미지버튼과 이미지뷰, 체크박스 컴포넌트에서 설명을 제공하는 것이 특히 중요하지만, 능력이 다른 사용자가 추가 정보를 활용할 수 있을 것으로 짐작될 때는 콘텐츠 설명을 추가한다. 다만 너무 과하게 불필요한 설명을 추가하지 않는다. 이는 사용자가 UI를 판독하려고 노력할 때 맞닥뜨리는 소음을 증가시켜 접근성 서비스에서 유용한 정보를 얻기 어렵게 만들기 때문이다.

가능하다면 기본적으로 ContentDescriptions를 내장하고 있는 안드로이드의 표준 컨트롤을 사용한다. 그러면 토크백 같은 접근성 서비스가 자동으로 지원된다.

포커스 탐색을 위한 디자인

포커스 탐색은 텔레비전에서 네 방향의 방향키로 탐색하는 것과 유사하게 사용자가 앱의 UI를 구성하는 개별적인 엘리먼트를 탐색하기 위해 방향 컨트롤을 사용하는 것이다. 시각적인 제약이 있거나 손재주에 어려움이 있는 사용자는 터치스크린 대신에 이 모드를 사용해 탐색하곤 한다.

방향 컨트롤은 소프트웨어 기반이거나 트랙볼, 디패드, 외부 키보드 등과 같이 하드웨어 기반일 수 있다. 사용자는 안드로이드 4.1 이상의 버전을 사용하는 기기에서 제스처 내비게이션 모드를 사용할 수도 있다.

사용자가 방향 컨트롤을 사용해 앱을 잘 탐색하려면 터치스크린을 사용하지 않고도 모든 UI 입력 컨트롤에 접근하고 활성화할 수 있는지 검증해야 한다. 또한 방향 컨트롤의 중간이나 OK 버튼을 클릭하는 것이 이미 포커스를 가진 컨트롤을 터치하는 것과 같은 효과를 내는지 검증해야 한다.

포커스 탐색을 지원하기 위해 탐색할 수 있는 앱의 모든 엘리먼트에 반드시 포커스가 갈 수 있어야 한다. 이는 UI 엘리먼트에 `android:focusable="true"` 속성을 추가하거나 실행 중에 `View.setFocusable()` 메서드를 사용해 각 UI 컨트롤을 수정하면 처리된다.

안드로이드 프레임워크가 제공하는 UI 컨트롤은 기본적으로 포커스가 갈 수 있고, 시스템은 컨트롤의 모습을 시각적으로 변경함으로써 포커스를 표시한다.

사용자가 방향 컨트롤을 사용해 어떤 방향으로 이동할 때 포커스는 정해진 포커스의 순서에 따라 한 UI에서 다른 UI로 이동된다. 시스템은 주어진 방향으로 가장 가까운 엘리먼트를 찾는 알고리즘에 따라 포커스의 순서를 자동으로 결정한다.

하지만 때로는 결과가 생각과 다르거나 사용자에게 최선의 사용자 경험을 제공하지 못할 수 있다. 이 경우 안드로이드는 자동 포커스 순서를 무시하고 사용자가 해당 방향으로 탐색할 때 정확히 어떤 뷰가 포커스를 받을지 지정하기 위해 제공되는 네 가지 XML 속성을 사용할 수 있다.

- `android:nextFocusUp`: 사용자가 위로 탐색할 때 다음으로 포커스를 받을 뷰를 정의한다.
- `android:nextFocusDown`: 사용자가 아래로 탐색할 때 다음으로 포커스를 받을 뷰를 정의한다.
- `android:nextFocusLeft`: 사용자가 왼쪽으로 탐색할 때 다음으로 포커스를 받을 뷰를 정의한다.

- android:nextFocusRight: 사용자가 오른쪽으로 탐색할 때 다음으로 포커스를 받을 뷰를 정의한다.

다음의 XML 예제에는 android:nextFocusDown와 android:nextFocusUp 속성을 명시한 포커스를 가질 수 있는 UI 엘리먼트가 두 개 있다. 버튼은 텍스트뷰의 오른쪽에 위치하지만 nextFocus 속성 덕분에 사용자는 포커스가 텍스트뷰에 있을 때 아래 방향을 눌러 버튼 엘리먼트로 이동할 수 있다.

```
<TextView android:id="@+id/text"
    android:text="Hello, world"
    android:focusable="true"
    android:nextFocusDown="@+id/Button"
    ... />
<Button android:id="@+id/button"
    android:focusable="true"
    android:nextFocusUp="@id/text"
    ... />
```

탐색을 테스트하는 가장 쉬운 방법은 에뮬레이터에 앱을 실행하고 에뮬레이터의 방향키와 OK 버튼만을 사용해 UI를 탐색하는 것이다. 반대 방향으로 탐색할 때를 포함해 모든 방향으로의 탐색이 예상대로 동작하는지 확인한다.

 setNextFocusDownId()와 setNextFocusRightId() 같은 메서드를 사용해 UI 컴포넌트의 포커스 순서를 실행 중에 수정할 수 있다.

사용자 정의 뷰 컨트롤

사용자 정의 인터페이스 컨트롤을 만든다면 사용자 정의 뷰를 위한 접근성 인터페이스를 정확하게 구현하고 콘텐츠 설명을 제공한다.

 사용자 정의 컨트롤이 안드로이드 1.6 버전까지의 모든 버전에서 호환되기 바란다면 최신 접근성 기능을 구현하기 위해 지원 라이브러리를 사용한다.

사용자 정의 뷰를 만들 때 사용자가 아이템을 선택하거나 포커스를 이동할 때마다 뷰는 AccessibilityEvents를 생성해야 한다. 접근성 이벤트는 텍스트 음성 지원 같은 접근성 기능을 제공하기 위해 중요하다.

AccessibilityEvents를 생성하려면 현재 발생한 이벤트의 종류를 표현하는 매개변수와 함께 sendAccessibilityEvent(int)를 호출한다. 안드로이드가 현재 지원하는 이벤트 종류는 AccessibilityEventreference 문서에서 전체 목록을 확인할 수 있다 (http://developer.android.com/reference/android/view/accessibility/AccessibilityEvent.html).

음성 프롬프트에 대한 대안 제공

청각이 손상된 사용자에게 도움이 되려면 앱은 오디오 전용 피드백을 피해야 한다. 항상 앱의 오디오 피드백에 자막이나 스크립트, 화면 알림 등 시각적인 대안이 되는 추가적인 피드백 메커니즘을 함께 제공해야 한다.

다양한 서체 크기 테스트

안드로이드 사용자는 기기의 **설정 > 접근성** 화면에서 수동으로 기기 전반에서 사용하는 서체의 크기를 변경할 수 있다. 크기 변경이 앱 내의 텍스트에 어떤 영향을 미치

느지 확인하려면 앱의 텍스트와 연관된 컨테이너를 sp$^{scale-independent\ pixel}$로 정의한다.

또 사용자가 큰 서체를 사용하면 앱의 텍스트도 원래보다 커지므로 이 때 텍스트와 UI가 보기 좋고 잘 동작하는지 확인한다. 특히 다양한 서체 크기일 때 UI 엘리먼트가 겹치지 않고 터치 가능해야 하는 모든 엘리먼트가 잘 동작하는지 확인한다.

터치 대상의 권고 크기

앱의 모든 터치 대상은 최소 48 x 48dp이어야 하고, 화면의 엘리먼트 간의 공간은 최소 8dp이어야 한다. 이는 손으로 조작하는 데 어려움이 있는 사람들뿐 아니라 운동 능력이 발달하고 있는 어린이도 더 쉽게 탐색할 수 있도록 한다.

타임아웃에 대한 대안 제공

일부 앱 아이콘이나 컨트롤은 일정한 시간이 지나면 사라진다. 예를 들어 비디오의 재생 컨트롤은 사용자가 몇 초 동안 비디오를 보면 희미해지며 사라지는 것이 일반적이다.

이는 토크백 같은 접근성 기능을 사용하는 사용자에게 문제가 된다. 토크백은 사용자가 컨트롤에 포커스를 줄 때까지 컨트롤의 설명을 읽지 않고 기다리기 때문이다. UI가 빠르게 사라지는 컨트롤을 포함한다면 이런 컨트롤은 사용자가 포커스를 주기 전에 완전히 없어질 수 있다. 결국 이 컨트롤을 읽을 수 없고 사용자는 그 존재조차 알 수 없다는 것을 의미한다.

이런 이유로 우선순위가 높거나 중요한 기능에 시간이 지나면 사라지는 컨트롤을 전용으로 사용하지 않아야 한다. UI에 타임아웃 컨트롤이 있다면 접근성 서비스를 사용할 때는 이 타임아웃 컨트롤이 더 이상 보이지 않도록 이 기능을 막는 것이 좋다.

시각 장애가 있는 사용자가 텍스트를 쉽게 읽을 수 있도록 앱의 배경과 텍스트의 대비율은 4.5:1로 한다. 더 작은 텍스트일수록 더 큰 대비율이 일반적이다.

일부 사용자는 색맹일 수 있다는 사실을 명심하고 색상을 중요 정보를 전달하는 유일한 방법으로 사용하지 않아야 한다. 색상에 추가로 패턴이나 모양, 크기, 질감, 문구 등과 같은 요소를 사용할 수 있다.

▌ 애플리케이션의 접근성 기능 테스트

테스트는 다른 방법으로는 발견하기 힘든 사용자 상호작용 관련 문제를 발견할 수 있기 때문에 접근성이 좋은 앱을 만드는 데 중요하다.

앱의 접근성 기능 테스트는 일반적으로 다음의 내용을 포함한다.

- **음성 안내를 켜고 앱 사용**

    음성 접근성 서비스는 사용자가 UI를 돌아다닐 때 사용자에게 화면의 콘텐츠를 알려주는 음성 안내를 제공한다. 시각 장애가 있는 사용자를 위한 사용자 경험을 테스트하는 가장 좋은 방법은 안드로이드 기기의 음성 접근성 서비스를 켜고 오직 소리만으로 앱과 상호작용하는 것이다.

    안드로이드 사용자를 위한 피드백은 일반적으로 토크백 접근성 서비스를 통해 제공된다. 토크백은 많은 안드로이드 기기에 사전에 설치돼 제공되지만(기기의 **설정**을 열고 **접근성**과 **토크백**을 잇달아 선택) 구글 플레이에서 다운로드할 수도 있다.

    음성 접근성 서비스를 켰다면 얼마 동안 음성 안내만을 사용해 앱을 탐색해보고, 시각적인 지원 없이 앱과 상호작용하는 사용자를 위한 사용자 경험을 향상할 기회를 찾는다.

    또한 앱이 토크백 같은 서비스를 사용하는 사용자가 화면의 각 엘리먼트를 이해하고 동작시키는 데 충분한 정보를 제공하는지, 너무 많은 정보로 그들을 혼란스럽게 만들지 않는지 확인한다. 너무 많거나 너무 적은 정보는 사용자가 UI를 해독하기 어렵게 하므로 이는 까다롭게 균형을 맞춰야 한다.

- 터치스크린 대신 방향 컨트롤만 사용해 앱 탐색

접근성 테스트 과정에서 방향 컨트롤만 사용해 즉 터치스크린을 사용하지 않고 앱을 탐색하기 쉬운지, 그리고 앱의 UI 엘리먼트 간 포커스는 사용자가 이해할 수 있는 방식으로 이동하는지 확인한다.

가능하면 디패드나 트랙볼을 사용할 수 있는 물리적 기기를 테스트한다. 하지만 이런 하드웨어 기능이 없으면 소프트웨어 기반의 방향 컨트롤을 대신 사용하거나 안드로이드 에뮬레이터와 가상 키보드 컨트롤을 사용할 수 있다. 사용자가 특별한 제스처를 사용해 앱(그리고 일반적인 기기)을 탐색할 수 있는 토크백 제스처(https://support.google.com/accessibility/android/answer/6151827)를 사용하는 것도 좋다.

▎요약

이 장에서는 앱 보안과 접근성 모범 사례 등 앞에서 자세하게 살펴보지 못했던 모범 사례를 다뤘다. 또한 더 유용한 알림을 생성하는 방법과 안드로이드 N에서 소개되는 새로운 알림 옵션을 배웠다.

효과적인 안드로이드 앱을 개발하는 방법을 더 배우고 싶다면 안드로이드 문서(http://developer.android.com/training/index.html)나 안드로이드 블로그(http://android-developers.blogspot.co.uk/)에서 구글의 예제 코드(http://developer.android.com/samples/index.html)를 확인함으로써 더 많은 정보를 찾을 수 있다.

찾아보기

에이콘출판의 기틀을 마련하신 故 정완재 선생님 (1935-2004)

개발자도 알아야 할 안드로이드 UI 디자인

효과적인 사용자 경험을 위한 안드로이드 앱 UI 디자인

발 행 | 2017년 6월 26일

지은이 | 제시카 쏜비
옮긴이 | 양정열, 이지은

펴낸이 | 권 성 준
편집장 | 황 영 주
편 집 | 나 수 지
디자인 | 박 주 란

에이콘출판주식회사
서울특별시 양천구 국회대로 287 (목동)
전화 02-2653-7600, 팩스 02-2653-0433
www.acornpub.co.kr / editor@acornpub.co.kr

한국어판 ⓒ 에이콘출판주식회사, 2017, Printed in Korea.
ISBN 979-11-6175-007-1
ISBN 978-89-6077-210-6 (세트)
http://www.acornpub.co.kr/book/design-android-ui

이 도서의 국립중앙도서관 출판시도서목록(CIP)은 서지정보유통지원시스템 홈페이지(http://seoji.nl.go.kr)와
국가자료공동목록시스템(http://www.nl.go.kr/kolisnet)에서 이용하실 수 있습니다.(CIP제어번호: CIP2017014014)

책값은 뒤표지에 있습니다.